George Weinberg

Du mußt nicht sein wie Du bist

Orbis Verlag

Titel der amerikanischen Originalausgabe:
SELFCREATION
Verlag St. Martins Press New York
Deutsche Übersetzung: Rolf und Renate Düser
Redaktion: Wolfgang Bruns

Sonderausgabe 1989 Orbis Verlag für Publizistik GmbH, München
Gesamtherstellung Mohndruck Graphische Betriebe GmbH, Gütersloh
Printed in Germany · ISBN 3-572-05565-2

Inhalt

Mein Dank gilt Tom McCormack, Verlagspräsident von St. Martin's Press, für seine persönliche Anteilnahme während der Entstehung dieses Buches – und für seine über viele Jahre geleisteten Beiträge. Ich danke auch Hope Dellon für ihre kreative Art, mein Buch zu redigieren. Alice Fennessey, Louis R. Ormont, C. A. Tripp, Barbara Warren und Steve Yates sage ich Dank für ihre psychologischen Erkenntnisse.

1
Warum
bin ich bloß so?

»Warum bin ich bloß so?« Jeder stellt sich irgendwann einmal diese Frage, sei es vor anderen, sei es insgeheim. Fast immer ist sie ihm eine Qual. Die Frage, die dahintersteht, wird freilich nur selten offen ausgesprochen. Sie lautet: »Wäre vielleicht eine Änderung möglich?« oder auch: »Könnte *ich* mich ändern?« oder: »Könnte ein *anderer* mich ändern?«

Die Antwort auf die letzte Frage heißt Nein. Kein anderer kann Sie ändern. Aber auf die zweite Frage lautet sie Ja. *Sie* können sich ändern. Dieses Buch wird Ihnen sagen, wie. Das Buch verfolgt somit ein sehr ehrgeiziges Ziel. Um es möglichst klar und eindringlich formulieren zu können, verabsolutiert und vereinfacht es manchmal – für einige vielleicht zu sehr – so wie es ein Anatom tun würde, der seine Vorlesungen mit der Feststellung beginnt: »Der menschliche Körper ist ›nur‹ ein System von Bändern und Scharnieren, das auf einem Gerüst montiert ist, das man Skelett nennt.«

Ähnlich könnte ich jetzt gleich zu Anfang sagen, daß dieses Buch »nur« ein einziges Ziel hat. Doch handelt es sich um das höchste Ziel, das ich mir vorstellen kann: *Dieses Buch hilft Ihnen zu erkennen, was Sie sind, wie Sie so geworden sind, und wie Sie sich ändern können.* Aber so ehrgeizig dieses Ziel auch ist, das *Buch* kann Sie nicht ändern. Nur *Sie* können sich ändern. Denn nur Sie haben sich zu dem gemacht, was Sie heute sind.

Was aber kann dann dieses Buch? Es kann Ihnen helfen, sich selbst zu ändern, indem es Ihnen genau erklärt, wie Sie sich erschaffen haben und sich ständig neu erschaffen. Erschaffung ist hier nicht biologisch oder theologisch gemeint, sondern psychologisch. Alle Gefühle, Einstellungen und Auffassungen, die Ihre Persönlichkeit ausmachen, sind von Ihnen selbst geschaffen und hervorgerufen worden. Und zwar durch willentliches, kontrollierbares Handeln. Sie können Ihre Persönlichkeit formen und umformen. Wie Sie das ja auch jeden Tag tun.

»Aber ich will ja nicht meine gesamte Persönlichkeit ändern, sondern nur diese *eine* Eigenschaft.« Einverstanden – nur werden Sie feststellen, daß diese eine Eigenschaft mit anderen Eigenschaften auf überraschende Weise zusammenhängt. Das Prinzip Änderung, das ich in diesem Buch erklären will, gestattet uns, da anzusetzen, wo wir es wünschen. Sie fühlen sich bedrückt durch ein bestimmtes Gefühl, durch eine Einstellung oder durch eine Auffassung: Sehr wahrscheinlich können Sie das alles ändern. Denn Sie haben es selber aufgebaut, halten es selber aufrecht und können es auch selber wieder abbauen.

Wir können das »einzige« Ziel dieses Buches auch anders formulieren – als die Erklärung eines Prinzips, das beinah so mechanisch funktioniert wie eine Schreibmaschine. Sie schlagen eine Taste an, und schon erscheint das entsprechende Zeichen. Ein solches Prinzip verbindet auch Ihre Willenshandlungen mit den Gefühlen, Haltungen und Ansichten, die den Handlungen folgen. Beachten Sie das Wort »folgen«. Ich sage nicht etwa »vorausgehen«. Jeder glaubt nämlich, daß sich die Sache genau umgekehrt verhält. Weil ich eine bestimmte Einstellung habe, handle ich auch entsprechend.

Dieses Buch kehrt den Vorgang um und sagt statt dessen: »Weil ich auf bestimmte Art handle, habe ich die entsprechende Einstellung.« Das ist wortwörtlich unsere These. Zwar sagen Sie jetzt vielleicht: »Das ist mir nichts Neues. Natürlich haben Handlungen bestimmte Gefühle zur Folge. Weil ich zum Beispiel dies oder das getan habe, habe ich jetzt Schuldgefühle.«

Die Beobachtung stimmt natürlich. Aber ich meine gar nicht den Zusammenhang von Ursache und Wirkung. Schuldgefühle sind Wirkungen, die entstehen, wenn wir über unsere Handlungen nachdenken. Ich aber meine die *direkten* Wirkungen, die unerbittlich aus der Tatsache folgen, daß Sie sich für eine bestimmte Handlungsweise entschieden haben, gleichgültig ob Sie darüber nachgedacht haben oder nicht. Diese direkten Wirkungen sind entscheidend für den Aufbau Ihrer seelischen Konstitution – auch wenn Sie bisher von ihrer Existenz nichts geahnt haben.

Die Wirkungen stellen sich mit absoluter Sicherheit ein, erbarmungslos, unausweichlich, unbeirrbar. Jedesmal, wenn Sie, aus welchem Grund auch immer, so oder so handeln, sind ganz bestimmte Gefühle die Folge. Das heißt, für Ihre positiven Entscheidungen werden Sie stets belohnt und für ihre negativen stets bestraft werden. Hier wirkt sich einfach ein Grundgesetz der menschlichen Natur aus. Es gilt immer und überall und ist doch so schwer zu fassen, daß es all unseren Vorgängern – die sich seit Generationen die Frage vorlegen »Warum bin ich bloß so?« – entgangen ist.

Wenn ich sage »Ich fühle mich schuldig, weil ich dies oder das getan habe«, ist nämlich noch nicht geklärt, *warum* diese Handlung mir Schuldgefühle einjagte – oder Angst, Depressionen, Verärgerungen oder Ablehnung durch andere hervorrief. »Aber ich fühle mich schuldig, weil man mir als Kind beigebracht hat, daß so etwas schlecht ist, und daran glaube ich auch heute noch.« Warum glauben Sie auch heute noch daran? Sie glauben doch auch sonst nicht an alles, was man Ihnen als Kind beigebracht hat. In diesem Buch werde ich Ihnen erklären, warum dieser Glaube sich bei Ihnen gehalten hat, und wie Sie damit Schluß machen können – vorausgesetzt, Sie wollen es auch.

Das Buch wird Ihnen erklären, warum Sie diese Gefühle und Einstellungen haben und wird Ihnen zeigen, wie Sie sie ändern können. Es geht dabei nicht historisch vor, indem es Ihnen etwa Ihre allerersten Lernerfahrungen ins Gedächtnis zurückruft. Ich kenne Ihre Biographie ja gar nicht. aber ich kenne das Grundprinzip Ihrer Erfahrungen. Wenn Sie ein bestimmtes Gefühl ändern wollen, brauchen Sie nicht zu wissen, wie es einmal entstanden ist – obwohl auch das natürlich interessant wäre –, aber man geht auch cincr Lawine nicht dadurch aus dem Weg, daß man weiß, welcher herabfallende Stein sie ausgelöst hat.

Bei einer Lawine zählt nur das, was hier und jetzt geschieht. Genau so zählt auch bei Ihrer Persönlichkeit nur, was hier und jetzt vor sich geht.

Das steht zwar in genauem Gegensatz zu den Lehrsätzen der herkömmlichen Analyse. Doch wenn man bedenkt, wie erfolglos

11

die traditionelle Psychoanalyse als Behandlungsmethode gewesen ist und daß man unmöglich mit ihrer Hilfe voraussehen kann, was geschehen wird, ist die Psychoanalyse heute zu Recht auf dem Rückzug. Sie kann psychische Vorgänge weder erklären, noch kann sie auf ihre Richtigkeit getestet werden. Viele Therapeuten sind daher froh, daß sie verschwindet. Zweifellos wurde sie mit den besten Absichten erfunden, aber das gilt auch für den Aderlaß bei Fieberkranken, der vor einigen Jahrhunderten üblich war. Die Psychoanalyse ist auf dem Rückzug, und das ist gut so.

Aber was tritt an ihre Stelle? Eine Theorie, die erklären, Voraussagen machen und einer Überprüfung standhalten kann. Und die von einer wachsenden Zahl von Therapeuten mit gutem Erfolg angewendet wird.

Wenn ich schon Therapeuten erwähne, muß ich noch schnell hinzufügen: Die Methode der Selbst-Änderung, die ich hier beschreibe, können Sie ohne fremde Hilfe verstehen und durchführen. Sie brauchen dazu keinen Analytiker. Zwar kann ein Analytiker, der nach dieser Methode arbeitet, Ihnen zu schnelleren Einsichten verhelfen. Aber auch er wird nichts an Ihnen entdekken, was Sie nicht auch selbst entdecken könnten. Letztlich kann auch der Analytiker nichts anderes als dieses Buch. Er kann Ihnen zwar helfen, sich zu ändern, aber ändern kann auch er Sie nicht. Das können nur Sie.

Wenn dieses Buch seinen Anspruch einlöst – daß es nämlich das bei der Bildung und Umbildung Ihrer Gefühle, Haltungen und Auffassungen wirksame Prinzip erklären wird –, könnte es (und das ist mein aufrichtiger Wunsch) von allen Büchern, die Sie je gelesen haben, die wichtigsten Auswirkungen auf Ihr persönliches Leben haben. Selbst wenn nur ein Zehntel seiner Behauptungen zutreffen sollte, kann es immer noch Ihr Leben ändern.

Nehmen wir uns jetzt das Prinzip also etwas genauer vor.

2
Selbst-Erschaffung

Wer sich eine Persönlichkeit schafft, verfährt nach einem Grundprinzip, das in allen seinen Handlungen nachweisbar ist. Das Prinzip lautet:
BEI ALLEM, WAS SIE TUN,
VERSTÄRKEN SIE DIE MOTIVIERENDE IDEE
HINTER IHREM TUN!

Dies Prinzip scheint so einfach zu sein, daß es keiner ausführlichen Erklärung bedarf. Doch das, so wird sich herausstellen, ist eine Täuschung. Man kann das Prinzip auch anders formulieren, und ich werde das noch mehrfach tun, aber keine Formulierung wird komplizierter sein als diese. Es ist auch in dieser einfachen Form richtig wiedergegeben, erklärt den ganzen Umfang der Gefühle, Einstellungen und Auffassungen, die Ihre Persönlichkeit ausmachen, und wird nicht besser, wenn es komplizierter formuliert wird. Meine Aufgabe besteht vielmehr darin zu erklären, was es bedeutet – und was daraus folgt.

Ich will es noch einmal anders sagen.

Immer wenn Sie etwas tun, wird die dahinterstehende Idee oder das dahinterstehende Gefühl, das die Handlung motivierte, intensiviert. Das kann eine Idee über Sie selber sein, über andere, über die Welt. Gleichgültig, um welche Idee es sich handelt, sie wird verstärkt, wenn Sie danach handeln.

Sie können sich das so vorstellen: Bei allem, was Sie tun, wird die Idee, die Ihr Tun motiviert, erneut ins Gehirn eingeschrieben. Wenn Sie nicht der motivierenden Idee entsprechend handeln, schwächt sich die Meldung an Ihr Gehirn ab, als ob sie von einem elektronischen Schirm verschwände. Wenn Sie dagegen tun, was die motivierende Idee Ihnen aufträgt, wird sie im gleichen Augenblick deutlicher und eindrücklicher. Sie wird gleichsam neu aufgeladen und veranlaßt Sie, auch künftig im gleichen Sinn zu handeln.

Wenn Sie also einer bestimmten Auffassung oder einem Gefühl gemäß handeln, werden Sie in dieser Auffassung oder diesem Gefühl bestärkt.

Es dauert etwas, bis man dieses Prinzip versteht und sieht, wie es funktioniert. Es gibt Faktoren, die seine Auswirkungen verschleiern, und wir wollen uns auch damit befassen. Am wichtigsten ist vielleicht, daß wir sehr oft die motivierende Idee hinter unseren Handlungen nicht erkennen und so keine Verbindung herstellen zwischen dem Motiv der Handlung und der Verstärkung des Motivs. Dieses Buch hat sich die Aufgabe gesetzt, Ihnen zu helfen, die Motive hinter Ihren Handlungen zu erkennen.

Jetzt möchte ich Sie bitten, eine kleine Detektivarbeit zu leisten. Versuchen Sie bitte beim Lesen der folgenden Seiten herauszufinden, wie weit Sie dieses Prinzip aufspüren können und wie weit meine Behauptungen zutreffen. Später bleibt Ihnen genug Zeit, zu kritisieren und Ausnahmen zu finden. Doch stellen Sie das zunächst einmal zurück.

Der Grund für diese meine Bitte liegt in dem Prinzip selbst. Wenn Sie nämlich jetzt um jeden Preis versuchen, in den Thesen dieses Buchs einen Irrweg zu sehen, so werden Sie immer überzeugter, daß sie tatsächlich einen Irrweg darstellen – wie viele Beweise ich auch beibringe.

Haben Sie diese Erfahrung nicht schon oft in Ihrem Leben gemacht? Auf einer Party macht Ralph so nebenbei eine kritische Bemerkung über irgendeinen Film. Als er diese Bemerkung macht, ist er noch keineswegs gegen den Film eingenommen – vielleicht hat er ihm im großen und ganzen sogar gefallen –, und er tut diese Äußerung nur, um zu zeigen, wie scharfsinnig er ist. Aber er erlebt eine Überraschung. Statt einfach über den Verriß zu lachen, gibt ihm ein anderer auf der Party Kontra. Ralph schlägt zurück. Aber auch der andere weiß sich zu wehren. Jetzt kritisiert Ralph den Film von einer anderen Seite. Sein Gegner zeigt sich unbeeindruckt. Ralph zerreißt nun den ganzen Film, das gesamte Schaffen des Regisseurs und den erstaunlich schlechten Geschmack seines Widerparts. In einer halben Stunde hat sich Ralphs Grundeinstellung gegenüber dem Film total gewandelt. Jetzt verabscheut er ihn geradezu. Bei der nächsten Party bringt er gleich als erstes den Film zur Sprache, um ihn in Grund und Boden zu verreißen.

Was ist hier geschehen? So einiges. Aber ich will mich einstweilen nur auf einen Punkt konzentrieren, nämlich zeigen, wie auch hier das Prinzip am Werk ist. Immer wenn Ralph den Film kritisiert, ist ein Motiv hinter dieser Handlung der Glaube, daß der Film nicht viel taugt – und dieser Glaube wird dadurch verstärkt, daß er sich vorgenommen hat, diesem Glauben gemäß zu handeln.

Und so ist das *immer:* Wer einem Gefühl, einer Einstellung oder einem Glauben gemäß handelt, verstärkt diesen Glauben. Ralph schuf sich seine Gefühle selbst. Durch seine eigenen Handlungen.

Nehmen wir einmal an, daß jemand, den Ralph respektiert, ihm klarzumachen versucht, was geschehen ist. Er sagt: »Als du da loslegtest, mißfiel dir der Film in Wirklichkeit noch gar nicht, erst zum Schluß hast du dich in diese absolute Ablehnung gesteigert.« Und nehmen wir an, Ralph gibt das sogar zu. Aber es ist unwahrscheinlich, daß er einsieht, warum das so war. Er wird sagen: »Als ich richtig darüber nachdachte, sah ich erst, wie schlecht er war.« Und wenn er ein bißchen von Psychologie zu verstehen glaubt, fügt er vielleicht hinzu: »Der Kerl ist mir auf die Nerven gegangen, und wahrscheinlich habe ich meinen Ärger auf den Film übertragen.«

Aber diese Argumentation geht am Wesentlichen vorbei. Nehmen wir an, Ralph hätte den Film *verteidigt,* und jetzt hätte der andere ihn verärgert. Dann wäre er keineswegs dazu gekommen, den Film abzulehnen. Ganz im Gegenteil. Sein vehementes Eintreten für den Film hätte ihn immer stärker von dessen Wert überzeugt.

Wiederum hätte er seine Gefühle nach seinen Handlungen geformt. Und ganz in Übereinstimmung mit unserem Prinzip.

Jetzt wollen wir untersuchen, was Ralph dazu veranlaßte, überhaupt eine so »scharfsinnige« Äußerung zu tun. Denn das eigentlich dahinterstehende Motiv wurde während der nächsten halben Stunde verstärkt.

Ralph wollte als möglichst intelligent gelten. Er wuchs in einer Familie auf, wo es nur darauf ankam, ob jemand Köpfchen hatte. Sein Vater stellte am Essenstisch Quizfragen. Wenn eins der Kinder die Antwort nicht wußte, wurde es von allen ausgelacht. Ralph war weder sportlich, noch sah er besonders gut aus, und Humor hatte er auch nicht. Nur seine Intelligenz fand Anerkennung. Das hatte er begriffen, als er das Elternhaus verließ, und er glänzte auf der Universität durch überdurchschnittliche Leistungen. Er war überzeugt, daß er nur mit seiner Intelligenz Eindruck machen konnte und kehrte sie deshalb bei jeder Gelegenheit hervor. Je mehr er nach der Vorstellung handelte, sein einziger Pluspunkt sei die Intelligenz, desto mehr wurde er auch in dieser Vorstellung bestärkt. Nicht immer wirkte sich das zu seinem Vorteil aus: Im College galt er als »der Geist, der stets verneint«.

Auf der Party verhielt sich Ralph daher genau so, wie er es seit Jahren eingeübt hatte. Seine erste Bemerkung sollte nur seine Intelligenz zeigen. Als man ihm widersprach, schlug er nicht so sehr deshalb zurück, weil er gegen den Film eingenommen war, sondern um seinen einzigen Pluspunkt zu verteidigen.

Wo wäre Ralph geblieben, hätte ihm jemand einen intellektuellen Fehler nachgewiesen? Er wäre verzweifelt, sein ganzes Leben wäre in Frage gestellt gewesen.

Wie läßt sich Ralphs Motiv also erklären? Am besten so: Seine Handlungen waren von der Überzeugung bestimmt, daß er von anderen nur wegen seiner Intelligenz akzeptiert wurde. Ohne diesen Anspruch wäre er ein Nichts und würde von allen bemitleidet und verachtet. *Und während der Auseinandersetzung über den Film wird er mit jedem weiteren Wort in dieser Auffassung bestärkt.*

So bringt er den Film bei der nächsten Party sofort wieder aufs Tapet. Er fühlt sich verunsichert und ist begierig, sich aufs neue zu beweisen. Und zwar nicht so sehr vor seinen Zuhörern, sondern vor sich selbst. Er muß jetzt unbedingt die Auseinandersetzung gewinnen, die er gestern verloren zu haben fürchtet.

Aber Sie sehen es selbst: Er handelt auch jetzt wieder nach der

Überzeugung, daß man immer und überall seine Intelligenz zeigen muß, und auch wenn er aus der neuen Auseinandersetzung mühelos als Sieger hervorgeht, hat sich in seinem Kopf wieder nur die Überzeugung gefestigt, daß es vor allem auf den Intellekt ankommt.

Haben wir nicht allzu oft Leute beobachtet, die sich immer nur in »eingefahrenen Gleisen« bewegen? Instinktiv wußten wir, sie würden Schluß machen, solche Angst, solchen Haß oder solch deplacierte Hoffnungen zu hegen, wenn wir sie nur dazu bringen könnten, ihr Tempo etwas zu bremsen. Und warum? Nicht nur, weil ihre Aktivitäten offenbar zu ständig neuen »Adrenalinstößen« führten. Sondern weil wir irgendwie wußten, daß sie sich selbst *überzeugen mußten*. Durch ihre eigene Aktivität.

Und das ist das Thema dieses Buches. Es stellt die These auf, daß dies Prinzip, dessen Wirkung wir alle schon beobachtet haben, jederzeit wirksam ist, und daß sein Einfluß auf unsere Persönlichkeit grundsätzlicher und tiefgreifender ist, als wir je geglaubt haben.

Nehmen wir an, Ralph hätte noch ein zweites Motiv gehabt. Sein Kontrahent ist ihm kein gänzlich Unbekannter, und Ralph mag ihn nicht besonders. Wir wollen gar nicht untersuchen, warum; er mag ihn einfach nicht. Seine Abneigung ist nicht besonders ausgeprägt; aber sie reicht aus, um ihn jede Gelegenheit ergreifen zu lassen, den Mann in seine Schranken zu weisen. Und auch aus diesem Grunde schlägt er so hart zurück. Mit jedem Gegenanschlag, den er führt, handelt er entsprechend seiner Abneigung. Und so verstärkt er seine Abneigung immer mehr. Am Ende der Party verachtet er diesen Menschen – genau so sehr wie den Film.

Auf die eine oder andere Art ist diese Beobachtung schon oft dargestellt worden: Wer jemandem eins auswischt, wird es schwer finden, ihm zu vergeben. Wer einen anderen angreift, wird bald glauben, daß er den Angriff verdient hat. Wenn man will, daß Soldaten die Japaner so sehr hassen, daß sie sie töten können, darf man ihnen nicht nur Geschichten von japanischen Greueltaten erzählen; man malt den Übungsdummies für den Bajonettkampf japanische Gesichter auf und sticht auf sie ein. Je mehr auf sie eingestochen wird, desto größer wird die Wut.

Den großen Propagandaexperten war das immer schon bekannt. Die hierin steckende Wahrheit leitet sich direkt aus unserem Prinzip her: Wenn man seinen Gefolgsleuten Hingabe an die »Bewegung« beibringen will, darf man ihnen nicht nur predigen, sondern man muß ihnen etwas zu tun geben. Etwas, das mit dem Glauben an die Bewegung zusammenhängt. Auf diese Art bringt man den Leuten Glauben bei.

Hier stoßen wir auf etwas, das Grund zur Beunruhigung gibt. Unser Prinzip können sich auch Demagogen und Manipulatoren zunutze machen.

Aber obgleich das Prinzip auf diese Art benutzt worden ist, sollte man nicht vergessen, daß der einzelne sich dafür selbst entscheidet. Die Gesellschaft fordert das Individuum zum Handeln auf. Aber jeder einzelne schafft sich seine eigenen Ansichten und bestärkt sich darin. Wenn man das Prinzip verstanden hat, steht man nicht mehr so in Gefahr, Manipulatoren zum Opfer zu fallen.

Unser Prinzip erklärt, warum einige Menschen Überzeugungen hegen, die uns anderen total irrational vorkommen. Selbst ein sehr vernünftiger Mensch kann dazu kommen, an völlig irrationale Dinge zu glauben – kann sich durch bestimmte Handlungen von ihrer Wahrheit überzeugen. Nehmen wir einen Menschen mit schwerer Paranoia. Man kann über ihn nur den Kopf schütteln. Man möchte ihn beinah als verrückt abtun. Weil er vor allem, was ihm zustoßen könnte, so übersteigerte Ängste hat. »Wie kann er so was nur glauben?« Ja, wie nur? Nicht durch Prüfung der logischen Beweise, die seine bizarren Überzeugungen stützen könnten. Es sind nicht Beweise, die ihn dazu gebracht haben, diese Dinge zu glauben.

Zum Abschluß möchte ich ein heiteres Beispiel zur Illustration unseres Prinzips anführen, das ich in einem französischen Stück aus dem neunzehnten Jahrhundert gefunden habe (Le voyage de Monsieur Perrichon). Perrichon ist reich und hat eine Tochter. Daniel und Armand bewerben sich um ihre Hand. Sie wissen, daß Perrichon die Wahl treffen wird, und so suchen sie seine Gunst zu gewinnen. Armands Strategie besteht darin, für Perrichon alles zu tun, was in seinen Kräften steht. Daniel hingegen läßt Perrichon etwas für ihn tun. Er bringt sich immer aufs neue in mißliche Situationen, aus denen er sich durch Perrichon retten läßt. Sein Meisterstück besteht darin, so zu tun, als stecke er in einer Felsspalte am Mont Blanc fest und müsse erfrieren. Perrichon gibt sich alle Mühe, ihn zu retten, und bei jedem Versuch wächst seine Entschlossenheit, diesem vortrefflichen jungen Mann beizustehen. Seine vermeintliche Rettungsaktion hat Erfolg. Da drückt er den hochgeschätzten jungen Mann an seine Brust und wählt ihn für seine Tochter. Gerade noch rechtzeitig hört Perrichon, wie Daniel sich seiner Strategie rühmt, und der alte Mann gibt seine Tochter nun schließlich doch noch dem Richtigen.

Manipulation? Ja. Aber während Daniel Perrichon nur bewegt, auf eine bestimmte Art zu handeln, manipuliert Perrichon Perrichons Gefühle. Daniel hatte das Prinzip verstanden. Hätte auch Perrichon es verstanden gehabt, hätte er nicht um ein Haar einen so tragischen Fehler begangen.

Und das trifft für uns alle zu. Wenn wir erst einmal verstehen, wie das Prinzip auf unser Leben einwirkt – was dieses Buch erreichen will –, können wir uns auch vor ihm schützen. Wir können uns schützen vor unerwünschten Veränderungen oder vor unerwünschtem Gleichmaß. Die Frucht dieser Erkenntnis wäre Kontrolle über uns selbst. Oder besser noch Selbstbefreiung. Oder am besten Selbst-Erschaffung.

3
Einsicht
ist der beste Weg zur
Besserung

Im Zusammenhang mit unserem Prinzip müssen noch eine Reihe von Fragen geklärt werden, die sich oft schon sehr schnell stellen. Wenn wir sie bereits hier und im nächsten Kapitel ansprechen, wird das Prinzip nur um so deutlicher.

Die erste Frage lautet: »Das Prinzip mag ja zutreffend beschrieben sein, aber ist es wirklich so fundamental, wo doch professionelle Therapeuten es so lange nicht erkannt haben?« Es mag albern klingen, aber es ist nun einmal so. Professionelle Psychologen im modernen Sinn gibt es ja auch erst knapp hundert Jahre. Doch kam einer der ersten (und größten) Psychologen – *William James* – der Entdeckung des Prinzips schon sehr nahe. Zusammen mit *C.J. Lange* argumentierte er, daß bestimmte Emotionen auf die Handlung folgen und nicht umgekehrt. Wir haben zum Beispiel Angst, weil wir laufen. Dies führte bei James schließlich zur Entwicklung einer Art Aktionstherapie: Wenn man eine bestimmte Sache tut, stellen sich auch bestimmte Gefühle ein. »Um einer Person gegenüber, der wir feindlich gesonnen waren, freundlichere Gefühle zu entwickeln, kommt es nur darauf an, mehr oder weniger bewußt zu lächeln, mitfühlende Fragen zu stellen und sich zu zwingen, etwas Freundliches zu sagen.« Aber das funktioniert oft nicht. Und warum nicht? James wußte es nicht. So blieb diese Methode – die manchmal auch Modifikationstheorie genannt wird – Anfang des Jahrhunderts noch ohne Wirkung.

Schließlich gewann eine andere Therapie, die bald Psychoanalyse genannt wurde, die Vorherrschaft. Ihrem Wesen nach war sie das genaue Gegenteil der Verhaltensmodifikation. *Sig-*

mund Freud war fasziniert von der Beobachtung, daß die Menschen sich eigentlich nie ändern. Alles, was ein Patient tat, war belanglos. Er konnte um die halbe Welt reisen, seinen Beruf wechseln, eine andere Frau heiraten – er blieb im Grunde doch immer derselbe.

James' Rat – handle anders, und du wirst dich anders fühlen – war absurd. Er funktionierte nicht. Denn er war zu oberflächlich. Das Problem, meinte Freud, saß tiefer. Man mußte danach »graben«.

Das einzige Problem war, daß Freuds Therapie auch nicht funktionierte, und gegen Ende seines Lebens, in »Die endliche und die unendliche Analyse«, zweifelte er an der Möglichkeit psychischer Veränderungen überhaupt.

Schließlich begannen jüngere Therapeuten, die in der Freudschen Tradition aufgewachsen waren, ihre Patienten gelegentlich zu ermuntern, ihr Verhalten auf bestimmte Art zu verändern. Aber ihre Ziele waren zu eng gesteckt. Sie wollten die Vorstellung des Patienten von sich selbst dadurch verbessern, daß sie die Vorstellung der anderen über ihn verbesserten. »Hören Sie auf, immer zu widersprechen«, hätten sie zum Beispiel Ralph raten können, »denn dadurch werden die Leute gegen Sie eingenommen. Sie können das in ihren Gesichtern lesen und können sich schließlich selbst nicht mehr ausstehen.« Dieser Ratschlag hat einiges für sich, aber er ist unvollständig.

Heute sehen wir klarer. James war auf dem richtigen Weg, aber er gelangte nicht ans Ziel. Dann kam Freud, mit tausenden von wertvollen Beobachtungen über menschliches Verhalten. Aber genau wie ein großer Denker wie Aristoteles spätere Denker in die Irre leiten konnte, so auch Freud mit einigen seiner Auffassungen. Er ging davon aus, daß man sich innerlich ändern muß, bevor man vernünftig handeln kann. Und daß man seine Kindheit und seine Entwicklung verstehen muß, ehe man ein persönliches Problem lösen kann. Beide Annahmen waren falsch und führten uns in die Irre.

Worin aber lag James' Irrtum, und wo liegt der Irrtum der modernen Modifikationstheorie? Eben darin, daß man nicht sah, welche Rolle die Motivation spielte.

Man erkannte nicht, daß die motivierende Idee, die uns zu

einer Handlung veranlaßt, durch diese Handlung ihrerseits bestätigt und verstärkt wird.

Wir alle haben schon versucht, »jemanden zu mögen« und gemeint »Wir passen irgendwie zueinander.« Aber trotzdem mögen wir ihn nicht. Schließlich fühlen wir uns nur verunsichert und frustriert. Wir geben's auf: »Soll er zum Teufel gehen. Ich kann ihn einfach nicht ausstehen. Ich habe es wirklich versucht.« Und sobald wir diesen Versuch aufgeben, verschwindet auch der Wunsch, ihn zu mögen. Weil wir den Wunsch nicht mehr ständig durch Handlungen, die uns dieser Wunsch eingibt, verstärken.

Natürlich muß auch James aufgefallen sein, daß wir manchmal jemanden schließlich mögen, wenn wir den Versuch gemacht haben, ihn sympathisch zu finden. Wie kommt das? Dafür kann es viele Gründe geben. Wahrscheinlich bemerkt John ganz einfach, daß wir ihm gegenüber freundlich eingestellt sind, und beginnt aufzutauen. Und zeigt sich jetzt von einer Seite, die wir mögen. Er gefällt uns schließlich so gut, daß wir ganz ehrlich ihm gegenüber freundlich sind – wir sagen oder tun etwas aus dieser plötzlichen Sympathie heraus –, und schon wächst unsere Zuneigung ihm gegenüber. Das Prinzip am Werk.

James wußte, daß zwischen Handlungen und den darauffolgenden Gefühlen ein Zusammenhang besteht, aber er interpretierte diesen Zusammenhang falsch. Bevor er sich für die Psychologie entschied, war James Mediziner und lehrte Anatomie in Harvard. Seine ursprünglichen Ansichten über Handlungen, die Gefühle verursachen, gründeten sich auf seine physiologischen Studien. Wir laufen: Dadurch werden die Drüsen angeregt, und diese regen wieder die Gefühle an. Die Handlungen verursachen die Gefühle. Aber dieser besondere Blickwinkel verhinderte, daß er sich auch der Motivation zuwandte, die, von ihm unbemerkt, im Hintergrund lauerte und die ganze Antwort in sich barg.

Ein anderer Grund, weshalb James den Zusammenhang möglicherweise übersah, ist der Zwei-Phasen-Effekt einer jeden Handlung. Die unmittelbare Wirkung jeder Handlung besteht darin, den dahinter stehenden motivierenden Impuls zu befriedigen, zu beschwichtigen und zu reduzieren. Aber letztlich ist die Wirkung, ihn zu stärken. Das kann man an jeder lieben Gewohnheit beobachten. Man fühlt sich gedrängt, der Gewohnheit nachzugeben. Dadurch wird der Impuls reduziert, ja sogar zeitweilig zum Verschwinden gebracht. Aber allein durch das Handeln ist er letztlich verstärkt worden.

Stellen Sie sich vor, eine solche Gewohnheit spiegelte im kleinen ihr ganzes Leben wider. Welchen Impulsen wir auch nachgeben, sie werden durch unser Handeln letztlich verstärkt. Zunächst scheint der Impuls schwächer geworden zu sein, aber das verschleiert nur die bleibende Wirkung. Ein Geisteskranker, der seine Türschlösser immer wieder überprüft, fühlt sich zwar zunächst erleichtert, zuletzt aber in seinen Wahnvorstellungen nur bestärkt.

4
Leisten Sie sich
ein schönes Trauma

Oft wird auch eine zweite Frage gestellt: »Wie kann man mit diesem Prinzip erklären, daß ein Mensch seine Persönlichkeit bewahrt?« Denn aus ihm folgt ja, daß die Menschen ihre Persönlichkeit jeden Tag neu schaffen.

Wenn man ein motivierendes Gefühl nicht durch Handeln verstärkt, verblaßt es und vergeht. Gefühle müssen durch Handlungen ständig neu aufgeladen werden, und wer nicht regelmäßig eine ganze Reihe von Handlungen durchführte, die sich auf Gefühle, Haltungen und Auffassungen gründen, dessen Persönlichkeit, so besagt das Prinzip, wäre ständigem Wandel unterworfen. Wie Freud gezeigt hat, ändern wir uns nicht einfach automatisch. Wir alle haben schon beobachtet, wie Menschen an Einstellungen festhalten, die auf ihre Kindheit zurückgehen. Das wäre nicht zu erklären, wenn wir uns täglich neu schaffen würden. Dazu ist zu sagen: Es stimmt wohl, daß manche Menschen ihre Persönlichkeit ihr ganzes Leben unverändert beibehalten. Es gibt aber auch Menschen, die sich, wenn ihre Kindheit schon lange zurückliegt, aus eigenen Kräften ändern. Sie wandeln sich zum Guten – oder auch zum Bösen. Es gibt Menschen, die allein aus sich heraus – ohne je einen Therapeuten in Anspruch genommen zu haben – mit jedem nur denkbaren psychologischen Problem fertig geworden sind – und das in jedem Lebensalter.

Eine wissenschaftliche Studie hat gezeigt, daß der Prozentsatz der Patienten, die nach psychotherapeutischer Behandlung die Klinik geheilt verlassen konnten, nicht größer war als die Zahl derjenigen, die aus sich selbst gesund wurden. Die Psychotherapie kann zwar immer eine gewisse Hilfestellung leisten. Aber es gibt therapeutische Richtungen, die jede Veränderung im Leben des Patienten bekämpfen und die fordern, daß der Patient sein Leben während der Behandlung nicht drastisch umstellt.

Daß Menschen sich aus eigener Kraft ändern können, hat aber auch die klassische Therapie anerkannt. Sie hat dazu einige Theorien entwickelt, die um den Begriff des »Trauma« kreisen. Ein Trauma im traditionellen Sinn ist ein unglückliches Erlebnis, das der Psyche einen schweren und bleibenden Schaden zufügt. Das Wort *Trauma* bedeutet im Griechischen *Wunde*. Aber ich halte das für eine etwas unglückliche Erklärung. Denn nicht alle Traumata – wenn wir darunter Ereignisse verstehen, die Veränderungen der psychischen Verfassung hervorrufen – sind negativ zu sehen. Einige sind sogar ausgesprochen positiv, das Beste, was dem »Verwundeten« passieren konnte.

Unser Prinzip erklärt die Traumata denn auch viel umfassender als frühere Theorien. Noch interessanter ist, daß es auch erklärt, warum Traumata manchmal überhaupt nicht auftreten.

Stellen wir uns zum Beispiel ein Mini-Trauma vor, das uns allen geläufig ist: ein Sturz vom Pferd. Eine Weisheit von altersher rät, sofort wieder aufzusitzen. Und warum? »Weil man sein Selbstvertrauen verliert, wenn man es nicht tut.« Warum? »Nun, weil . . . man dann anfängt zu grübeln.«

Unser Prinzip erklärt genau weshalb. Alle Vermeidungshandlungen, die sich auf Furcht gründen, geben der Furcht Gelegenheit, sich immer stärker einzunisten. Diese Tatsache, wenn auch nicht unser Prinzip, ist allgemein bekannt. Jeder, der etwas leistet, kennt das Problem. Rennfahrer zwingen sich, nach einem Unfall so schnell wie möglich wieder zu fahren, weil sie sonst fürchten müssen, die Nerven zu verlieren.

Lassen auch Sie auf ein einmaliges Versagen nicht lebenslange Angst folgen. Ich lege übrigens Wert auf die Feststellung, daß die dauernde Angst die *Folge* des Versagens ist. Ich sage nicht, daß das Versagen die *Ursache* ist. Das würde den wahren Zusammenhang verschleiern: Denn die *Vermeidung* verursacht die Angst. Im Augenblick des Versagens hat noch keiner Angst. Sie entsteht erst durch die Vermeidung.

Wenden wir uns jetzt einem schwerwiegenderen Trauma zu. Louise war vierzehn und gerade in dem Alter, wo ein Mädchen beginnt, sich seiner Sexualität bewußt zu werden. Da wurde sie vergewaltigt. Es war ein böses Erlebnis, aber schnell vorbei. Was dann kam, war nicht so schnell zu vergessen. Ihre erste Reaktion war Scham, die noch verstärkt wurde durch die Vorwürfe ihres Vaters, daß sie den Mann angelockt hätte. In ihrem Kummer machte sie fortan bei keinen Unternehmungen mehr mit, die auch nur einen leichten sexuellen Beiklang hatten. Sie ging nicht mehr zur Tanzstunde, kleidete sich fortan hyperkonservativ, verkehrte nur noch mit Freundinnen, die sich etwas steif und affektiert gaben und ging Jungenbekanntschaften aus dem Weg. Sie trachtete nur noch danach, Sex zu meiden, ihn als schändlich zu verdammen, entwickelte ein Mißtrauen gegenüber Männern und eine Abneigung gegenüber ihrem Körper und seinen sexuellen Regungen. Und mit jedem Jahr nisteten sich Angst und Abscheu tiefer bei ihr ein.

Beachten Sie zunächst, daß sich die Vergewaltigung zu einem ganz unglückseligen Zeitpunkt ereignete. Sie war in einem Alter, in dem ihre Sexualität noch sehr verwundbar war. Wäre die Vergewaltigung später geschehen, und hätte sie schon ein normales Sexualleben geführt, wäre kaum Gefahr gewesen, daß sie ihre sexuellen Auffassungen über Nacht änderte. Und wäre sie viel früher vergewaltigt worden, als sie sich ihrer Sexualität noch gar nicht bewußt geworden war – einer Achtjährigen würde es kaum einfallen, ihr ganzes Leben darauf einzurichten, sexuelle Begegnungen zu vermeiden –, wäre es kaum zu einem permanenten Trauma gekommen. Aber mit vierzehn war Louises Sexualleben noch so formbar, daß es in jede Richtung gelenkt werden konnte.

Hätten sich Louises Eltern bemüht, der Verhaltensveränderung ihrer Tochter nach der Vergewaltigung entgegenzuwirken, hätten sie ihr sehr helfen können. Nehmen wir nur einmal an, sie hätten darauf bestanden, daß sie weiter zur Tanzschule ging und weiter in der Theatergruppe mitspielte. Nehmen wir an, sie wären einfach mit ihr losgegangen und hätten ihr noch ein paar Kleider gekauft von der Art, die sie gerade zu bewundern begann. Anfangs wäre sie vielleicht noch voller Kummer gewesen und nur ihnen zuliebe mitgegangen, aber mit der Zeit hätte ihre Lebensfreude die Oberhand gewonnen.

Dann wäre es gar nicht erst zu einem Trauma gekommen. Wenn wir Trauma so verstehen – als ein Ereignis, das eine Veränderung in unserem normalen Lebensablauf verursacht –, können wir potentiell gefährliche Traumata im voraus erkennen und sie entschärfen. Wir können sogar positive Traumata schaffen – wie wir gleich sehen werden.

Zuerst ein Beispiel, wie man einem potentiellen Trauma begegnen kann. Ein Ehepaar erfuhr, daß der fünfjährige Sohn einen Sehfehler hatte. Der Fehler ließ sich beheben, aber der Junge mußte deswegen ein Jahr lang dicke, geschliffene Brillengläser tragen. Bobby war ein Kind, das sehr aus sich herausging. Er spielte gern und war im Kindergarten allgemein beliebt. Aber seine Eltern sahen voraus, daß er Probleme bekommen würde, wenn er eines Tages mit der Brille im Kindergarten auftauchen und auf die anderen wie ein ausländischer Spion oder wie eine Comics-Figur wirken würde. Wahrscheinlich würden sich die Kinder über ihn lustig machen – was ihn schon verletzen könnte –, aber gefährlicher noch waren die möglichen Auswirkungen auf seine Persönlichkeit: Er könnte sich schweigend und schmollend zurückziehen, oder er könnte plötzlich den Clown spielen. Nach einem Jahr wäre er nicht mehr der gleiche Junge gewesen. Und dies neue Verhalten hätte von Dauer sein können.

Aber seine Eltern hatten eine Idee. Sie gingen zur Kindergärtnerin, besprachen das Problem mit ihr und entwarfen einen Plan.

Am nächsten Tag fragte die Kindergärtnerin, der Antwort sicher, wer Bobby gern habe. Alle hoben die Hand. Dann erklärte sie, daß er bald eine besondere Brille tragen müsse, damit er später so gut sehen könne wie sie alle. Während der nächsten drei Tage erwähnte die Kindergärtnerin die Brille immer wieder, damit die Kinder sie nicht vergaßen und darüber nachdachten. Als Bobby schließlich mit seiner komisch aussehenden Brille zum Kindergarten kam, machten ein paar Kinder zwar verletzende Bemerkungen, aber alle anderen standen ihm bei. Während der folgenden Wochen wurde besonders darauf geachtet, daß Bobby an allen Kindergarten-Aktivitäten teilnahm. Bald söhnte er sich mit der Brille aus – und blieb dabei der gleiche Junge. Vernünftige Eltern und eine fähige Kindergärtnerin hatten gemeinsam ein Trauma verhindert.

Was kann man aber unter einem positiven Trauma verstehen? Wir begegnen ihm immer und überall. Donald war fünfzehn und verbrachte seine Zeit mit einer Gruppe zynischer und selbstsüchtiger Freunde. Langsam bekam er das Gefühl, daß Freundlichkeit ein Zeichen von Dummheit war. Er liebte seine Eltern, aber haßte es, von ihnen abhängig zu sein. Die Eltern dagegen scheuten sich, Donald kleine Pflichten im Haus zu übertragen, da sie fürchteten, sich ihn noch mehr zu entfremden. Dann bekam die Mutter eines Tages einen Schlaganfall. Plötzlich mußte er alle möglichen Pflichten übernehmen. Und das wirkte Wunder. Fast über Nacht wurde er ein ganz anderer Junge. Er übernahm die vielen neuen Pflichten ohne Zögern, und mit jedem Tag kam ihm seine neue Rolle wichtiger vor. Beachten Sie, daß es sich hier nicht um willkürliche und künstliche Pflichten handelte, die ihm gesunde Eltern zum Zwecke der Disziplin auferlegten. Das hätte gut zu Ärger und Verzweiflung führen können, denn das Motiv, sie zu übernehmen, wäre Angst vor Strafe gewesen. Hier handelte es sich um wirkliche Pflichten – Donald war der einzige, der sie übernehmen konnte. Sein Motiv war der Wunsch, daß seine Mutter nicht ohne Hilfe blieb und daß das Haus, an dem sie hing, nicht vor ihren Augen verkam. Auch daß sein Vater sein Essen erhielt und nicht in schäbiger Kleidung herumlief. Es gibt natürlich Fälle, wo das nicht funktioniert hätte. Donald kam zu Hilfe, daß er seine Mutter liebte. Wenn er von seinem Vater gezwungen worden wäre, eine Mutter zu pflegen, die er haßte, hätte es anders für ihn ausgesehen. So wurde das ganze für ihn zu einem positiven Trauma.

Ich kenne einen ähnlichen Fall, wo dem Klassenrowdy die Verantwortung für die Sicherheit der von ihm sonst so terrorisierten Mitschüler auf der Straße und auf dem Schulhof übertragen wurde. Als er die Aufgabe übernahm, auf die anderen aufzupassen – und anderen Rowdys das Handwerk zu legen – veränderte sich seine ganze Persönlichkeit zum Guten.

Die Übernahme neuer Verantwortung ist ein typisches Beispiel für das Entstehen eines positiven Traumas. Das Alter spielt dabei keine Rolle. Tim war fünfunddreißig, intelligent, aber verunsichert und streitsüchtig. Und er hatte ein Magengeschwür. Von Beruf war er Schauspieler, aber seine Karriere war festgefahren. Es war ihm klargeworden, daß er eigentlich kein Talent hatte. Um seinen Lebensunterhalt zu verdienen, hatte er Büroarbeiten in Krankenhäusern übernommen. Da er intelligent war, konnte er die Arbeit schaffen, ohne sich groß anzustrengen. Plötzlich, als er das Theater endgültig aufgeben mußte, bot man ihm an, in einem heruntergekommenen Krankenhaus in der Bronx Verwaltungschef zu werden. Er nahm die Stelle, und von dem Augenblick an dachte er nie mehr an seine Vergangenheit. Er rettete das Krankenhaus und auch sich selbst. Er stand jetzt unter viel größerem Streß, aber sein Magengeschwür und seine Streitsucht verschwanden. Er wurde ein neuer Mensch. Ein positives Trauma.

Die Traumata des Erwachsenen-Lebens – positiv oder negativ – entstehen meist durch die Menschen, in die wir uns verlieben oder mit denen wir zusammenarbeiten müssen. »Alice ist eine andere Frau geworden, seit sie Herbert kennt.« Warum? Nicht weil er sie freundlich behandelt. Weil er in ihr den Wunsch erweckt, etwas Neues zu unternehmen und warmherzig und aufrichtig zu handeln. Wir sagen: »Durch Herberts Einfluß zeigt sich Alice von der besten Seite.« Wenn man eine neue sympathische Bekanntschaft schließt, so kann das der Auftakt eines positiven Traumas werden. Eine neue Bekanntschaft kann Sie davor bewahren, Dinge zu unternehmen, die Ihnen direkt schaden. Und kann Sie veranlassen, Nützliches zu tun sowie Interesse an Dingen wecken, denen gegenüber man bisher blind war. Eine solche Bekanntschaft hilft, mehr Selbstachtung zu entwickeln.

Manchmal erhält man von einem geliebten Menschen einen Ratschlag – aus Liebe –, und er funktioniert. Hier zeigt sich wieder das Prinzip der Selbst-Erschaffung. Obwohl der Betreffende an das Prinzip gar nicht denkt. Phil zum Beispiel war ein Angeber. Er betrieb das mit System, aber auch mit viel Geschick. Irgendwie brachte er es immer fertig, die Unterhaltung darauf zu bringen, daß er einst im Dauerlauf Preise für seine Schule geholt hatte. Und dann deutete er irgendwie an, was für einen Haufen Geld er jetzt verdiente. Rachel liebte ihn, allerdings nicht wegen seines Geldes oder seiner Fähigkeiten als Läufer. Sie liebte ihn, weil er lustig, warmherzig und großzügig war – von anderen Dingen zu schweigen. Sie hatte keine klare Vorstellung davon, was er sich mit seinen Prahlereien antat, aber irgendwie wußte sie, daß es etwas Ungutes war. Und es wirkte auch irgendwie unsympathisch. Das sagte sie ihm, aber nicht in anklagendem Ton, sondern besorgt und liebevoll. Und er gab es sofort zu; ja, er wußte, daß er Gespräche immer auf die Themen Wettlauf und Geld brachte. »Du wirkst dadurch unsicher«, sagte ihm Rachel und traf damit den Nagel auf den Kopf. Denn es war Unsicherheit, die hinter seiner Prahlerei steckte. Er wollte als wichtig gelten. »Ich bin wer!« signalisierte er. »Früher war ich Meister im Dauerlauf, und heute verdiene ich hunderttausend Dollar im Jahr.« Hinter seinen Angebereien steckte die Überzeugung, daß man ihn geringschätzen würde, wenn man von seinen Erfolgen nichts wüßte. Die meisten Angebereien haben solch einen Grund. Und mit ihm verbindet sich der Wunsch, auf Fremde Eindruck zu machen. Natürlich will ich damit nicht empfehlen, Fremden Geringschätzung oder Gleichgültigkeit entgegenzubringen. Aber wer sich ständig herausstreicht, damit andere ihn beachten, verstärkt nur seine Unsicherheit und wird abhängig von dem, was andere über ihn denken. Auch führt es dazu, daß man von den vielen Fähigkeiten, die man hat, gerade die falschen betont.

Für Phil war es ein positives Trauma, daß er Rachel kennenlernte. Ihre bloße Anwesenheit im Zimmer und ihre Liebe reichten aus, um seinen Ton zu ändern, mit der Angeberei aufzuhören und seine Unsicherheit abzubauen.

Doch die Beziehungen, die wir als Erwachsene aufnehmen, können auch zu negativen Traumata führen. Sie können Anforderungen an uns stellen, die uns schaden. »Cynthia bringt Jack immer wieder soweit, sich von seiner schlechtesten Seite zu zeigen.« So etwas kommt häufig vor. Aber darüber später.

Ein anderes Trauma, das wir fast alle schon beobachtet haben (und das zu einem völligen Wandel der Lebenseinstellungen führt, obgleich die Psychoanalytiker doch behaupten, daß die Seele sich nach dem fünften Lebensjahr nicht mehr weiterentwickelt), stellt sich während der Pubertät oder kurz danach ein. Wir alle kennen das junge Mädchen – hochaufgeschossen, linkisch, schüchtern, zurückhaltend, unsicher –, das plötzlich merkt, daß es in den letzten zwei bis drei Jahren zu einer hübschen jungen Frau geworden ist. Ohne sich groß anzustrengen, bekommt sie bei der Schulaufführung eines Musicals die Hauptrolle, wird von einem großen Sportler umworben und zu allen Parties eingeladen. Daraus kann ein positives oder ein negatives Trauma entstehen, je nachdem, was sie aus dieser Erfahrung macht. Aber in jedem Fall kann es ein Trauma werden, etwas, das zu einem grundlegenden Wandel ihrer Lebenseinstellung führt. Und diese Möglichkeit, ein Trauma zu entwickeln, kann sich bei allen Eigenschaften und Talenten zeigen, die sich erst nach Abschluß der Kindheit herausstellen.

Für viele Kinder wirkt sich das auch nachteilig aus. Zum Beispiel für Judy, das intelligente und lebhafte kleine Mädchen, das vom Kindergarten bis zur Highschool immer die Anführerin der Klasse war. Und plötzlich ist alles aus. Als Judy erwachsen wird, bemerkt sie, daß das Schelmische aus ihrem Gesicht verschwunden ist; sie wirkt reizlos. Was beim kleinen Mädchen als »stämmig« galt, gilt bei der erwachsenen Frau eher als »unförmig«; sie hat keine Figur.

Als Judy dann aufs College geht, ist die Welt wie verändert. *Sie* ist anders geworden. Nicht nur äußerlich, sondern auch in ihrer Lebenseinstellung. Sie läßt sich nirgendwo blicken, versteckt sich. In der ersten Klasse der Highschool spielte sie die Hauptrolle bei der jährlichen Shakespeare-Aufführung. Als Neuling im College fehlt ihr der Mut, sich um eine Rolle in der jährlichen Klassenaufführung zu bewerben. Sie zieht sich zurück, ist deprimiert und überzeugt, daß sie im Leben keine Chance hat. Handelt es sich hier auch um ein Trauma? Ja. Und zwar nicht eins, das sich in drei Stunden oder drei Tagen herausgebildet hat, sondern über den Zeitraum von drei Jahren. Aber ein Trauma ist es trotzdem: ein neuer Faktor in ihrem Leben, der einen Wandel ihrer Lebenseinstellung verursacht. Und es ist kein positives Trauma. Menschen ändern sich. Judys Trauma trat in der späten Pubertät auf. Einer anderen Frau kann das vielleicht zwanzig Jahre später passieren, wenn sie entdeckt, daß ihr Mann eine Geliebte hat und sie ihre Anziehungskraft für ihn verloren hat.

Auch eine Scheidung kann wie ein Trauma wirken, es sei

denn, das Leben geht in den gewohnten Bahnen weiter. Aber vergessen Sie nie, daß Scheidung auch ein positives Trauma sein kann. Auf die eine oder andere Art veranlaßt Sie der Mensch, mit dem Sie zusammenleben, bestimmte Verhaltensformen anzunehmen. Einige wirken sich positiv, andere wieder negativ aus – das beobachtet man immer wieder. Wenn sie negativ sind, kann diese Erkenntnis der erste Schritt zur Veränderung der eigenen Persönlichkeit sein.

5
Papa und Mama:
Schurken oder Helden?

Jetzt wollen wir uns der Kindheit zuwenden. Wenn Änderungen der Lebensauffassung auf ein Trauma – das heißt auf einen neuen Faktor im Leben – zurückgehen, dann müssen wir uns fragen: »Wie ist denn die frühere Lebensauffassung entstanden?«

Für viele von uns waren die Eltern entscheidend, denn unsere ersten Verhaltensweisen entwickelten wir als Reaktion auf unsere Eltern.

Nellie war das erste Kind ihrer Eltern. Es fehlte ihr eigentlich nichts; die ganze Aufmerksamkeit und Zuneigung ihrer Mutter und in etwas geringerem Maße auch die ihres Vaters gehörten ihr. Doch eigentlich wünschte ihr Vater sich einen Jungen. Und als Nellie fünf war, ging sein Wunsch in Erfüllung. Nach der Geburt des Bruders sah Nellie fassungslos, wie sich alle Aufmerksamkeit ihm zuwandte. Sie zeigte offen ihre Abneigung und bekam Wutanfälle. Während die Mutter Verständnis zeigte, reagierte der Vater mit kalter Strenge. Er wurde ihr immer fremder.

Nellie änderte jetzt ihre Taktik. Sie spielte die Rolle des schwachen kleinen Mädchens. Aber das half auch nichts. Wieder wurde sie von ihrer Mutter beachtet, aber für ihren Vater war das nur ein weiterer Beweis, daß mit ihr nichts los war. Er machte hin und wieder einen Höflichkeitsbesuch am Krankenbett und verschwand dann wieder.

Nellie änderte ihre Taktik aufs neue. Sie machte sich überall nützlich. Sie deckte freiwillig den Tisch und leerte den Abfalleimer aus. Und paßte auf ihren kleinen Bruder auf, der gerade das

Laufen lernte. Endlich hatte sie das Richtige getroffen: Ihr Vater strahlte.

Durch Versuch und Irrtum hatte sie eine Rolle gefunden, mit der sie ihr Ziel – die Anerkennung durch den Vater – erreichen konnte. Jetzt, da sie wußte, was sie zu tun hatte, setzte sie ihren ganzen Eifer darein, ihre Rolle zu vervollkommnen und verstärkte damit die dahinterstehende Motivation.

Die Motivation für eine Handlung enthält immer zwei Elemente: das Ziel und den Glauben, daß man durch eine bestimmte Handlung das Ziel erreichen kann. Nellies Ziel war die Zuneigung ihres Vaters, und mit jeder Handlung nistete sich ihr Verlangen danach nur noch tiefer in ihr ein. Kritischer war da schon, daß sich dabei auch die Auffassung in ihr verstärkte, daß sie dieses Ziel nur in der Rolle eines Menschen, der sich nützlich macht, in der Rolle der unterwürfigen Dienerin, erreichen konnte.

Und als sie älter wurde, kam sie von dieser Rolle – und dieser Überzeugung – nicht mehr los. Warum sollte sie auch? Sie führte ja zum Erfolg, und sie ahnte nicht, wieso diese Rolle ihr später schaden würde.

Als sie erwachsen wurde und das Elternhaus verließ, war das kommende Unheil schon deutlich erkennbar. Immer wenn sie einen jungen Mann traf, den sie gern mochte, war ihr erster Gedanke, ihm auf alle nur mögliche Art zu Diensten zu sein. Wenn er ein Dinner vorschlug, lud sie ihn sofort zu sich ein, um ihn zu bekochen. Bald nähte sie ihm Knöpfe an die Hemden und tippte seine Arbeiten. Zunächst befriedigte sie das, denn sie hatte so die Möglichkeit, ihm ihren Wert zu demonstrieren. Sie erwies sich als nützlich. Selbst ihre ersten sexuellen Erlebnisse hatte sie, weil sie gefallen wollte, nicht weil sie das Vergnügen teilte.

Schließlich zeigte sich, daß in ihrem Leben regelmäßig zwei Probleme wiederkehrten.

Immer wenn ein Mann ernsthaft von Heirat sprach, erfaßte sie eine Mischung aus Angst und Verzweiflung. Sie konnte es einfach nicht verkraften. Und warum? Sie wußte nicht warum. Ich kann einfach nicht. Ich bin noch nicht so weit. Oder etwas in diesem Stil.

Das zweite Problem war, daß die Männer, denen sie begegnete, alle von der gleichen Art waren. Sie waren egoistisch. Und nutzten sie aus. Meist waren es dominierende Typen, aber gelegentlich auch Schwächlinge, die offen zugaben, wie nötig sie sie hatten. Am Ende fühlte sie nur noch Angst und Abscheu. Sie konnte gar nicht mehr verstehen, wieso sie sich überhaupt je mit ihnen eingelassen hatte.

Aber beide Probleme lassen sich leicht erklären. Immer wenn sie kurz davor stand, eine Ehe in Erwägung zu ziehen, war sie im tiefsten Innern überzeugt, daß sie dieser Mann nicht um ihrer selbst willen liebte, sondern nur als unbezahlte Arbeitskraft und Prostituierte. Ihre einzige Methode, einen Mann anzuziehen, war, sich als Ware anzubieten; aber wenn er sich für sie entschied, konnte sie sich seine Liebe zu ihr nur als Liebe zu einer Ware vorstellen. Deshalb die Angst und Verzweiflung.

Und warum zog sie immer wieder Männer an, die sie ausnutzten? Weil dieser Typus im allgemeinen eine gute Nase für Leute hat, die sich ausnutzen lassen. Und, ganz wichtig, selbst wenn der Mann sie eigentlich gar nicht ausnutzen wollte, so entstand doch bei ihr dieser Eindruck durch ihre eigenen Handlungen.

Nellie weiß noch, wie ihr Vater starb und sie an seinem Bett stand. Es war ein schlimmer Schock für sie zu merken, daß die ganze Aufmerksamkeit des Sterbenden ihrem Bruder galt, nicht ihr. Als ich sie das erste Mal sah, nannte sie dies ein »traumatisches« Erlebnis, eine schwere Wunde, da sie ihren Vater geliebt hatte und erkennen mußte, daß er ihr nie so, wie sie es sich gewünscht hatte, zugetan war.

Aber Nellie hatte Unrecht, wenn sie dies Erlebnis für traumatisch hielt. Denn es änderte nichts an ihrem Verhalten. Sie verstand damals noch nicht, wie sehr ihr Vater ihren Charakter geprägt hatte. Sie änderte nach diesem Schock auch nicht ihr serviles Verhalten, obwohl auch ihr klar sein mußte, daß es ihr nicht die Liebe einbrachte, nach der sie verlangte. Dem nächsten Mann, den sie kennenlernte, tapezierte sie alsbald die Wohnung.

An Nellies Beispiel kann man erkennen, wie leicht es ist, von Kindheit an immer gleich zu bleiben, obwohl unser Prinzip sagt, daß man sich jeden Tag neu schafft. Wer sich für ein bestimmtes Verhalten entschieden hat, wird dabei bleiben, wenn ein Trauma nicht eine abrupte Veränderung bringt. Wenn wir keinen Grund haben, ein bestimmtes Verhalten über Bord zu werfen, wird es sich selbst immer wieder verstärken. Sich aus sich selbst heraus verstärken – wie eine Gewohnheit.

Welche Art von Trauma hätte Nellie helfen können? Wenn sie einem Mann begegnet wäre, der sie nachdrücklich daran gehindert hätte, seine Dienerin zu werden, wäre ihr Leben eventuell anders verlaufen. Doch wie sollte sie einen solchen Mann finden? Nellie hat sich angeboten, heute abend zu kochen – großartig! Natürlich gibt es Männer, die sich Gedanken machen, wenn Nellie darauf besteht, ihre Wäsche zu waschen oder die Fenster zu putzen. Ich meine nicht, daß sie nun überlegen, ob Nellie etwa darauf aus ist, sie »einzufangen«. Ich meine Männer, die sagen würden: »Nellie, das brauchst du nicht zu tun, und solltest es auch nicht tun, wenn du es nur tust, weil du denkst, du könntest nur auf diese Art Eindruck auf mich machen«. Es gibt solche Männer – aber Nellie hatte nicht das Glück, einen solchen Mann zu treffen.

Ein anderes Trauma, das Nellie hätte helfen können, ist das Trauma, das ich mit diesem Buch erzeugen möchte. Mit anderen Worten das positive Trauma, das entsteht, wenn Sie das Prinzip verstehen und auf Ihr Leben anwenden. In Nellies Fall war es die Entdeckung, daß ihre Unterwürfigkeit zur Verstärkung ihrer schlimmsten Befürchtungen über sich selbst und die Männer führte. Nellie gewann diese Einsicht während einer Therapie und nicht aus einem Buch. Aber sie hätte auch ohne die Hilfe eines Therapeuten darauf kommen können.

Bei dieser Gelegenheit können wir auch einen anderen Punkt klären. Die Psychoanalytiker haben schon vielen Menschen geholfen. Aber was geschieht, wenn ein Psychoanalytiker nicht zeigen kann, wie sich die Rolle, die man selbst gewählt hat, im eigenen Leben auswirkt?

Die Psychoanalyse geht nämlich von falschen Voraussetzungen aus. Nehmen wir einmal an, daß Nellie zu einem Psychoanalytiker geht, der bis in ihre Kindheit zurückforscht und behauptet, daß damals schon alles angefangen hat. Und nehmen wir an, der Psychoanalytiker hakte wie üblich ein bei ihrer Liebe zum Vater. Während der Analyse könnte beiden klar werden, daß sie

immer nachgab, um ihrem Vater zu gefallen, daß sie nur seinetwillen die liebenswerte Sklavin spielte. Und beide könnten bemerken, daß sie sich noch immer so verhielt. Sie würde bei diesen
Sitzungen zu der »Einsicht« kommen, daß sie das Problem hat,
alle Männer als ihren Vater zu betrachten. Und wenn sie das ver-
stünde und diese Wahrheit gefühlsmäßig verarbeitete, würde sie
frei werden. Damit könnte sie beginnen, Männer anders zu behandeln und so die Grundeinstellung gegenüber Männern – und
gegenüber sich selbst – verändern.

In einem solchen Fall würde die Psychoanalyse nach großem
Zeit- und Kostenaufwand zu einer »Einsicht« führen, und Nellie
würde die Couch mit dem Entschluß verlassen, niemals wieder
einem Mann zu dienen. Mit dem Abbruch ihres früheren Fehl-
verhaltens würde sie wieder Selbstvertrauen gewinnen. Analytiker und Patientin würden beide denken, daß das Eintauchen in
die Vergangenheit nötig war, um eine Änderung zu bewirken.
Aber sie wären im Irrtum. Obgleich sie nicht erkennen würden,
was wirklich geschah, hätte ihre Arbeit allerdings eine Änderung
in Nellies Verhalten bewirkt – sie hätte ein positives Trauma geschaffen. Sie wären zu der Ansicht gekommen, daß für Nellie alles darauf ankam, ihre Vergangenheit zu verstehen, während es
in Wirklichkeit entscheidend war, Nellies augenblickliches Verhalten zu ändern. Der Analytiker hätte Nellie zwar geholfen,
aber da er das Grundprinzip nicht verstand, konnte er es auch
nicht anwenden, um die Therapie zu einem vollen Erfolg zu führen.

Gehen wir noch einmal durch, was ich bisher gesagt habe. Ich
habe behauptet, daß die menschliche Persönlichkeit weder in der
Kindheit, noch später jemals fixiert wird oder gar einfriert. Im
Gegenteil, sie wird täglich neu geschaffen und umgeschaffen.
Durch uns selbst. Durch unsere willentlich vorgenommenen
Handlungen. Dieser Prozeß vollzieht sich in Übereinstimmung
mit einem sehr verläßlichen und nachweisbaren Gesetz der
menschlichen Natur.

Ich nenne es das Prinzip der Selbst-Erschaffung. Das Prinzip
besagt, daß wir mit jeder Handlung die sie motivierenden Gefühle, Einstellungen und Auffassungen verstärken.

Ich habe festgestellt, daß dieses Prinzip der wichtigste Schlüssel zum Verständnis und zur Beherrschung unseres Seelenlebens ist. Es kann uns helfen zu erkennen, wie wir wurden, was wir sind, und wie wir uns ändern können. Es beantwortet einige der brennendsten Fragen in der Geschichte der Psychologie, zum Beispiel (mit Hilfe des neuen Konzepts des positiven Traumas) das Geheimnis, warum sich einige Menschen wandeln und andere nicht. Und wenn Sie dieses Prinzip verstehen, können Sie es ohne Hilfe eines Therapeuten nutzen, um ihre eigene Persönlichkeit zu formen und umzuformen.

Soviel habe ich bisher ausgeführt, aber ich mußte mich damit zufrieden geben, nur zu behaupten, zu illustrieren und zu verdeutlichen, was das Prinzip besagt. Der Rest des Buches wird sich damit befassen, was aus dem Prinzip folgt, und welche Konsequenzen das für Sie und die Menschen Ihrer Umgebung hat.

6
Wie Sie zum Paranoiker
werden können

Auch Sie können Paranoiker werden. Das macht zwar etwas Arbeit, verlangt Durchhaltevermögen und ein bißchen Phantasie, aber ich bin sicher, daß es jeder schafft, der sich ein wenig darum bemüht. Und vergessen Sie nicht: Wenn Sie erst einmal einen Anfang gemacht haben, wird es immer leichter.

Ich kann Ihnen nicht versprechen, daß Sie es schaffen, sich einzureden, so wichtig zu sein, daß Sie von Tausenden verfolgt werden, aber ich bin sicher, daß Sie doch so viel Elend und sorgenvolle Gedanken um sich verbreiten können, daß alle Ihre Freunde beeindruckt sind. Dieses Kapitel gibt Ihnen die Gebrauchsanweisung. Und im nächsten Kapitel erfahren Sie dann, wie Sie alles wieder rückgängig machen.

Zunächst müssen wir einmal feststellen, ob wir überhaupt an das Gleiche denken, wenn wir von »Paranoikern« sprechen. Man erkennt sie an drei Merkmalen.

Das erste ist eine *unbegründete Angst vor Gefahr und Verfolgung.* Bei einem psychisch Kranken kann das solche Formen annehmen, daß er glaubt, es bestünde eine richtige Verschwörung gegen ihn, deren Urheber ein böser Geist in der UNO ist und in die die Polizei, die Arbeitskollegen, der Postbote, der Gasableser und eine Person aus dem Supermarkt verwickelt sind. Der psychisch Kranke glaubt, daß sich alle verbündet haben, um ihn unmöglich zu machen, ihn zu vergiften oder vor ein Auto zu stoßen. Er ist abwechselnd von Furcht gelähmt und von irrsinniger Aktivität erfüllt. Zu seinem Schutz ist er bereit, beinah alles zu tun.

Nur wenige Leser dieses Buches dürften eine Psychose haben.

Aber viele sind Paranoiker. Auch sie weisen in verschiedenem Grade die nichtpsychotische Form dieses ersten Merkmals auf. In seiner mildesten Form handelt es sich um ein generelles Gefühl der *Verletzlichkeit*, das nie nachläßt. Schwerer wird die Paranoia schon, wenn Sie präzisere Vorstellungen entwickeln und etwa glauben, Sie verlören Ihren Job, Ihre Frau habe ein Verhältnis mit dem Friseur, jemand beobachte ständig Ihre Wohnung mit bösen Absichten, Ihre Bekannten würden Sie verachten, wenn sie die Wahrheit über Sie wüßten (daß Sie zum Beispiel homosexuell sind, von jüdischer Abkunft, keinen Collegeabschluß haben, daß Ihr IQ unter 140 ist, daß Sie aus einer verarmten italienischen Familie stammen, im Sport eine Niete waren, wenig verdienen, untergeordnete Arbeiten verrichten müssen).

Das zweite Merkmal ist das *unbegründete Gefühl, im Mittelpunkt der Aufmerksamkeit zu stehen oder stehen zu müssen.* Seltsamerweise glaubt der Paranoiker, zuviel Aufmerksamkeit auf sich zu ziehen. Wächst sich die Paranoia zu einer Psychose aus, dann glaubt der Kranke, daß zum Beispiel eine ganze Regierung hinter ihm her ist. Er weiß zuviel, hat vielleicht sogar eine Botschaft von Gott oder dem Präsidenten erhalten. Seine illusionären Vorstellungen von Grandeur verbinden sich eng mit seiner Verfolgungsangst. Man ist hinter ihm her, weil er so groß ist.

Bei der alltäglichen Form von Paranoia ist der Betreffende zum Beispiel sicher, daß andere über ihn reden. Die Tür des Chefs ist geschlossen – das bedeutet, daß über mich diskutiert wird. Meine Frau behauptet, daß es hier zu laut ist und nimmt das Telefon mit ins andere Zimmer – sie versucht, mich auszutricksen. Die neue Hausmitteilung an alle Angestellten, in Zukunft pünktlich zu sein, ist in Wirklichkeit nur an mich gerichtet. Die Leute, die da in der Ecke lachen, haben gerade einen Witz über mich gemacht.

Das dritte Merkmal ist die *ungerechtfertigte Überzeugung, daß andere die Fähigkeit haben, einen ganz und gar zu durchschauen.* Bei der psychotischen Form der Paranoia nimmt der Kranke an, daß ein bestimmter Mensch aus großer Entfernung seine Gedanken lesen kann. »Er wünscht mir nur Schlechtes. Ich sollte ihn töten, bevor er mich tötet. Oder melden wir es wenigstens der Polizei. Dann kommt er hinter Gitter, und es ist auch höchste Zeit.« In der alltäglichen Form hat der Paranoiker oft das Gefühl, er würde durchschaut. Mein Chef weiß, daß ich gestern gelogen habe, als ich mich krank meldete. Jones weiß, daß ich gerade auf der Toilette masturbiert habe. Alle im Ausschuß haben durchschaut, daß ich mir Sorgen um meinen Arbeitsplatz mache. Mit anderen Worten, alle erkennen klar meine Schuld und meine Motive.

Eine Folge davon, und hier spielen auch die ersten beiden Merkmale mit hinein, ist das Gefühl, geschickt manipuliert, ausgetrickst und überlistet zu werden. Ich glaube, daß meine Frau ein Verhältnis mit ihrem Friseur hat. Sie telefonieren gerade miteinander, wahrscheinlich verabreden sie ein Zusammentreffen. Ich höre am Nebenapparat mit. Ah. Sie reden über Dauerwellen, und daß sie schlecht sind für die Haare. Aber natürlich! Sie wußten, daß ich zuhören würde. Sie denken, sie können mich an der Nase herumführen.

Das ist der Paranoiker. Er macht sich ständig Gedanken, ist in Gefahr. Er wittert eine Verschwörung. Er hat viele schwache Stellen, ist verletzlich. Er weiß es. Und *sie* wissen es auch. Und s i e haben es auf ihn abgesehen.

Wie wurde er zu einem solchen Menschen? Woher rührt die Paranoia?

Falls auch Sie eine haben, stammt sie von Ihnen selbst. Sie haben sie sich selbst gegeben. Und Sie können sie auch wieder beseitigen.

Denn die Paranoia zeigt das Selbsterschaffungsprinzip in einer besonders unverfälschten und besonders leicht zu beobachtenden Form. Wir brauchen uns nur zu vergegenwärtigen, was wir über Gewohnheiten wissen: Immer wenn man einer Gewohnheit nachgibt, fühlt man sich im ersten Augenblick erleichtert, aber gerät dann eigentlich nur in größere Abhängigkeit. Denken Sie nur an die kleinen Ticks des Paranoikers: Ständig überprüft er die Schlösser. Er dreht sich um, um zu sehen, ob er von jemandem beobachtet wird. Reißt den Umschlag auf, den er gerade erst verschlossen hat, um zu sehen, ob der Scheck auch unterzeichnet ist. Zählt immer wieder sein Geld. Fühlt immer wieder in die Tasche, um zu sehen, ob die Brieftasche noch da ist. Überprüft ständig, ober der Reißverschluß an der Hose auch geschlossen ist oder ob sich auch keine feuchten Stellen unter den Achseln gebildet haben.

Immer, wenn Sie so etwas tun, verstärken Sie die Macht der Vorstellungen, die diese Handlungen motiviert haben. Verweilen wir etwas bei den Schlössern. Das Motiv ist ein Gefühl der Gefahr. Jemand wird versuchen, ins Haus zu kommen. Sie müssen sich und ihr Eigentum schützen. Also kaufen Sie das neue dreifach gesicherte Schloß, für das gerade Reklame gemacht wird. Aber die Einbrecher haben die Reklame auch gesehen! Sie kaufen sich auch so ein Schloß und sehen, wie man es öffnet. Kaufen wir besser eine Alarmanlage. Die geht los wie eine Sirene. Aber was passiert, wenn niemand zu Hilfe kommt? Also kaufen wir eine Pistole. Dann fällt Ihnen ein, daß die Einbrecher sich ja ebenfalls eine Pistole beschaffen können. Ach, das Leben ist einfach zu schwer. Kaufen wir besser Schlaftabletten.

In jedem Fall, ohne Ausnahme, ist Paranoia das Ergebnis *übertriebener Handlungen zum Selbstschutz*. Merke: *übertriebener*. Ich will damit nicht sagen, daß Sie überhaupt keine Maßnahmen zum Selbstschutz ergreifen sollten. Sie müssen nur wissen, wann es genug ist.

Oder wann es sich nicht lohnt, damit überhaupt anzufangen. Der beste Schutz gegen Paranoia ist die Kenntnis der elementaren Fakten – *wann* und *wie* man in Gefahr gerät, den ganzen Prozeß in Gang zu setzen. Es gibt einen vorparanoiden Zustand – eine besondere Situation, in der wir uns alle einmal von Zeit zu Zeit befinden – die uns zu Handlungen motivieren kann, die direkt zur Paranoia führen.

Die vorparanoide Situation hat zwei Komponenten. Erstens, *es handelt sich um etwas, das wir in irgendeinem Sinn besitzen und an dem uns besonders liegt*. Das kann ein Arbeitsplatz sein, eine Ehe, eine Liebesbeziehung, unser neues Auto – oder unser Leben.

Zweitens, wir spüren eine gewisse *Verwundbarkeit*, die zum Verlust unseres Eigentums führen kann, und die Verwundbarkeit rührt von einem wirklichen oder eingebildeten Defekt bei uns selbst her.

Wenn diese beiden Komponenten vorhanden sind – Sie wollen etwas behalten oder erreichen und haben doch Angst, daß Sie es durch ein eigenes »Handicap« verlieren könnten –, dann ist der Impuls stark, eine Reihe von Selbstschutzmaßnahmen einzuleiten. Aber mit jeder Maßnahme verstärken Sie nur die motivierenden Faktoren: die Wichtigkeit Ihres Besitzes, die Schwere Ihres Handicaps, das Gefühl, das Sie mit Sicherheit Ihren Besitz verlieren werden.

Sie können nicht allen vorparanoiden Situationen aus dem Weg gehen. Jeder gerät einmal in sie hinein. Denn wir alle haben Dinge, an denen wir hängen. Und wir alle fühlen, daß wir Fehler haben, die uns die Freude an diesen Dingen zu nehmen drohen. Eine Frau, die einmal eine große Schönheit war, macht sich Gedanken über ihr Alter und fragt sich, ob sie immer noch begehrenswert ist. Zu ihrem eigenen Schutz könnte sie jetzt zum Beispiel ihren Mann übertrieben kritisieren, so daß er in die Defensive gedrängt wird und nicht mehr auf die Idee kommt, sie zu bekritteln. Ein junger Sportler, professioneller Fußballer, läßt eines Tages in seinen Leistungen nach. Er könnte jetzt versuchen, an den neuen Spielern in der Mannschaft herumzumeckern und so die vorparanoide Situation in eine echte Paranoia verwandeln.

Unsere *natürlichen* Schwächen brauchen, wenn wir etwas aufpassen, nie zu einer Paranoia zu führen. Und für unsere *eingebildeten* Schwächen gilt das sogar noch mehr.

Zum Beispiel: Als Charlie sich um eine Stelle bei einer Werbeagentur bewirbt, lügt er, als es um seine Berufserfahrung geht, das Blaue vom Himmel herunter. Er sagt, er hätte den Copytext für den »Slammer« geschrieben, jenes nutzlose Gerät, das alle Welt seinerzeit wegen des tollen Werbetextes kaufte. Motiv der Lüge sind Hoffnung und Furcht. Charlie möchte die Stelle um jeden Preis haben – im Vergleich zu dieser Agentur wirkt die »Slammer«-Agentur wie eine Klitsche –, und er fürchtet, daß er ohne einen solchen Trick keine Chance hat.

Es klappt. Charlie bekommt den Job. Aber was hat hier eigentlich geklappt? An dem Tag, an dem er bei der neuen Werbeagentur anfängt, macht er sich auch schon Gedanken, *wie* er es geschafft hat. Natürlich sprach so manches für ihn, aber die

Stelle hat er wahrscheinlich doch nur wegen der »Slammer«-Kampagne bekommen. Das bedeutet, er wird in große Schwierigkeiten geraten, wenn sein neuer Chef herausfindet, daß er den »Slammer«-Text eigentlich nur hat abtippen dürfen. Charlie hat noch nie eine so gute Stelle gehabt – alle seine Freunde sind beeindruckt –, und sie zu verlieren, könnte er nicht ertragen.

Charlie hat sich in einen vorparanoiden Zustand manövriert. Seine Stelle bedeutet ihm viel, aber seine Lüge könnte für den Chef wichtig werden – so wichtig, daß er ihn an die Luft setzt. Es bedarf jetzt nur noch eines kleinen Schritts, bis Charlie die paranoide Vorstellung entwickelt, er würde demnächst mit Schimpf und Schande fortgejagt.

Ein zweites Beispiel für einen vorparanoiden Zustand. Roger ist neunundvierzig und macht sich Gedanken, weil er bald fünfzig wird. Er hat sich in Jessie verliebt, die fast zwanzig Jahre jünger ist. Roger sieht ein wenig jünger aus, als er ist (er hofft, zehn Jahre), und irgendwie bekommen er und Jessie es nie fertig, offen über ihr Alter zu reden. Als sie über einen alten Film sprechen, behauptet Roger, daß er ihn im Fernsehen gesehen hat, was auch stimmt, aber er hat ihn auch schon vor dreißig Jahren gesehen, als er neu in die Kinos kam.

Er gibt sich viel Mühe beim Kauf seiner Anzüge, läßt sich die Haare tönen, sieht zu, daß er nicht auf gleichaltrige Freunde trifft, wenn er mit Jessie ausgeht. All dies macht ihn hochgradig paranoid; manchmal fürchtet er geradezu, daß Jessie ihn heimlich auslacht, weil er so alt ist. Roger hat nichts Böses getan. Er wollte nur Jessie nicht verlieren. Aber er hat sich selbst schwer geschadet.

Etwas verbergen zu wollen, ist nämlich eine allzu gute Methode, um paranoid zu werden. Warum? Weil Sie sich Blößen geben und fürchten müssen, daß man Ihnen auf die Schliche kommt. Wenn Sie sich das Image eines erstklassigen Werbetexters geben wollen oder eines jungen Mannes, der sehr sexy ist oder eines Mannes, der einer alteingesessenen Familie angehört, die schon mit der Mayflower nach Amerika kam, dann fangen Sie auch an zu glauben, daß dieses Image wichtig ist. Wichtiger als Ihr eigentliches Wesen. Sie fürchten, Sie werden verlieren, was Sie so begehren, wenn Sie Ihrem Image nicht entsprechen.

Kommt dann noch die Furcht vor Entdeckung hinzu, läßt Sie die Angst wahrscheinlich nicht mehr los.

Es gibt in Ihrem Leben sicherlich vieles, von dem Sie annehmen können, daß es sich Ihrem Erfolg in den Weg stellt. Herkunft und Schulbildung habe ich schon erwähnt. Es könnte auch etwas so Banales wie Ihre Adresse sein: Sie haben das Gefühl, daß Sie nicht im richtigen Stadtteil wohnen. Wenn Sie glauben, daß Ihnen wegen dieser Handicaps etwas, was Sie sich wünschen, entgeht, dann befinden Sie sich in einem vorparanoiden Zustand. Wenn Sie dann noch gemäß diesen Vorstellungen handeln, indem Sie sich verstecken, lügen und anderen das gleiche »Handicap« zum Vorwurf machen (oder sie auch übereifrig deswegen loben), sind Sie dabei, Ihren vorparanoiden Zustand in eine richtige Paranoia auswachsen zu lassen.

Noch einmal: *Sie selbst machen sich zum Paranoiker.* Es kommt nicht von ungefähr dazu. Sie müssen schon etwas dafür tun. Charlie wurde nicht nur durch seine Lüge zum Paranoiker, sondern durch die Lüge und sein sich daran anschließendes Handeln. Er macht sich Gedanken, daß man ihn feuern wird – weil er sich in seiner Lüge verfangen oder sich als inkompetent erweisen könnte. So arbeitet er mehr als alle anderen, kommt überpünktlich ins Büro, läßt die Mittagspause aus und kriecht vor dem Chef. Und immer, wenn er das tut, verstärkt er dadurch seine Angst, daß es nicht reicht, einfach gute Arbeit zu leisten. Es ist die gleiche Angst, die ihn dazu verführte, seine Erfahrung viel zu dick herauszustreichen.

Und diese Lüge verfolgt ihn ständig. Wenn man ihm nun hinter die Schliche kommt? Wenn jemand dem Boß erzählt, wer in Wirklichkeit den tollen Werbetext geschrieben hat? So versucht er einerseits zu verhindern, daß das passiert, und andererseits vergewissert er sich ständig, ob es nicht schon passiert ist. Eines Tages fällt ihm auf, daß sein Boß einen Brief von seiner früheren Agentur bekommen hat, wo einst die »Slammer«-Kampagne ausgebrütet wurde. Dies muß nun die Enthüllung sein, die er so gefürchtet hat; sein früherer Chef weiß, wo er abgeblieben ist und wie er sich seine neue Stelle erschlichen hat. Beachten Sie diese Mischung aus Größenwahn und dem Gefühl, durchschaut zu sein. Durch den Versuch, seine Ängste zu kompensieren –

durch die Lüge, die ihm einen Vorteil verschaffen sollte –, hat sich Charlie in eine Paranoia hineinmanövriert. Ein Brief von seinem alten an seinen neuen Chef *muß* einfach mit ihm zu tun haben.

Charlie macht sich solche Sorgen wegen dieses Briefes, daß er beschließt zu warten, bis alle gegangen sind und er ihn vom Schreibtisch seines Chefs holen kann. Um fünf Uhr sagt er zu den Kollegen: »Ich bleib noch ein bißchen hier, um noch ein paar Sachen aufzuarbeiten« und fragt sich auch schon, ob sie seine eigentliche Absicht durchschaut haben. Er versucht, die Anordnung aller Sachen auf dem Chef-Schreibtisch genau in Erinnerung zu behalten und hat gleichzeitig den Verdacht, daß der Chef ihm eine Falle gelegt hat. (Wenn dieses Buch nicht genau senkrecht zu diesem Stück Papier liegt, dann ist Charlie hier gewesen und hat geschnüffelt.) Charlie liest schließlich den Brief. Gott sei Dank, es ist nur eine Einladung zu einem formellen Luncheon. Welche Erleichterung. Aber einen Augenblick mal. Sein alter Boß wird die Geschichte beim Essen erzählen wollen.

Charlie befindet sich in einem Teufelskreis. Immer, wenn er versucht, sich zu schützen, sich auf das Schlimmste vorzubereiten, verstärkt er seine Angst, daß das Schlimmste geschehen könnte. Genau so wie Roger, wenn er sein Alter vertuscht, nur die Angst verstärkt, daß Jessie ihn verläßt, sobald er fünfzig wird. (Dabei weiß Jessie sehr wohl, daß er viel älter ist als sie.)

Eine Paranoia entsteht immer nach diesem Muster. Wir fürchten uns vor etwas – oder irgendjemandem – aus einem Grund, der ebenfalls beliebig sein kann. Wir handeln gemäß dieser Angst und versuchen, sie dadurch zu beseitigen. Aber durch jede Handlung, die wir zu unserem Schutz unternehmen, verstärken wir nur unsere Angst und vergrößern die Überzeugung, daß Vorsichtsmaßnahmen am Platze sind.

Noch ein Beispiel. Jeans Familie lehnte »Ausländer« ab. Jeder, der kein waschechter Amerikaner war (man mußte nicht gerade blonde Haare und blaue Augen haben, aber das war natürlich ein Plus), war verdächtig. Er war wahrscheinlich faul oder auf unangenehme Art gerissen ... Am besten, man hatte nichts mit ihm zu tun.

Jeans Eltern gingen allen Ausländern aus dem Weg (einmal

fuhren sie ins Ausland, aber sie hielten sich an ihre amerikanische Reisegruppe und wohnten nur in amerikanischen Hotels), und so verhielt sich auch Jean, als sie erwachsen wurde. Sie schlug sogar eine Stelle in Paris aus. Und jedes Mal, wenn Jean gemäß dieser Angst handelte – und sich alle Mühe gab, Ausländern aus dem Weg zu gehen –, verstärkte sie die Angst.

Als dann eine Anzahl spanisch und italienisch sprechender Leute in ihre Nachbarschaft zogen, geriet sie in Panik. Sie versuchte, eine Mieterinitiative zu gründen, um diese Menschen fernzuhalten; sie ließ ihre Kinder nicht mehr zur Schule gehen. Und obwohl sie schließlich fortzog (und damit, wie sie dachte, dem Problem ein für alle Mal aus dem Weg ging), konnte sie sich der Angst kaum erwehren, daß die Leute, die sie hatte fernhalten wollen, sie auch hier verfolgen würden.

Eine der besten Methoden, eine Paranoia zu erzeugen, besteht darin, sich in eifersüchtige Gefühle hineinzusteigern und andere Menschen zu überprüfen. Schließlich versucht man ja nur, hinter die Tatsachen zu kommen.

Sie denken zum Beispiel, daß Ihre Frau sich mit einem Kollegen eingelassen hat. Heute abend muß sie Überstunden machen: Aber das ist nur ein Vorwand – sie ist in Wirklichkeit in Sullivans Wohnung oder liegt ihm im Büro in den Armen. Es wird sieben Uhr, und sie ist immer noch nicht zu Hause. Vielleicht sollte man zum Büro hinübergehen und sie überraschen; zum Beispiel so tun, als wollte man sie zum Dinner ausführen. Sie spionieren ihr beileibe nicht nach, sie sind nur ein aufmerksamer Ehemann; schließlich gibt es im Haus nichts zu essen als Reste. Sie nehmen ein Taxi, denn Sie haben es sehr eilig. Im Büro schließlich sitzt sie allein und arbeitet. Sie freut sich über Ihr Kommen und Ihre Einladung, aber erst muß sie ihre Arbeit fertig machen. Das dauert noch eine halbe Stunde. Und während Sie warten, zerbrechen Sie sich den Kopf, wieso sie herausgefunden hat, daß Sie kommen würden und dann Sullivan noch rechtzeitig wegschicken konnte. Hat sie einfach nur Glück gehabt?

Wie ich zu Beginn des Kapitels versprochen habe, wird es mit jedem Schritt leichter, eine richtige Paranoia zu entwickeln. Mit jeder paranoiden Handlung steigern Sie Ihre Angst. Selbst eine so einfache Aktivität wie das Schließen der Bürotür, um einen

Telefonanruf zu machen, hat – wenn sie von Furcht motiviert wird – die Wirkung, Ihr Gefühl der Bedrohung zu intensivieren. Sie schließen die Tür, weil Sie nicht wollen, daß Ihr Assistent mitkriegt, daß Sie ein Verhältnis haben. Erst glauben Sie, daß nur er tratschen wird, aber eines Tages, wenn Sie beim Öffnen der Tür sehen, daß Joe von nebenan im Vorraum herumlungert, wird Ihnen klar, daß auch er herumspioniert. So fangen Sie an, Joe und Ihren Assistenten zu beobachten. Wenn Sie sie nach einem Telefongespräch zusammenstehen sehen, wissen Sie, daß beide ihre Notizen über das Gehörte miteinander vergleichen. Vielleicht setzen Sie Ihren Assistenten jetzt an die Luft. Vielleicht blamieren Sie Joe bei der nächsten Konferenz. Doch jede Handlung, jeder Plan zu Ihrem Selbstschutz läßt Ihren Feind nur um so größer und mächtiger erscheinen.

Doch was ist denn das für ein Feind? In Wirklichkeit wäre Joe gerne Ihr Freund. Ähnlich auch Lisa, eine Kollegin von Joe, die fragt, warum Sie ihm das Leben so schwer machen. Aber Sie können keinem trauen. Sie haben sie beim Lauschen ertappt. Sie wissen zuviel.

Sie können zulassen, wie die Paranoia Ihr Leben zerstört. Oder Sie können Schluß damit machen. Wie, zeigt Ihnen das nächste Kapitel.

7
Wie Sie aufhören können, paranoid zu sein

Wie können Sie erkennen, ob Sie paranoid sind? Wenn nun Ihr Mann oder Ihre Frau tatsächlich ein Verhältnis haben? Oder Ihr Chef Sie wirklich an die Luft setzen will? Man kann ja wohl nicht von Paranoia sprechen, wenn Ihre Ängste begründet sind?

Nein, das kann man nicht. Wenn Sie während der Bürostunden Tennis spielen, ist es kaum paranoid, damit Schluß zu machen, falls Sie Ihren Job behalten wollen. Aber wenn Sie während der ganzen Woche keinen Tennisschläger angerührt und auch sonst keine Dummheiten gemacht haben, ist es paranoid, wenn Sie wie ein Verrückter arbeiten, um Ihre Stelle zu halten.

Und wie wäre es in einem weniger extremen Fall? Nehmen wir einmal an, Ihr Chef kann Sie nicht ausstehen – weil Sie jünger oder intelligenter sind als er oder weil Sie von einem anderen als ihm eingestellt worden sind. Ist es auch dann paranoid, Vorsichtsmaßnahmen zu ergreifen?

Ja, weil Ihre Vorsichtsmaßnahmen wahrscheinlich gar nichts ausrichten werden. Sie können Ihren Boß kaum ändern, aber Sie können sich einreden, daß die Welt untergeht, wenn Sie diesen Job verlieren, daß Ihr Chef dafür sorgen wird, daß Sie in Detroit nie wieder eine Stelle bekommen – Sie können jede Ihrer Ängste unerträglich machen. Indem Sie einfach ihnen entsprechend handeln.

Es gibt zwei gute Übungen, mit denen Sie herausfinden können, ob Ihre Ängste paranoid oder berechtigt sind. Beide verlangen das gleiche einfache Vorgehen: innehalten, hinsehen, aufpassen. Halten Sie ein mit Ihrem Tun; sehen Sie genau hin, was Sie da eigentlich machen; passen Sie auf, was in Ihrem Kopf danach vor sich geht. Sehen wir uns doch einmal an, wie sich Ihre Handlungen auf Sie auswirken.

Erste Übung: Halten Sie inne, *nachdem* Sie gerade etwas zu Ihrem Schutz unternommen haben. (Weiter unten werde ich über Methoden sprechen, wie Sie Ihre Selbstschutz-Handlungen erkennen können.) Versuchen Sie herauszufinden, was Sie damit erreichen wollten. Kommen Sie neuerdings etwa deshalb pünktlich nach Hause statt drei Stunden zu spät, weil Sie wirklich mehr Zeit für Ihre Frau haben wollen oder weil Sie fürchten, daß sie mit einem anderen Mann zusammen ist? Haben Sie ein neues Schloß gekauft, weil das alte kaputt war oder weil Sie von einem Einbruch zwei Häuserblocks entfernt gehört haben? Was hatten Sie wirklich im Sinn?

Und hatten Sie Erfolg mit Ihren Maßnahmen? Fühlen Sie sich jetzt besser – oder schlechter? Warten Sie ein paar Tage, und wiederholen Sie sich diese Frage: Hat sich Ihre Maßnahme auf längere Sicht *bewährt*? Haben sich Ihre Ängste dadurch gelegt? Wenn Ihr Handeln paranoid war, lautet die Antwort nein. Jede Handlung verstärkt letztlich den Glauben, daß solche Handlungen notwendig sind. Sie werden sich alle möglichen Gründe ausdenken, warum noch eine zusätzliche Maßnahme jetzt *endgültig* zum Ziel führen wird. Wenn Sie dagegen eine *notwendige* Vorsichtsmaßnahme ergreifen, haben Sie auch das Gefühl, getan zu haben, was in Ihren Kräften stand, und die Sache ist erledigt.

Die zweite Übung geht ähnlich, nur hier hören Sie schon auf, *ehe* Sie etwas zu Ihrem Schutz unternehmen. Kaufen Sie das neue Schloß gar nicht erst, und warten Sie ab, wie Sie sich fühlen. Manchmal nenne ich dies die *Vergrößerungsmethode*: Indem Sie einen Impuls negieren, verursachen Sie, daß er (zumindest anfänglich) zunimmt, größer wird und unverhüllter zu Tage tritt. Die eigentliche Motivation wird demaskiert. Wer sich vor etwas fürchtet und sich nicht schützt, sieht seine Furcht überdeutlich.

Achten Sie auf alles, was Ihnen durch den Kopf geht, wenn Sie das alte Schloß an der Tür belassen. Üben Sie sich in freier Assoziation. Schreiben Sie Ihre Gedanken nieder, wie sie Ihnen in den Sinn kommen. Vor allem zensieren Sie Ihre Ängste nicht; wenn Sie fürchten, daß ohne ein neues Schloß Ihr Nachbar gestohlene Medikamente in Ihrer Wohnung deponieren wird oder

Ihre Mutter kommt, um nach Ihren Anti-Baby-Pillen zu suchen, so schreiben Sie das auf. Ihre Ängste werden besonders stark, wenn Sie die Handlungen unterlassen, von denen Sie Erleichterung erwarten; die Unterlassung führt dazu, daß Ihnen die Ängste bewußter werden. Wenn Sie erst einmal wissen, wovor Sie sich fürchten, können Sie etwas dagegen tun.

Diese Übungen helfen Ihnen, eine klare Vorstellung von dem zu gewinnen, was Ihnen Kummer macht. Sie sind oft auch schon der erste Schritt, der Sie ganz von Ihrer Paranoia befreit. Mit anderen Worten: *Finden Sie die Handlungen heraus, die Ihre Ängste verstärken, und unterlassen Sie sie.* Anfangs werden Sie sich schlechter fühlen; Sie suchen nach immer neuen Entschuldigungen, um zu Ihrem paranoiden Verhalten zurückzukehren; aber Ihre Ängste – und die Paranoia – werden nachlassen. Warum? Ich habe in Kapitel 2 das Prinzip dargelegt: *Immer wenn Sie handeln, verstärken Sie die motivierende Idee hinter Ihren Handlungen.* Wenn man die Formulierung umkehrt, verrät uns das Prinzip auch, was man dagegen tun kann:

> Sie können jede motivierende Idee abschwächen – sämtliche Gefühle, Haltungen oder Auffassungen –, indem Sie mit den Handlungen aufhören, die sie verstärken.

Nun gut. Aber wie erkennen wir, womit wir unsere Gefühle verstärken?

Ich kann Sie nicht auf Schritt und Tritt begleiten und alles niederschreiben, was Sie tun, aber meine Erfahrung hat mich das eine oder andere gelehrt. Ich habe gelernt, nach bestimmten Dingen Ausschau zu halten. Auch Sie können das lernen. Dieses und die folgenden Kapitel werden Ihnen zeigen, wie Sie erkennen, wann im Leben Sie wichtige Entscheidungen treffen und welche Wirkungen diese Entscheidungen auf Sie haben.

Ein Beispiel: Ich habe den vorparanoiden Zustand erwähnt – Ihnen liegt an einer Sache besonders viel, aber Sie laufen Gefahr, sie zu verlieren, teils wegen äußerer Umstände, teils wegen Ihres eigenen Verhaltens.

Das bedeutet, daß Sie die Situation häufig in der Hand haben. Und wenn Sie merken, daß Sie verzweifelt einen Erfolg ersehnen und sich genau so verzweifelt vor Versagen fürchten, können Ihnen meine folgenden Ratschläge helfen.

Erstens, versuchen Sie, Ihre Interessen breiter zu streuen. Es wertet Ihre große Liebe oder den Traum Ihres Lebens nicht ab, wenn Sie sich auch noch für ein paar andere Dinge interessieren. Hier sehen wir wieder das Prinzip in Aktion. Wenn Sie alle Ihre Handlungen darauf abstellen, daß ein geliebter Mensch oder ein bestimmter Arbeitsplatz oder eine ausländerfreie Wohngegend das Wichtigste im Leben ist – das *einzige,* worauf es ankommt –, verstärken Sie Ihre Abhängigkeit von dieser einen Sache. Und Sie werden äußerst anfällig für eine Paranoia.

Sylvia hatte einen großen Freundeskreis, bis sie sich in Mike verliebte. Plötzlich hielt sie Verabredungen nicht mehr ein, rief nicht mehr an, vergaß Geburtstage – so daß ihre Freunde schließlich aufhörten, sich um sie zu kümmern. Das bedeutete, daß Mike ihr ein und alles wurde: ihr Geliebter, ihr Vertrauter, ihr einziger Freund. Kein Wunder, daß sie leicht in Angst geriet. Als Mike mit einigen Freunden zum Camping fuhr, entwarf sie einen detaillierten Plan, um ihm nachzuspionieren. Paranoia und damit auch unser Prinzip in Aktion! Wenn man seine Arbeit oder ein bestimmtes Projekt über seine Freunde stellt, kann das die gleichen Folgen haben.

Oder vielleicht bedeutet Ihnen eine Arbeit oder eine Beziehung gar nicht so viel um ihrer selbst willen, sondern sie ist Ihnen nur Mittel zum Zweck. Ihnen geht es um Status. Sie sind gerade Vizepräsident eines Weltunternehmens geworden und jedem, den Sie treffen, erzählen Sie stolz davon. Der Grund für Ihre Angeberei ist die Angst, auf sich allein gestellt nicht gut genug zu sein: Sie brauchen eine Krücke, wie diese prestigeträchtige Stelle, um sich Freunde zu machen und Leute zu beeinflussen. Immer wenn Sie unter dieser Voraussetzung handeln, machen Sie sich von den Krücken nur noch abhängiger. Wenn Sie Ihre Stelle verlieren, wenn Ihr Boß sich auch nur leicht verärgert zeigt, fühlen Sie sich aufs äußerste bedroht. Sie werden nicht mehr für wichtig gehalten. Keiner beachtet Sie.

(Die vorhin erwähnte Vergrößerungsmethode kann hier sehr hilfreich sein. Versuchen Sie, auf einer einzigen Party einmal nicht anzugeben, und warten Sie ab, wie Sie sich dabei fühlen.

Wenn Sie sich wertlos und praktisch ausgelöscht vorkommen, ist das ein Zeichen, daß Sie sofort mit der Prahlerei Schluß machen sollten – statt an der Hoffnung festzuhalten, die Prahlerei könnte Ihre Selbsteinschätzung heben.)

Wer aus Statusgründen von seinem Ehepartner abhängig wird, ist in ähnlicher Gefahr. Jedesmal, wenn Sie hervorheben, daß Sie mit dem Bürgermeister oder dem Chef verheiratet sind, verstärken Sie die dahinterliegende Überzeugung, daß Sie ohne Ihren Ehepartner nichts sind. Das steigert noch Ihre Angst, ihn zu verlieren. Wenn Sie zuviel Geld ausgeben, Ihren Reichtum zur Schau stellen, auf Kleingeld nicht achten, so ist das ein anderes sehr weit verbreitetes Verhalten, das zu einer Paranoia führen kann. Es kann für Sie gefährlich werden, weil es Sie abhängig macht von der Quelle des Geldes, das Sie da um sich werfen. Und diese Taktik, motiviert durch die Idee, daß Gleichgültigkeit gegenüber Geld eine liebenswerte Eigenschaft ist, führt bei Ihnen zur Überzeugung, daß Sie wenigstens teilweise nur wegen Ihres Geldes geliebt werden. Denn in Wirklichkeit haben Sie ja gar nicht so viel Geld, wie Ihre Taktik vermuten läßt. Sie sind ein Hochstapler! Und man wird Ihnen auf die Schliche kommen.

Wie man Paranoia vermeidet

Früher oder später kommen die meisten von uns in die Situation, sich mit einem präparanoiden Zustand auseinandersetzen zu müssen. Wir können uns noch so bemühen, ausgeglichen zu sein und uns realistische Ziele zu setzen, aber jetzt endlich haben wir den Job, nach dem wir drei Jahre gesucht haben, und der Chef macht immer ein unzufriedenes Gesicht. Es wäre doch nett, wenn er uns hin und wieder ein ermunterndes Wort sagen würde, aber wir können leider nicht viel daran ändern. Wir können uns nur Sorgen und Gedanken machen. Vielleicht hätte er lieber eine ältere/jüngere/erfahrenere Kraft eingestellt.

Was können wir tun, außer uns Gedanken zu machen? *Nichts.* Und Nichtstun hilft uns, uns von diesen Gedanken zu befreien. Paradoxerweise geht das ganz einfach. *Wer sich verteidigt, verstärkt seine Angst; wer einfach alles laufen läßt, vermindert sie.*

Und hier haben Sie wieder unser Prinzip. Immer, wenn Sie Ihrer Furcht entsprechend handeln – sich zu schützen versuchen –, verstärken Sie die Vorstellung, in Gefahr zu sein. Und jedesmal, wenn Sie nach der Devise handeln, daß Sie nichts zu fürchten haben (was manchmal Nichtstun bedeutet), verstärken Sie das Gefühl der Sicherheit.

Wenn Sie sich aber nun irren? Wenn Ihre Ängste in Erfüllung gehen?

Gewöhnlich ist die drohende Gefahr nicht so schlimm wie die Paranoia. Wenn Sie alles auf sich zukommen lassen, riskieren Sie, verletzt zu werden, aber Sie merken wenigstens, daß Sie stark genug sind, um ein paar Enttäuschungen durchzustehen. Und das ist besser, als das ganze Leben auf der Hut sein zu müssen. Wenn Sie Durchhaltevermögen zeigen, werden Sie dieses Gefühl verstärken. Wenn Sie dagegen Schwäche oder Verwundbarkeit demonstrieren, erhöht sich das Gefühl Ihrer Ohnmacht. Die folgenden Verhaltensregeln sollen Ihnen helfen, Verhaltensweisen zu erkennen, die vernünftig *scheinen*, aber in Wirklichkeit Paranoia verstärken.

1. *Hintergehen Sie andere nicht.* Verbergen Sie zum Beispiel einem Freund gegenüber keine Fakten über sich selbst, weil Sie fürchten müssen, die Freundschaft zu ruinieren. Sprechen Sie offen darüber, was es auch sei, und lassen Sie es darauf ankommen. Wenn Sie diese Fakten verstecken, erscheinen sie Ihnen a) selbst in einem schlimmeren Licht, reden sich b) selbst ein, daß Ihre Freundschaft auf schwachen Füßen steht und schaffen sich c) selbst eine neue Quelle paranoider Ängste – die Furcht vor Entdeckung. Fragen Sie sich immer: »Welche Motive stecken in Wirklichkeit hinter meinem Handeln?« Sie können antworten: »Die Liebe zu meinem Freund.« Gut, und dadurch verstärken Sie das Gefühl, daß Ihnen seine Zuneigung viel bedeutet. Aber es spielen hierbei noch andere Gefühle und Meinungen mit, und auch sie werden auf diese Art verstärkt. Und bei ihnen handelt es sich ausschließlich um Ängste.

2. *Suchen Sie nicht ständig, sich der Gefühle anderer zu versichern.* Fragen Sie Ihre Freunde nicht, ob sie Sie leiden mögen

oder Ihren Partner, ob er Sie noch attraktiv findet. Auch hier sollten Sie sofort damit aufhören und darüber nachdenken, was Ihr Motiv sein könnte – wahrscheinlich Unsicherheit. Wenn Sie dieser Unsicherheit entsprechend handeln, bringen Sie sie dadurch nicht zum Verschwinden; es entstehen nur neue Fragen und neue Ängste. Wenn Sie erst einmal gefragt haben, wird Ihnen jede Antwort verdächtig klingen. Wenn Sie hören, was Sie hören wollten, fürchten Sie, daß die Antwort unaufrichtig und erzwungen war (»Was konnte sie schon anderes sagen?«); wenn Sie nicht die erwünschte Antwort bekommen (»Liebst du mich noch?« Schweigen), sind Sie sicher, daß Ihre schlimmsten Befürchtungen in Erfüllung gehen.

3. Hören Sie auf, andere – öffentlich oder privat – voreilig zu beschuldigen. Warten Sie ab – das ist viel wichtiger –, wie sich die anderen Ihnen gegenüber verhalten. Wenn Sie andere beschuldigen, überzeugen Sie sich nur immer mehr, daß diese Sie bedrohen, und Sie machen sich bloß neue Feinde. Wenn Sie sich bedroht glauben, wird Ihre Wut und das Gefühl, sofort handeln zu müssen, zunächst immer stärker werden, dann aber wird es auch wieder nachlassen; Sie kommen zu der Erkenntnis, daß die meisten Ihrer Anschuldigungen keine konkrete Basis hatten.

4. Hören Sie auf, anderen Vorschriften zu machen. Auch hier ist das Motiv wiederum Angst – Angst, wie andere Sie behandeln würden, wenn Sie nichts dagegen unternehmen. »Brüll mich nicht an«, ermahnen Sie Ihre Frau, ehe sie überhaupt die Chance hat, in Wut zu geraten. »Vergiß meinen Geburtstag nicht.« Beweisen Sie sich, daß Ihre Beziehungen zu anderen funktionieren, ohne daß Sie ihnen vorschreiben, wie sie Sie behandeln sollen. Spionieren Sie anderen nicht nach, und schreiben Sie ihnen ihr Verhalten nicht vor. Vertrauen Sie ihnen einfach. Wenn Sie erst einmal aufhören, die Angst, schlecht behandelt zu werden, durch Ihr Handeln zu verstärken, merken Sie plötzlich, daß die Menschen Ihrer Umgebung es gut mit Ihnen meinen.

5. Wenn Sie dazu neigen, über jede Kleinigkeit Bescheid wissen zu müssen – und daher ständig telefonieren oder Beweise sam-

meln –, so sollten Sie damit aufhören. Rufen Sie Ihren Partner nicht mitten in der Nacht an, um herauszufinden, was er mit seiner letzten Bemerkung eigentlich sagen wollte. Versuchen Sie ohne das Gefühl zu leben, stets für die Zukunft gewappnet sein zu müssen. Sie machen sich durch Ihre ständigen Nachforschungen nicht nur selbst paranoid, Sie gehen den anderen damit wahrscheinlich ebenfalls auf die Nerven.

6. *Achten Sie darauf, ob Sie eine Tendenz haben, sich anderen zu »verkaufen«.* Das führt dazu, daß Sie eine bestimmte Eigenschaft in den Mittelpunkt rücken und davon Ihre Selbstachtung abhängig machen. Ich erwähnte schon die Angeberei. Es gibt auch nicht-verbales Angebertum. Was geht vor, wenn jemand demonstrativ einen Packen Geldscheine aus der Tasche zieht oder besonders auffällige Kleider trägt oder ständig Etiketten mit der Aufschrift Gucci, Pucci, Tiffany und Louis Vuitton sehen oder sich die Harvard-Mitteilungen ins Büro statt nach Hause schicken läßt oder ständig den neuesten abstrusen Roman auf dem Schreibtisch oder dem Couchtisch vergißt? Solche Menschen verkaufen sich oder doch einen bestimmten Aspekt ihrer Persönlichkeit. Aber sie zahlen mehr, als sie denken. Mit jedem Verkaufserfolg schaffen sie nur neue Unsicherheit. Sie haben sich in eine Wettkampfsituation begeben, in der sie vielleicht ganz unnötigerweise unterliegen.

Achten Sie auf die Dinge, in denen Sie gut sind, auf die selteneren Eigenschaften, die Sie haben. Sie sollten vorsichtig damit umgehen. Wenn Sie diese Talente oder Eigenschaften zur Schau stellen, werden Sie zwangsläufig von ihnen abhängig. Sie halten sie für die einzige Basis Ihres Ansehens und glauben, Sie wären ohne sie verloren. Wir alle haben einmal den Wunsch, etwas Wesentliches über uns zu signalisieren. Wenn Sie bei einem geselligen Zusammensein in sich eine Spannung verspüren, die gebieterisch danach verlangt, sich Erleichterung durch eine Enthüllung zu verschaffen, so seien Sie auf der Hut. Sie könnten im Begriff stehen, sich zu verkaufen.

Und wenn Sie nach einem solchen Beisammensein ein Gefühl der Angst und Depression haben, die irgendwie im Zusammenhang mit dem steht, was Sie gesagt oder getan haben, analysieren Sie dieses Gefühl. Es kann die verschiedensten Gründe haben, aber achten Sie vor allem auf diesen einen: Haben Sie etwas getan oder gesagt, um einen anderen zu beeindrucken? Hinter der paranoiden Angst, die durch das »Sich verkaufen« erzeugt wird, lauert das Risiko: Was Sie verkaufen, ist eigentlich gar nicht das, was die anderen von Ihnen kaufen sollen.

Dies alles sollten Sie unterlassen. Um aber nun eine positive Einstellung statt einer negativen zu verstärken, sollten Sie folgendes versuchen.

1. Denken Sie über das Leben anderer Menschen nach. Welches sind ihre Kämpfe, Ziele, Stärken und Schwächen? Sprechen Sie mit Menschen, die für Sie wichtig sind, angefangen mit Freunden und Verwandten bis hin zu allen, die Ihnen Unbehagen bereiten könnten – vom Portier, dem Bankangestellten, einem Menschen im Elternbeirat –, und versuchen Sie, etwas über ihr Leben in Erfahrung zu bringen. Welche Kämpfe müssen sie durchstehen? Welche Probleme versuchen sie zu bewältigen? Haben Sie schon einmal Anerkennung gezeigt für ihre Anstrengungen?

Das kann Sie später vor schweren Fehleinschätzungen bewahren. Sie fühlen sich dann selbst nicht so hilflos und halten nicht alle anderen für stark und unangreifbar. Vielmehr verstärken Sie die Vorstellung, daß andere – statt berechnend und gefährlich – genau so menschlich und anfällig sind wie Sie.

2. Lernen Sie, wie man sich freut. Vergnügen Sie sich, besonders wenn Sie mit anderen zusammen sind. Beginnende Paranoia kann Ihnen das Gefühl geben, überall das fünfte Rad am Wagen zu sein – und ständige schlechte Laune kann Sie auch tatsächlich dazu machen. Hören Sie auf, stets von Ihren Sorgen zu erzählen, und warten Sie ab, ob sich das auf Ihre Beziehung zu anderen günstig auswirkt. So werden Sie wahrscheinlich nicht das Gefühl haben, daß sich Ihre Freunde gegen Sie kehren.

Es ist natürlich einfacher, diese Schritte im Anfangsstadium der Paranoia zu unternehmen. Aber auch, wenn Sie schon wirklich paranoid sind, haben Sie noch Augenblicke, in denen Sie spüren, daß Ihre Ängste ungerechtfertigt sind. Klammern Sie sich auch an den geringsten Rest von Optimismus: Vielleicht ist gar nicht alles so schlimm. Ob Sie es glauben oder nicht, ein solcher Optimismus ist *nicht* naiv und unrealistisch; er kommt der Wahrheit wahrscheinlich viel näher als das düstere Szenarium, das Sie sich selbst geschaffen haben.

Wir haben alle die Tendenz, unserem Urteil mehr zu trauen, wenn wir das Schlimmste erwarten, als wenn wir uns einzureden trachten, daß alles in Ordnung ist. Wirken Sie dieser Tendenz entgegen. Nehmen Sie sich einmal vor, einem pessimistischen und paranoiden Urteil nicht zu trauen und nicht danach zu handeln. Das ist alles. Es ist gar nicht nötig, daß Sie *glauben,* daß es gut ist, die Post Ihres Mannes nicht zu lesen – unterlassen Sie es einfach. Erst später werden Sie sehen, wie gut es ist.

Machen Sie sich keine Gedanken, wenn Sie sich zunächst noch weiter paranoid fühlen – Hauptsache ist, Sie handeln nicht mehr so. Selbst wenn Sie unter leichtem Verfolgungswahn leiden, können Sie sich doch als der Stärkere erweisen – indem Sie erkennen, daß es sich um Wahnvorstellungen handelt, und von verstärkenden Handlungen absehen.

Versuchen Sie, Ihre irrationalen Ängste gegenüber einem Freund zuzugeben. Sagen Sie etwa: »Ich habe diese paranoide Vorstellung, eines Tages an die Luft gesetzt zu werden. Der Chef hat zwar nichts Negatives über mich gesagt, und er hat mir auch vor zwei Monaten eine Gehaltserhöhung gegeben, aber ich mache mir noch immer große Sorgen.« Das hört sich schon anders an, als wenn Sie versuchen, Ihren Freund davon zu überzeugen, daß Sie demnächst rausfliegen werden. In letzterem Falle würden Sie Ihre Paranoia verstärken, indem Sie aller Welt verkünden, wie berechtigt sie ist. Aber wenn Sie nur zugeben, daß Sie manchmal grundlose Ängste haben (und wer hat die nicht?), so können Sie sich dadurch von der Vorstellung befreien, daß die Hölle losbricht, wenn Sie nicht sofort etwas dagegen unternehmen.

Wenn Sie erst einmal aufhören, alles, was geschieht, kontrollieren zu wollen, eröffnen Sie sich damit die Möglichkeit, die besten Seiten des Lebens – und nicht nur die schlechtesten, wie Sie befürchtet hatten – kennenzulernen.

8
Wie man sich
schlechte Gewohnheiten
abgewöhnt

Dieses Kapitel handelt von Gewohnheiten. Aber wenn man so will, sind gute und schlechte Gewohnheiten das Thema des ganzen Buches. Und zwar versuche ich zu zeigen, wie man mit den schlechten fertig wird und sich die guten angewöhnt.

Das ganze Buch handelt von Gewohnheiten, weil unsere Überzeugungen nicht durch eine einzige Handlung geschaffen und am Leben erhalten werden. Man muß sie durch ständig neues Handeln verstärken. Der Eifersüchtige macht es sich zur Gewohnheit, seine Eifersucht zu reproduzieren. Der Selbstsichere trifft selbstsichere Entscheidungen und erzeugt dadurch wieder Selbstsicherheit. Wir alle wiederholen immer wieder den gleichen Handlungstyp, und die dahinterstehenden Voraussetzungen – Eifersucht oder Selbstsicherheit – werden in unseren Köpfen immer aufs neue verstärkt. Alle Gefühle, Haltungen oder Auffassungen, die Ihnen anhängen, werden durch ein Handlungsgewebe Ihrer eigenen Wahl am Leben erhalten und verstärkt. Sie haben sich diese Wahl zur ständigen Gewohnheit gemacht.

Wir alle können dafür Beispiele aus dem täglichen Leben anführen. Stan weiß, daß er sich vor Kritik fürchtet; er kann etwas dagegen tun, indem er sich klar wird über alle Gewohnheiten, die er entwickelt hat, um Kritik zu vermeiden, und mit ihnen Schluß macht. Frank merkt, daß er unentschlossen ist; für ihn kommt es jetzt darauf an zu beobachten, durch welche Gewohnheiten sein Verhalten bedingt ist. Und so weiter.

Das ist die eine Methode – den Zustand erkennen und dann nach den Gewohnheiten, die ihn am Leben erhalten, Ausschau halten –, und diese Methode ist gut, wenn es gilt, eine bestimmte Art von Problemen anzugehen. Aber Gewohnheiten kann man umgekehrt auch selbst zum Ausgangspunkt nehmen. Man untersucht eine seiner Gewohnheiten und findet mit ihrer Hilfe den zugrundeliegenden Zustand heraus.

Ehe Sie genau verstehen können, wie man dabei vorgeht, müssen Sie freilich erst einmal verstehen, was überhaupt eine Gewohnheit ist.

An einer Gewohnheit läßt sich am besten demonstrieren, wie unser Prinzip der Selbst-Erschaffung funktioniert. Gewohnheit ist eine Handlung, die man ständig wiederholt, die man ständig wiederholen *will, weil man ja den Drang zum Handeln ständig verstärkt, wenn man diesem Drang entsprechend handelt.* Wenn man aufhört, so zu handeln, verschwindet auch der Drang. Es gibt alle möglichen Angewohnheiten – Rauchen, Nägelkauen, vor dem Essen zwei Schnäpse kippen, samstagabend fernsehen oder ständig »nicht wahr« sagen. Aber alle Angewohnheiten haben eins gemeinsam: Sie kommen durch den Willen zustande und sind in gewissem Sinne künstlich. Sie schaffen Ihre Gewohnheiten selbst. Sie können ohne sie leben. Schlafen und atmen sind keine Gewohnheiten (obwohl die Art, wie Sie schlafen und atmen, sehr wohl eine Gewohnheit sein kann), denn es sind physische Bedürfnisse, die nicht verschwinden würden, wenn Sie aufzuhören versuchten, ihnen gemäß zu handeln.

Ohne Ihre Gewohnheiten wären Sie ein Nichts: In der Tat sind einige Gewohnheiten ganz einfach lebensnotwendig. Sie wollen schließlich Ihre Zähne nicht jeden Tag auf andere Art putzen; Sie haben an Besseres zu denken. Und das ist, wie viele Experten gezeigt haben, das Positive an den Gewohnheiten: Sie machen uns frei für andere Zwecke. Sie stehen zum Beispiel nicht jeden Morgen auf und müssen sich fragen, was werde ich heute tun, und wie soll ich es tun? Nach einer bestimmten Routine bewegen Sie sich von einem Handlungsort zum anderen – am Morgen zum Beispiel vom Bett zum Büro. Hätten Sie diese Routinegewohnheiten nicht, würden Sie mit den vielen Entscheidungen, die selbst die einfachsten Tätigkeiten erfordern, nicht mehr fertig.

Aber Gewohnheiten haben auch ihre Nachteile. Wir haben

schon einen angedeutet: Eine Gewohnheit taugt nur so viel wie ihre Voraussetzung. Wenn Sie samstagabends fernsehen, weil Sie sich fürchten, nach Einbruch der Dunkelheit auszugehen, bestärken Sie sich in einer negativen Vorstellung. Natürlich kann man es auch anders herum sehen. Fernsehen kann eine gute Angewohnheit sein, wenn Sie rund um die Uhr arbeiten, um schneller Ihr Haus abzuzahlen, und wenn Sie als Ausgleich jede Woche ein paar Stunden leichter, unproblematischer Unterhaltung brauchen.

Aber gewöhnlich dauert es eine Zeit, bis man das Motiv hinter einer Gewohnheit herausfindet. Zum Beispiel könnten die meisten von uns nicht angeben, warum sie immer blaue Kleidung tragen oder in Restaurants Zwiebelsuppe bestellen. Und es kümmert sie auch nicht besonders. Schließlich sind blaue Kleidung und Zwiebelsuppe ja nichts Negatives.

Gleichzeitig haben wir meist bestimmte Gewohnheiten, die wir nicht schätzen. Und die wir uns irgendwann einmal abgewöhnen wollen. Jetzt ist der richtige Zeitpunkt dazu gekommen. Mit einer schlechten Gewohnheit Schluß zu machen, trägt seinen Lohn in sich. Außerdem kann man dabei etwas über sich erfahren.

Im folgenden führe ich sechs Punkte an, die eine Gewohnheit zu einer schlechten Gewohnheit machen:

1. Die Gewohnheit führt zu nichts, aber sie kostet Sie Zeit und Energie. Sinnlose Gewohnheiten können auch zu Komplikationen führen. Eine Frau setzte an den Schluß fast aller ihrer Sätze: Können Sie mitkommen? Eines Tages sprach sie mit dem Gasableser und fügte dabei das übliche »Können Sie mitkommen?« hinzu. Zu ihrem Schreck antwortete der Mann: »Na klar, meine Dame, sobald ich mit der Arbeit fertig bin.«

Ob Sie nun ähnliche Probleme gehabt haben oder nicht, es ist jedenfalls gut, sich von Gewohnheiten zu befreien, die unproduktiv sind. Sie belasten nur.

2. Die Gewohnheit hindert Sie daran, neue Erfahrungen zu machen. Sie räumen zum Beispiel den Tisch immer gleich nach dem Essen ab – auch wenn Sie dadurch eine Unterhaltung unterbrechen. Oder Sie fragen andere ständig nach der Zeit – letztere Gewohnheit ist besonders weit verbreitet. Tausende können

nichts im Leben genießen, ohne genau zu wissen, wann es seinen Anfang genommen hat. Das ist ein gutes Beispiel dafür, welche Probleme diese Art Angewohnheit mit sich bringt; sie hält Sie beschäftigt und verhindert, daß Sie wahrnehmen, was überhaupt um Sie herum vor sich geht.

3. Die Gewohnheit ist Ihrer Gesundheit abträglich. Rauchen, zu viel essen, zu viel trinken sind typisch dafür. Und viele andere Gewohnheiten können zu körperlichen Beschwerden führen, zum Beispiel das ständige Unterdrücken von Ärger.

4. Die Gewohnheit geht anderen auf die Nerven. Sie räuspern sich immer, ehe Sie etwas sagen. Oder wollen ständig Komplimente hören. Oder klopfen auf den Tisch. Oder summen eine Melodie. Und bringen Ihre Freunde ständig auf die Palme.

5. Die Gewohnheit macht Sie lächerlich. Ich kannte einmal einen Psychiater, der an den Nägeln kaute – und dafür alle möglichen Kommentare seiner Patienten einstecken mußte. Er gab es ein oder zwei Wochen auf, fing aber wieder an zu kauen, sobald die Nägel länger wurden. Einige seiner Patienten konnten es gar nicht abwarten, jede Woche seine Nägel zu inspizieren.

Das bedeutet jedoch nicht, daß Sie jede Gewohnheit ablegen müssen, die anderen an Ihnen nicht gefällt. Und ganz gewiß nicht, wenn diese Gewohnheit für Sie wichtig ist. Aber der Psychiater machte sich klar, daß er gar nicht besonders darauf aus war, an den Nägeln zu kauen, und bestimmt lag ihm nichts daran, sein Äußeres zu beeinträchtigen. So entschloß er sich, mit dieser Angewohnheit ein Ende zu machen.

6. Sie halten selbst nichts von Ihrer Angewohnheit. Irgendwie geht sie Ihnen gegen den Strich. Sie haben zum Beispiel die Gewohnheit, Dinge auszuplaudern, die andere Ihnen anvertraut haben. Keiner weiß es, aber es stört Sie. Ganz gleich, um welche Angewohnheit es sich handelt, sie gefällt Ihnen nicht, und Sie sollten deshalb damit Schluß machen.

Die Methode

Wenn Sie mit irgendwelchen Gewohnheiten Schluß machen, hat das für Sie zwei Vorteile: Sie befreien sich von einer Sache, an der Ihnen sowieso nichts lag, und Sie gewinnen neue Einsichten. Aber wie bringen Sie es fertig, mit dieser Gewohnheit Schluß zu machen und diese Einsichten zu erlangen?

Gern würde ich Ihnen sagen, daß Sie das ohne Willensanstrengung schaffen können, aber es geht nicht. Sie müssen sich Beschränkungen auferlegen – kurztreten. Sie haben vielleicht schon früher versucht, sich etwas abzugewöhnen, und vielleicht war es ein Erfolg, vielleicht aber auch ein Mißerfolg. Aber diesmal kann es Ihnen gelingen. Und zwar wenn Sie folgendermaßen vorgehen:

Zunächst einmal fassen Sie Ihre Gewohnheit genau ins Auge. Legen Sie dies Buch nicht einfach nieder mit dem Entschluß, jetzt niemals wieder auf den Tisch zu trommeln. Machen Sie erst einmal mindestens noch eine Woche lang weiter. Vielleicht gibt Ihnen das einen richtigen Haß auf Ihre Gewohnheit ein, und Sie fragen sich, wie Sie überhaupt damit anfangen konnten. *Aber nehmen Sie sich diese Woche, und beobachten Sie Ihre Angewohnheit in Aktion.*

Währenddessen finden Sie heraus, was es überhaupt mit der schlechten Gewohnheit auf sich hat. Definieren Sie sie. Das ist einfach, wenn es sich um eine Gewohnheit handelt, mit der Sie sowieso Schluß machen wollen. Andernfalls ist es ein wenig komplizierter. Nehmen Sie zum Beispiel: zu viel essen. Die schlechte Angewohnheit ist nicht das Essen – das können Sie schließlich nicht ganz unterlassen. Und »zu viel essen« ist nicht genau genug als Definition. Seien Sie aber genau, und definieren Sie die schlechte Angewohnheit als »Brotessen«, »Kuchenessen« oder »sich bei Tisch noch einmal nachnehmen«. Dann wissen Sie, was Sie unterlassen sollten.

Beobachten Sie als nächstes, *wann* Sie der Gewohnheit verfallen. Was dient als Auslöser? Sind Sie dabei mit bestimmten Leuten zusammen? Welches Gefühl geben diese Leute Ihnen? Je mehr Sie über eine Gewohnheit im voraus wissen, desto besser sind Sie darauf vorbereitet, mit ihr Schluß zu machen.

Nach dieser Woche der Beobachtung und Definition ist es Zeit, einen Schlußpunkt zu setzen. Wie wir wissen, verstärkt sich der Drang, der Gewohnheit nachzugeben, im Anfangsstadium. Das ist der Grund, warum so vielen Gewohnheiten nicht der

Garaus bereitet wird. Die folgenden Tips werden Ihnen helfen, dieses Stadium zu überwinden.

1. Machen Sie vollkommen Schluß, statt allmählich aufzuhören. Wenn Sie immer noch ein paar Zigaretten am Tag rauchen, wird dadurch Ihr Wunsch zu rauchen immer wieder erneuert. Ganz aufhören ist die einzig sichere Methode, diesen Kreis zu durchbrechen.

2. Während Sie den Versuch machen, die Angewohnheit abzulegen, stellen Sie alle Selbstkritik erst einmal zurück. Nehmen wir an, Sie reden zu schnell: Wenn Sie jetzt langsamer sprechen, könnte es Ihnen so vorkommen, als brauchten Sie zu lange und langweilten jeden zu Tode. Aber in diesem Stadium können Sie sich auf Ihre Wahrnehmungen nicht verlassen; sie werden durch den Wunsch verzerrt, mit der Gewohnheit neu anzufangen. *Verstärken Sie sie nicht durch Ihr Handeln,* und machen Sie sich möglichst wenig Gedanken.

Halten Sie die Gründe fest, die in Ihrem Innern dafür plädieren, die Gewohnheit wieder aufzunehmen. Ganz gleich wie extrem oder verworren diese Gründe sind, schreiben Sie sie auf: So erhalten Sie Informationen, die Sie später nutzen können. Und erinnern Sie sich immer wieder daran, daß Sie das Urteil über die Gewohnheit immer revidieren können – vielleicht war sie ja gar nicht so schlecht –, nachdem Sie die Entzugserscheinungen, die Ihr Denken verzerren, überwunden haben.

3. Geben Sie es ehrlich zu, falls Ihnen die Gewohnheit immer noch ein Bedürfnis ist. Wenn Sie so tun, als gäbe es sie gar nicht, kann die Gewohnheit Ihnen einen Streich spielen. Sie merken zu spät, daß Sie doch tatsächlich gerade zwei Zigaretten geraucht haben oder eine Fünfminutenrede in zwei Minuten heruntergerasselt haben.

4. Wenn es Sie plötzlich ganz stark nach dieser Gewohnheit verlangt, versuchen Sie, die Situation oder den Gemütszustand zu analysieren, die unmittelbar vorausgingen. Vielleicht kamen Sie sich einsam vor oder borniert oder irgendwie unzulänglich. Notieren Sie diese Gefühle, und seien Sie auf dem Posten, wenn sie wieder auftreten.

5. *Quälen Sie sich nicht mit einem Fehlschlag herum.* Versuchen Sie nur herauszufinden, was ihn auslöste, und fangen Sie dann gleich wieder von vorn an.

Sagen wir mal, Sie sind Ihrem Entschluß gerade untreu geworden. Sie haben versucht, mit dem Nägelkauen aufzuhören – und nun, im ungünstigsten Augenblick, mitten in einem Einstellungsgespräch, kauen Sie schlimmer als je zuvor. Wie bringen Sie es fertig, sich *nicht* zu hassen und die Flinte ins Korn zu werfen?

Geben Sie auf keinen Fall auf. Wenn es Ihnen hilft, dann stellen Sie sich vor, eine ganz neue Person zu sein, die jetzt die Stelle des nervösen Nägelkauers einnehmen soll. Und denken Sie daran, daß die heute gemachten Fehler Sie keineswegs dazu verurteilen, die gleichen Fehler morgen wieder zu begehen.

Passen Sie gut auf, ob Sie im Begriff sind, sich neue Gewohnheiten zuzulegen oder zu früheren zurückzukehren. Fühlen Sie jetzt, wo Sie das Rauchen aufgegeben haben, wieder den Drang, an den Nägeln zu kauen? Oder vielleicht mit dem Nägelkauen jetzt erst anzufangen? Manchmal erkennt man, daß eine ganze Gruppe von Gewohnheiten eng zusammenhängt, wenn man nämlich sieht, welche Impulse gegeneinander austauschbar sind.

6. *Seien Sie auf der Hut, wenn Sie sich Belohnungen aussetzen, um gegen eine Gewohnheit anzugehen.* Hier lauert Gefahr. Es gibt Leute, die die ganze Woche lang Diät leben und sich dann am Wochenende mit Kuchen belohnen. Das Problem ist nicht die Kalorienzufuhr am Wochenende, sondern der neuerwachte Wunsch, sich wie früher mit Süßigkeiten vollzustopfen. Wenn Sie sich belohnen wollen, so sollten Sie sich etwas aussuchen, was in keinerlei Beziehung zu der schlechten Angewohnheit steht. Am besten ist es, wenn die Belohnung Ihnen auf einem anderen Problemgebiet weiterhilft. Beispiel: Jo Ann, die immer Gewissensbisse hatte, wenn sie für ihre eigenen Bedürfnisse Zeit oder

Geld aufwendete; sie versuchte, sich das Rauchen abzugewöhnen – so gab sie sich das Versprechen, sich einen Nachmittag in der City zu gönnen, wenn sie es zwei Wochen ohne Zigaretten ausgehalten hatte.

Besser noch als dieses positive Belohnungssystem ist allerdings eine Entwöhnung ohne Belohnung in spe. Denn wenn Sie auf Belohnungen verzichten, lernen Sie dabei, daß Sie stark genug sind, mit Ihrer Angewohnheit aus eigener Kraft fertig zu werden. Überlegen Sie es sich also gründlich, ehe Sie sich Belohnungen aussetzen, und entscheiden Sie sich für konstruktive Belohnungen, wenn überhaupt. Ihre eigentliche Belohnung wird sowieso die Befreiung von der Gewohnheit sein.

7. *Denken Sie daran, daß Sie nicht immer so empfinden werden wie im Augenblick,* daß es sich um eine vorübergehende Reaktion auf den Streß, mit der Gewohnheit fertigzuwerden, handelt. Es wird Ihnen immer leichter fallen – vielleicht erst nach Wochen, vielleicht aber auch schon schneller. Dies trifft besonders zu, wenn Sie sich im Augenblick linkisch oder wie ein Schauspieler Ihrer selbst oder sogar unvollständig vorkommen. (»Ich bin nicht ich selbst, wenn ich keine Zigarette in der Hand halte.«) Das alles sind während der Entwöhnungszeit ganz normale Reaktionen, und sie werden verschwinden.

Mitten in der Entwöhnungszeit, wenn der Drang, zu alten Gewohnheiten zurückzukehren, am stärksten ist, wenden Sie die *Vergrößerungsmethode* an. Stellen Sie sich folgende Fragen:

1. Warum möchte ich zu der Gewohnheit wieder zurückkehren?
2. Was entgeht mir ohne diese Gewohnheit?
3. Wie schade ich mir, wenn ich sie aufgebe?
4. Welch schreckliche Wahrheiten über meine Person werden mir plötzlich bewußt?
5. Welche schrecklichen Dinge sehe ich auf mich zukommen?
6. Was werden die anderen von mir sagen?
7. Wer wird das sagen?
8. Wieso erinnert mich mein jetziger Zustand an meine Vergangenheit?

9. Welche Phantasien und Bilder im Zusammenhang mit Menschen aus Vergangenheit und Gegenwart kommen mir in den
Sinn?

Achten Sie darauf, daß Sie diese Fragen beantworten. Wenn
möglich, sprechen Sie alles frei assoziierend auf Band und lassen
nichts aus, was Ihnen in den Sinn kommt. Zensieren Sie Ihre Reaktionen nicht; je verrückter sie Ihnen vorkommen, desto nütz-
licher sind sie wahrscheinlich.

Wenn Sie sich blockiert fühlen, sind Sie möglicherweise gerade dabei, Ihre Antworten aus Verlegenheit zu zensieren.
Zwingen Sie sich, selbst das Schlimmste laut auszusprechen.
Übertreiben Sie. »Ich weiß, ich werde vor Einsamkeit sterben,
wenn ich nicht mehr Poker spielen kann.« »Jetzt, da ich versuche
abzunehmen, hasse ich mich wie nie zuvor, weil ich so dick bin.«
»Alle werden mich im Urlaub auslachen, wenn ich nichts
trinke.« Am Ende dieses Prozesses sollten Sie das Gefühl haben,
etwas geschafft – Sie haben sich von einer schlechten oder nutz-
losen Gewohnheit befreit – und etwas Neues über sich erfahren
zu haben. Die Auswirkungen dieser Erfahrung können sehr
tiefgreifend sein.

Wie zum Beispiel bei Brad, der eine an sich ganz harmlose
Angewohnheit hatte: Er prüfte ständig nach, ob er auch seine
Brieftasche bei sich führte. Als er diese Gewohnheit untersuchte,
fiel ihm auf, daß sie besonders stark auftrat, wenn er mit einer
Frau ausging, die er begehrenswert fand. Das wurde auf die
Dauer peinlich; wenn sie friedlich beim Essen saßen, fing er
plötzlich an, nach seiner Brieftasche zu suchen. Natürlich fiel das
auf, und er kam sich ganz dumm dabei vor, so daß er den Entschluß faßte, die Angewohnheit abzulegen. Gar kein Problem,
so dachte er, schließlich ist das ja nur halb so wichtig. Aber bei
der nächsten Verabredung stellte er fest, daß die Sache doch
wichtig für ihn war. Er war ganz sicher, daß er kein Geld bei sich
hatte. Er untersagte es sich, die Brieftasche hervorzuziehen, um
nachzusehen, und das gestattete ihm, die Bedeutung, die die Angewohnheit für ihn hatte, zu übertreiben: Was würde nun geschehen? Was würde über ihn ans Tageslicht kommen?

»Sie wird mich für einen Versager halten. Ich brauche mein

Geld; schließlich erwartet eine Frau von mir, daß ich das Essen zahle. Sie wird mich sitzen lassen, wenn sie merkt, daß ich so unsolide bin.« Unter »solide« verstand Brad den Besitz von Geld. So hatte er immer Geld (mindestens hundert Dollar) bei sich, aber er fand sich trotzdem nicht solide. Statt dessen kam er sich wie ein Betrüger vor und fühlte sich der Situation nicht gewachsen. Jeden Augenblick fürchtete er, entlarvt zu werden.

Als er sich fragte, an welches Vorkommnis in der Vergangenheit ihn dieser Vorgang erinnerte, entsann sich Brad eines Vorfalls in der Unterstufe der Highschool. Er hatte sich mit einem Freund und einem Mädchen an einer Eisbude verabredet, und das Mädchen und der Freund bestellten sich zum Schluß noch ein Extra-Eis. Als die Rechnung kam, hatte Brad nicht genügend Geld – nicht einmal die Hälfte der Summe. Der Budenbesitzer schrie die beiden Jungen an, und Brad fühlte sich blamiert. An diese Bude ging er nie wieder.

Brad hatte jahrelang nicht an diesen Vorfall gedacht. Er stellte sich jetzt aber immer wieder die Frage: »Was verrät das über mich?« und kramte noch andere Vorkommnisse aus der Vergangenheit hervor. Er erinnerte sich, welche Rolle Geld in seiner Kindheit gespielt hatte. Er war ein Einzelkind gewesen; seine Eltern waren gut gestellt und behüteten ihn nach Kräften. Sie erlaubten ihm nicht, sich an Sportarten zu beteiligen, die sie für hart oder gefährlich hielten, was schließlich auf die meisten zutrifft. So verbrachte Brad die meiste Zeit mit Lesen und Spielen im Haus.

Wenn er sich beklagte, daß ihn die anderen Jungen nicht mochten, versuchten seine Eltern, das wieder ins Gleis zu bringen. Sie gaben ihm *Geld*, mit dem er andere Kinder zu Baseballspielen und dem ganzen Drumherum einladen konnte – und bei denen er alles bezahlte, was die Kinder vor, während und nach dem Spiel essen wollten. Bei diesen Spielen trat seine Angewohnheit zum erstenmal auf. Er rannte zur Toilette, um die Brieftasche herauszunehmen und sein Geld zu zählen. Später perfektionierte er diese Gewohnheit – er brauchte das Geld nicht mehr zu zählen, sondern nur noch die Brieftasche zu berühren –, aber die Geste hatte für ihn die gleiche Bedeutung wie damals für den Zehnjährigen.

Als Brad sich mit dieser Angewohnheit auseinandersetzte, war er achtundzwanzig Jahre alt, attraktiv, beliebt, sportlich und allem Anschein nach selbstbewußt. *Aber seine alte Angewohnheit verstärkte ständig seine Kindheitsängste und Kindheitsvorstellungen von seiner eigenen Person.*

Mit dieser Gewohnheit Schluß zu machen, war für ihn der erste Schritt zur Selbstachtung. Doch dann hielt er nach anderen Gewohnheiten Ausschau, die die gleiche Wirkung hatten, zum Beispiel Prahlen. Und mangelnde Bereitschaft, über Mißerfolge zu reden. Als er zu mir kam, hatte Brad erkannt, daß er keinen Spaß am Leben hatte und daß ihn seine Erfolge nie befriedigten. Jetzt ging ihm auf, daß er leicht paranoid war, daß er sich selber paranoid machte, und daß er etwas dagegen tun konnte.

Ein anderes Beispiel. Richard war Professor und machte jedesmal ausladende Handbewegungen, wenn er vortrug. Das fiel den Studenten natürlich auf, und eines Tages beobachtete er, wie ihn eine Gruppe nachmachte. Das war der entscheidende Augenblick; er entschloß sich, mit seiner Gewohnheit zu brechen. Als er am nächsten Tag seine Vorlesungen ohne Armbewegungen hielt, hatte er die seltsame Vorstellung, daß *er winzig klein war und keiner ihn bemerkte.* Und das, obwohl er über 1,80 Meter groß war. Richard war der jüngste und kleinste in der Familie gewesen. Weder die Eltern, noch die älteren Brüder kümmerten sich viel um ihn. So machte er es sich zur Gewohnheit, durch Armbewegungen die Aufmerksamkeit auf sich zu lenken. Und diese Gewohnheit – mit der zugrundeliegenden Vorstellung, unbedeutend zu sein – hielt sich die ganzen Teenager-Jahre (während der er ein hochaufgeschossener junger Mann wurde) bis hin in seine Erwachsenenzeit.

Als er mit der Gewohnheit gebrochen hatte, begann Richard nach anderen Angewohnheiten zu suchen, mit denen er sich größer machte. Von den Armbewegungen abgesehen, war er gewöhnlich sehr still und respektvoll; als Junge hatte er schließlich erfahren, daß er zu Hause niemals Recht bekam. Er hatte Angst, sich durchzusetzen; und gleichzeitig schämte er sich, daß er so klein und schüchtern war.

Wie Brad hätte Richard dieses Problem nicht so definieren können, als er mich das erste Mal aufsuchte; er wußte nur, daß er sich in seiner Haut nicht wohl fühlte. Aber als er mit seiner Gewohnheit, an der ihm sowieso nichts lag, Schluß machte, fand er gleichzeitig heraus, was ihn in Wirklichkeit quälte.

Man sollte sich darüber klar sein, daß Gewohnheiten niemals allein auftreten. Louise, das junge Mädchen, das vergewaltigt wurde, machte es sich nach diesem traumatischen Erlebnis zur Lebensgewohnheit, Sex zu meiden und zu verurteilen. Das heißt nicht nur der Vermeidungsakt war ihr zur Gewohnheit geworden, sondern eine ganze Gruppe von Handlungen. Sie weigerte sich, an Bällen teilzunehmen, kleidete sich nur noch sehr konservativ, ja, gab ihrem ganzen Leben einen konservativen Anstrich.

Auch Nellies Glaube, sich nützlich machen zu müssen, ging auf eine ganze Reihe von Handlungen zurück – wie überhaupt die meisten Auffassungen. Das Gefühl, von der Meinung anderer Leute abhängig zu sein, wird verstärkt durch eine ganze Reihe alltäglicher Gewohnheiten – ebenso kommt übrigens auch das Gefühl der Selbstsicherheit zustande. Jede Einstellung, die für Sie wichtig ist, hängt von mehr als einer Ihrer Handlungen ab. Wenn Sie eine Einstellung ändern wollen, müssen Sie daher eine ganze Reihe gewohnheitsmäßiger Handlungen modifizieren.

Eins ist wichtig. *Es ist leichter, sagen wir einmal, mit fünf einander verwandten Gewohnheiten auf einen Schlag zu brechen als sie der Reihe nach auszumerzen.* (Es ist keineswegs einfach, die relevanten Gewohnheiten in Ihrem Leben herauszufinden und miteinander in Beziehung zu setzen, aber man kann es – und sogar überraschend schnell, wenn man erst einmal einen Blick dafür bekommen hat.) Wenn Sie aber versuchen, nur eine einzige Gewohnheit aus einer Gruppe von fünf auszumerzen, so wird das problematisch. Die Gewohnheit, mit der Sie den Anfang machen, können Sie sich nur schwer abgewöhnen, weil die damit verbundene Einstellung ständig durch die vier anderen Gewohnheiten Unterstützung erfährt. Sie *können* natürlich eine Gewohnheit für sich allein ausmerzen, aber meist wird es schwer sein.

Trotzdem wird es auch Ihnen gelingen, die miteinander verbundenen Gewohnheiten herauszufinden. In der Praxis heben sie sich klar voneinander ab, Sie müssen nur erst einmal Ihr Auge an ihr »Aussehen« gewöhnen. Und wie ich schon gesagt habe, völlige Umkehr ist leichter als Umkehr in Raten.

Wenn es Ihnen aber beim besten Willen nicht gelingt, einer mächtigen Gewohnheit Herr zu werden, obwohl Sie sich dieser Gewohnheit und anderer mit ihr verwandter Gewohnheiten enthalten, dann besteht die Möglichkeit, daß Sie es gar nicht mit einer Gewohnheit zu tun haben, sondern mit einer Zwangs-handlung. Das ist das Thema des nächsten Kapitels.

9
Zwangshandlungen

Eine Zwangshandlung ist eine Gewohnheit und noch etwas mehr. Es ist eine wiederholt durchgeführte, scheinbar gewohnheitsmäßige Handlung, die sich von einer Gewohnheit dadurch unterscheidet, daß der Drang, sich so zu verhalten, nicht einfach durch Enthaltung eliminiert werden kann.

Eine Zwangshandlung könnte man mit einem Hautjucken vergleichen, das durch eine Speise hervorgerufen wurde. Man kratzt sich und erfährt momentane Erleichterung, aber wenn man aufhört, sich zu kratzen, vergeht das Jucken nicht, weil das Kratzen das Jucken nicht verursacht; vielmehr liegt es an der Speise, die man zu sich genommen hat. Stellen Sie sich eine Gewohnheit als Jucken vor, das durch Kratzen verewigt wird.

Betrachten wir jetzt ein paar typische Zwangshandlungen. Bei Spielleidenschaft, Trunksucht und Freßlust liegen die Zwänge klar auf der Hand. Weniger klar sieht es aus bei (nicht immer zwanghaften) Handlungen wie Fernsehen, Lösen von Kreuzworträtseln, Putz- und Ordnungswut, Listenaufstellen, manischer Kaufsucht, Tennis-Golf-Bridge-Besessenheit – beinah alles, was irgendeine Erleichterung bringt, kann zum Zwang werden. Viele ganz vernünftige Handlungen, die aus ganz anderen, positiven Gründen begonnen werden, können zwanghaft werden, wenn sie dem Betreffenden Erleichterung bringen: Laufen, Studieren, Arbeiten, Lesen.

Worin besteht die »Erleichterung«? Darin, *Bewußtsein zu blockieren und Schmerz zu betäuben.* Eine Zwangshandlung erleichtert, weil sie eine *Fluchtmöglichkeit* schafft.

Sidney spielt ständig mit hohen Einsätzen Bridge, weil er

glaubt, im Leben versagt zu haben, während er als Student einmal als vielversprechender junger Mann gegolten hatte. Am Bridge-Tisch konzentriert er sich bis zum äußersten; sein übriges Leben ist völlig ausgeschaltet.

Marsha sieht jeden Tag ungezählte Stunden fern, weil es mit ihrer Ehe nicht gut geht. Das Fernsehen absorbiert ihre Aufmerksamkeit.

Mary rückt in ihrer Wohnung ständig Bücher, Möbel, Bilder und Schränke an andere Plätze, um so Ordnung in eine Welt zu bringen, deren chaotischen Untergrund sie fürchtet. Sie wehrt sich gegen Wahrheiten, die ihr nicht akzeptabel erscheinen: Bestimmte körperliche Symptome beunruhigen sie, aber sie geht nicht zum Arzt.

Bei Fay treten die Zwangshandlungen schubweise auf. Auf Cocktail-Parties, wenn viele junge Leute anwesend sind, muß sie feststellen, daß sie den zwanghaften Drang hat, zu viel zu essen und zu trinken. Sie will vor der schmerzlichen Einsicht davonlaufen, daß sie älter wird.

Ob nun die Zwangshandlung offen zu Tage liegt, wie bei Alkoholismus, oder sich versteckter gibt – wenn man zum Beispiel bei Kritik nicht passiv dasitzen will und dabei an den Nägeln kaut – der hervorstechende Zug ist immer die Fluchtfunktion.

Stellen Sie sich die Zwangshandlung wie ein Opiat vor. Sie ist das Opiat einer gequälten Psyche. Die Zwangshandlung übernimmt die Funktionen eines Opiats, und ihr Zugriff ist ähnlich unwiderstehlich. Doch obwohl sie den Schmerz auf der Stelle erleichtert, führt sie letztlich zu seelischem Schaden. Denn hinter ihr steckt ein Gefühl der Hoffnungslosigkeit – das Gefühl, mit den wirklichen Problemen nicht mehr fertig werden zu können. Handelt man unter dieser Voraussetzung, so verstärkt man dadurch die Vorstellung, daß das Problem unlösbar ist.

So hat die Zwangshandlung, die als Flucht dient, in Wirklichkeit den Effekt, das Gefühl, in der Falle zu sitzen, zu bestätigen. Sie zeigt, daß die Kräfte nicht ausreichen, sich mit dem Problem direkt auseinanderzusetzen.

Zwangshandlungen haben noch andere Nachteile. Sie lähmen Ihre Freude an Dingen, die mit dem Zwang eigentlich gar nichts zu tun haben. Sie erscheinen Ihnen so viel wichtiger als alle anderen Handlungen, daß Sie dadurch Ihrer Freiheit beraubt werden. Und wie sie verhindern, daß Sie sich mit dem wirklichen Problem auseinandersetzen, halten sie Sie davon ab, das Problem zu lösen.

Sie sehen schon, daß das Ausschalten einer bestimmten Handlung wenig dazu beiträgt, den zwanghaften Handlungsimpuls zu beseitigen. Ein ganzer Teufelskreis der Gewohnheiten zeigt sich hier in Aktion: Zum Beispiel verstärkt Bridge-Spielen den Drang zum Bridge-Spielen. Aber zugrunde liegt das Motiv, zu irgendeiner Aktivität greifen zu müssen, um den Schmerz zu betäuben oder das Bewußtsein einzulullen oder die Energie abzureagieren und zu sublimieren. Wenn Sidney unter Aufgebot aller Willenskraft dem Bridge-Tisch fernbleibt, ohne jedoch zu erkennen, was ihn eigentlich dorthin treibt, wird er wohl bald eine andere Fluchtmöglichkeit entdecken: zum Rennen gehen oder sich ganz und gar in Börsenstatistiken vergraben.

Die Psychoanalyse hat als erste erkannt, daß Zwangshandlungen nur Symptome der ihnen zugrundeliegenden Probleme sind. Daraus wurde die Schlußfolgerung gezogen, daß es sinnlos ist, den Zwang direkt zu bekämpfen; man muß zunächst das zugrundeliegende Problem lösen, um dem Bedürfnis nach der Zwangshandlung den Boden zu entziehen.

Ich bin auch der Auffassung, daß das Grundproblem gelöst werden muß, stimme aber nicht damit überein, daß die direkte Bekämpfung der Zwangshandlung nutzlos ist. Sie hat einen zweifachen Sinn.

Zunächst einmal verschlimmert der Zwang das Problem. Organisationen wie die Anonymen Alkoholiker und die Anonymen Spieler gehen davon aus, daß eine Zwangshandlung sofort angegangen werden muß. Hör sofort auf, raten sie, denn der Zwang ist eine ständig fortschreitende Krankheit, die mit jedem Augenblick schlimmer wird.

Zweitens spricht für eine direkte Bekämpfung der Zwangshandlungen, daß sie hilft, das wirkliche Problem zu diagnostizieren.

Wer unter Zwang handelt, hat das vage Gefühl, etwas Unrechtes zu tun. Das heißt nicht, daß er andere nicht auch im Unrecht glaubt, aber im tiefsten Innern fühlt er sich selbst auf der Anklagebank. Die »Wahrheit«, die er zu unterdrücken versucht, ist das Gefühl des Versagens, der Inkompetenz, der moralischen Anfechtbarkeit. Sidney wird nicht damit fertig, daß er im Leben versagt hat, bei Marsha ist es die verunglückte Ehe, bei Mary die Angst vor der Krankheit, bei Fay das Alter. Die Zwangshandlung hat eigentlich die Funktion, sie alle davor zu bewahren, dem wirklichen Problem ins Auge zu sehen. Eines Tages wird ihre Aufgabe zwar darin bestehen, dieses Problem zu lösen, aber zuerst müssen sie sich dem Problem stellen, und der geradeste Weg zu dem zugrundeliegenden Problem führt durch die Zwangshandlung selbst.

Gegen eine Zwangshandlung geht man genau so vor wie gegen eine Gewohnheit. Aber neue Erkenntnisse während dieses Vorgehens machen es notwendig, diesmal subtiler zu verfahren.

1. *Machen Sie einen hundertprozentigen Versuch, mit der Zwangshandlung Schluß zu machen – probieren Sie es wenigstens für kurze Zeit, wenn Sie es noch nicht schaffen, für immer damit aufzuhören.* Wenn Sie der Drang überkommt, stellen Sie sich dieselben Fragen wie vorher beim Kampf gegen Gewohnheiten. Legen Sie den Ton besonders auf folgende Fragen: »Warum will ich wieder anfangen?« »Was fehlt in meinem Leben ohne diese Handlung?« Und: »Was drängt sich jetzt in mein Bewußtsein ohne diese Handlung?«

2. *Definieren Sie das zugrundeliegende Problem so gut Sie können.* Es wird Ihnen helfen, die Gedanken zu prüfen, die Ihnen kommen, wenn Sie mit der Zwangshandlung Schluß machen. Sie versuchen zum Beispiel, nicht zu rauchen. Ihnen geht dabei durch den Kopf, daß Sie sich unreif fühlen, oder Ihre Freunde erwarten, daß Sie ihnen bei einer Zigarette Gesellschaft leisten. Dies läßt vermuten, daß Sie rauchen, um ein Gefühl gesellschaftlicher Unzulänglichkeit zu betäuben. Achten Sie darauf, ob Sie tatsächlich dazu neigen, bei gesellschaftlichen Anlässen zu rauchen, oder ob Sie sich in solchen Situationen unsicher fühlen.

3. Schreiben Sie die Nachteile der Zwangshandlung auf. Was kostet Sie Ihr Handeln – an Geld, an Zeit oder an Ansehen? Wie unfrei macht es Sie?

Wieso erzeugt es in Ihnen immer wieder ein Gefühl der Hoffnungslosigkeit?

Legen Sie unverzüglich diese Liste an, und ergänzen Sie sie, wenn Sie neue Entdeckungen über Ihre Person machen. Bemühen Sie sich, immer genauer zu definieren, worin Ihr Problem liegt: das Problem, dem Sie zu entfliehen suchen. Ziehen Sie alle Quellen heran. Je besser Sie das Problem definieren können, desto sicherer gehen Sie in Ihren Bemühungen.

4. Schreiben Sie die Vorteile der Zwangshandlung nieder. Wie beschützt sie Sie vor einer Auseinandersetzung mit dem zugrundeliegenden Problem? Wie betäubt sie Ihre Schmerzen? Wie schirmt sie Sie ab gegen Nachteile, die Sie sonst auf sich nehmen müßten?

5. Hören Sie auf, Ihre Einstellung zum Leben aus der Zwangshandlung herzuleiten. Ein Mann zum Beispiel, der sich zwanghaft nur noch um sein Geschäft kümmerte, verbrachte praktisch keine Zeit mehr in seiner Familie. Er entschuldigte das immer damit, daß er ja für sie sorgen müsse. Schließlich bekam er einen Herzanfall und sah die Notwendigkeit ein, alles etwas langsamer anzugehen. Aber er hatte sich völlig davon abhängig gemacht, riesige Geldsummen einzunehmen. Er spielte vor anderen den großen Mann, schmiß mit Schecks um sich, prahlte mit seinen Einkünften und verstand es, die Rede immer wieder auf Geld zu bringen. Er bot anderen finanziellen Rat an, auch wenn sie ihn gar nicht darum gebeten hatten und ließ durchblicken, daß er auf diesem Gebiet ein ganz hervorragender Experte war. Und das war er auch. Aber da er diesen Dingen solches Gewicht beimaß, schien es ihm fast unmöglich, damit wieder aufzuhören. Doch er hatte keine Wahl. Um von dem Zwang frei zu werden, sich anderen durch sein finanzielles Geschick beweisen zu müssen, entwickelte er gänzlich neue Interessen und stellte sich selbst neu dar.

*6. Entlarven Sie jede Art von Selbstbetrug, die mit der Zwangs-
handlung in Zusammenhang steht, und ziehen Sie einen Schluß-
strich.* Der Alkoholiker gibt vor, daß er eine Menge vertragen
kann. Wenn Freßsucht Ihr Problem ist, sagen Sie vielleicht, daß
Sie Ihre Diät heute absichtlich nicht beachten. Hören Sie auf, sich
etwas vorzumachen. Erzählen Sie wenigstens einem Ihrer Mitmenschen, daß Sie sich nicht in der Gewalt haben, daß Sie sich
wegen Ihrer Zwangshandlungen Sorge machen.

*7. Erkennen Sie auch den wahren Grund Ihrer Unzufriedenheit
mit sich selbst und beseitigen Sie ihn, weil er der Zwangshandlung erst ihre Bedeutung gibt.* Das heißt, Sie müssen ebenfalls
herausfinden, welche anderen Aktivitäten Ihnen dieses proble-
matische Gefühl vermitteln.

Sidney, der Bridge-Spieler, von dem Gefühl gequält, die Versprechungen seiner Jugend nicht gehalten zu haben, müßte alle
Aktivitäten einstellen, mit denen er auch heute noch seine Jugend verklärt. (Er gehört dem Princeton Club an und geht regelmäßig zu den Sitzungen, unterhält sich mit seinen früheren Mit-
studenten, schafft es irgendwie, einmal im Monat in der
Unterhaltung sein Summa-cum-laude-Examen zu erwähnen
sowie auch seine allseits gelobte wissenschaftliche Arbeit. Er hat
zwei mathematische Zeitschriften abonniert, die er allerdings
eher wehmütig durchblättert als liest. Seine akademischen Di-
plome hängen gerahmt an der Wand. Es gibt unendlich viele
Möglichkeiten, um unserer Jugend – unseren ehemaligen Neigungen, Leistungen und Hoffnungen – Reverenz zu erweisen.)
Sidney müßte nicht nur mit dem Bridge-Spiel aufhören. Er
müßte sein augenblickliches Verhalten unter negativem Aspekt
sehen. Verbirgt er etwas über sich selbst, und schämt er sich dessen? Sind seine Zahlenangaben erlogen – erweckt er etwa den
Eindruck, daß sein Gehalt, sein Personal, seine Kundenliste
größer sind als in Wirklichkeit – und redet er sich ein, daß die
richtigen Zahlen nur Verachtung verdienen?
Alles, was wir gegenwärtig achten oder verurteilen, hängt von
unseren augenblicklichen Handlungen ab. Die Vergangenheit
bleibt uns nur gegenwärtig, wenn wir sie ständig heranziehen

und mit in die Zukunft zu nehmen trachten. Fays Aufgabe ist es zum Beispiel, die Handlungen zu entdecken, die ihre Angst und ihren Abscheu vor dem Alter hervorrufen, und sie muß sie ändern. (Vergleiche Kapitel 23 »Freude im Alter«. Hier wird gezeigt, mit welchen Methoden Menschen sich selbst zu verletzen pflegen, und wie sie sich dagegen schützen können.)

Marshas Aufgabe ist es, sich mit den Fakten ihrer Ehe auseinanderzusetzen und zu erkennen, ob etwa eigene Handlungen ihr unberechtigterweise das Gefühl geben, ihre Ehe sei gescheitert. Wenn die Ehe aber wirklich nicht mehr zu retten ist, dann muß sie einige harte Entscheidungen treffen. Bis sie das Problem direkt auf diese Art angeht, wird sie weiterhin in einer dumpfen Welt zwischen Zangshandlungen und Depressionen leben. Mary, die trotz ihrer Symptome nicht zum Arzt geht, wird feststellen, daß in dem Augenblick, wo sie aufhört, so viel Wind um sich zu verbreiten, die Gefahr, in der sie schwebt, überdeutlich wird. Sie wird dann das wirkliche Problem erkennen und die Konsequenzen ziehen.

Wer *übertriebene Anforderungen an sich selbst* stellt, der gerät ebenfalls in Gefahr, ständig Zwangshandlungen auszuführen.

Wenn Sie sich ein unrealistisches Ziel setzen, zwingen Sie sich damit unvermeidlich in eine Versagerrolle. Zur Vorbeugung sollten Sie *Ihre Anforderungen realistisch definieren.* Um sich sagen zu können: Dies sind Anforderungen, die ich tatsächlich erfüllen kann. Habe ich diesen Anforderungen aber entsprochen? Wenn ich mit ja antworten kann, trotzdem aber das Gefühl habe, daß etwas noch nicht so ganz stimmt, stelle ich wahrscheinlich zu weitgehende Anforderungen, die immer noch unrealistisch sind und mich so unter Druck setzen, daß mein Leben dadurch zerstört werden könnte.

Übermäßige Anforderungen an sich selbst gibt es hauptsächlich in der Form von *übertriebenen Verpflichtungen gegenüber anderen.* Damit will ich nicht sagen, daß es immer nur auf die eigene Person ankommt oder daß jede Art von Verpflichtung gegenüber anderen töricht ist. Im Gegenteil, würde man nach dieser Philosophie handeln, so wäre man bald überzeugt, daß die

Welt schlecht und egoistisch ist, daß man selber isoliert dasteht, und daß die Menschen nur dazu taugen, ausgenutzt zu werden. Achten Sie einmal darauf: Leute, die gern von sich selbst reden, sprechen selten über Kinder. Wie sollten sie auch? Hat es überhaupt Sinn, für Menschen zu sorgen, die jenseits des eigenen Ich stehen? Wenn Menschen dieser Art aber argumentieren, daß die Kinder ihr eigenes Fleisch und Blut sind, eine Erweiterung ihres Ichs, und daß sie somit eigentlich für sich selbst sorgen, wenn sie für ihre Kinder sorgen, dann sollten wir fragen: Und wie verhält es sich mit Adoptivkindern? Wie kommt es, daß so viele Adoptiveltern so viel Genugtuung und Freude in der Sorge für Lebewesen, die *nicht* sie selbst sind, finden? Was geschieht, wenn ein Kollege (der auch ein guter Freund ist) plötzlich seinen »Nutzen« verliert, krank wird, Ihnen nicht helfen kann, sondern selbst Hilfe braucht? Denken Sie einmal darüber nach, in welcher Lebensauffassung Sie sich bestärkten, wenn Sie ihn nun verlassen würden. Was für eine elende Vision der Welt entsteht doch durch diese Philosophie. Sie macht unsere Umwelt nicht nur kalt und isoliert, sondern paranoid, beängstigend und, falls Sie je die Gewalt über die Gestaltung Ihrer persönlichen Verhältnisse verlieren sollten, auch deprimierend.

Nein, ich sage nicht, daß man sich nicht um das Leben anderer kümmern sollte. Ich sage nur, achten Sie darauf, daß sich Ihre Anteilnahme in vernünftigen Grenzen hält. Und unter »vernünftig« verstehe ich nicht nur, daß die Belastung menschlich tragbar ist, sondern auch, daß Sie sich nicht Lasten aufbürden, die auf einem Mißverständnis beruhen und unnötig sind, weil es auch andere Möglichkeiten gibt, zum Glück anderer beizutragen.

Wenn Lester, der Versicherungsmann, an einer Arbeit festhält, die er haßt, nur damit sich seine Familie eine protzige Wohnung, gute Schulen, Ferienreisen und teure Kleidung leisten kann, er selbst aber darüber zu einem explosiven Bündel Wut wird, das die ganze Familie furchtsam meidet, so ist etwas an seinen Dispositionen falsch.

Gordon, der wie ein Besessener sieben Tage in der Woche arbeitet, bringt sich gewissermaßen für seine Firma um (vielleicht tut er es tatsächlich). Ist das vernünftig? Kaum. Aber viele Menschen sind wie Gordon.

»Was kann ich denn anders tun?« schreien sie. »Ich sitze in der Falle.«

Nein, Sie sitzen nicht in der Falle. Ich habe noch nie eine »Falle« gesehen, die mich wirklich überzeugt hätte. Es gibt immer einen Ausweg.

Das Prinzip der Selbst-Erschaffung kann zwanghaften und verbissenen Arbeitern helfen, die Handlungen aufzudecken, die sie dazu bringen, in Wahrheit völlig unnötige Verpflichtungen für notwendig zu halten. Das Gefühl, unter Leistungsdruck zu stehen, ergibt sich aus bestimmten Handlungstypen. Ziehen Sie zum Beispiel keine Schau ab. Prahlen Sie nicht. Entschuldigen Sie sich nicht für Versehen auf Gebieten, auf denen Sie normalerweise brillieren. Übernehmen Sie keine unzumutbaren Aufgaben aus Angst, sich durch die Weigerung unbeliebt zu machen. Damit verbunden sind noch eine Reihe anderer Handlungen: Halten Sie mit Ihren Problemen nicht hinterm Berg, machen Sie nicht immer Zugeständnisse. Und verlangen Sie nicht, daß die anderen immer Ihren Vorstellungen entsprechen.

Wenn Sie das nämlich tun, fühlen Sie sich frustriert, beengt, in der Falle, mißverstanden. Sie schüren ein Feuer, das sich in Zwangshandlungen oder Wut entlädt.

Wenn man gegen Zwänge ankämpfen will, so ist ein doppelter Angriff notwendig. Einmal muß man zwangauslösendes Verhalten unterlassen, und zum anderen hat man sich mit dem Problem auseinanderzusetzen, das durch die Zwangshandlung unterdrückt werden soll.

Tatsächlich brauchen Sie gar nicht das Grundproblem zu lösen, um Erleichterung von der Zwangsvorstellung zu spüren. Es reicht, daß Sie das Grundproblem erkannt und es vor sich selbst rückhaltlos eingestanden haben. Wenn das Problem offen darliegt, und Sie bereit sind, es nicht wieder aus dem Auge zu lassen, bis es gelöst ist, verliert die Zwangshandlung ihre jetzige Bedeutung. Es war ihre Funktion, die Wahrheit vor Ihnen zu verbergen. (Und als Folge redeten Sie sich ein, daß eine Heilung unmöglich sei.) Wenn Sie aber der Wahrheit ins Gesicht sehen, wird die Zwangshandlung zu einer bloßen Gewohnheit, und völlige Enthaltung führt zu ihrem völligen Verschwinden.

Wenn Sie Schluß mit der Zwangshandlung machen, verstehen

Sie das Grundproblem, und allein die Tatsache, daß Sie sich mit dem Problem befassen, macht es für Sie leichter, die entsprechende Aktivität zu beenden. Millionen von Menschen in den verschiedenen Selbsthilfegruppen haben sich von Zwangshandlungen befreit. Die rationale Grundlage für die Erkenntnisse und Erfolge dieser Gruppen war immer das Prinzip der Selbst-Erschaffung.

10
Depression oder
Die gefährliche Kunst,
nichts zu tun

Depression: das Gefühl der Hoffnungslosigkeit, nichts ist wichtig, das Leben ist ein einziges Elend, und es gibt keine Hilfe mehr.

In ihrer leichteren, häufigsten Erscheinungsform ist die Depression ein Zustand, den Millionen von uns über längere Zeiträume ertragen, ohne es überhaupt zu merken. Vielleicht sind wir dabei sogar aktiv, aber welche Energie erfordert das von uns! Für kurze Augenblicke sind wir auch einmal vergnügt, aber das ist nicht eben häufig. Es fehlt die Intensität. Die einfachsten Arbeiten erscheinen uns ungeheuer schwer – und zwecklos. Die unbeantwortete Post stapelt sich. Dinge, die uns früher Vergnügen bereiteten, erscheinen uns leer: Sex, Freundschaft, Erfolg, ein Ausflug aufs Land. Andere Leute, die strahlend und glücklich aussehen, sind uns irgendwie entrückt. Sie erscheinen uns auch etwas naiv – vielleicht sogar unehrlich. Wir merken, wie wir auf langsamere Gangart umschalten. Wir sprechen, denken und reagieren langsam und langweilig. Warum sollten wir uns auch Mühe geben? Denn eigentlich sind wir bereit aufzugeben.

Vielmehr, wir *haben* bereits aufgegeben. Denn das Wesen der Depression ist *Nicht*-Handeln. Handeln zu unterlassen. Weil jede Anstrengung ja sinnlos ist. Und immer wenn wir zu handeln unterlassen, bestärken wir unseren Glauben, daß es sinnlos ist.

Der Depressive kennt nur noch eine einzige Aktivität: sich in sein Schneckenhaus zurückziehen. Mit Ausnahme der Fälle, die mit der Biochemie des Körpers zu tun haben, hängt eine langandauernde Depression immer von täglich neu getroffenen Entscheidungen ab.

Der Schlüssel zur Behandlung der Depression ist der gleiche wie bei der Gewohnheit. Denn Depression *ist* eine Gewohnheit. Eine Gewohnheit bekämpft man, indem man sie unterläßt; Depression bekämpft man, indem man unterläßt, Handeln zu unterlassen. *Tun* Sie etwas! Handeln Sie!

Auf die Frage des Depressiven »Warum soll ich mir überhaupt die Mühe machen?« lautet die Antwort: Immer dann, wenn Sie sich die Mühe machen, bestärken Sie sich in der Auffassung, daß sich alles ändern kann, daß es Ziele gibt, die sich lohnen, daß es Dinge gibt, die den Einsatz wert sind. Immer wenn Sie vor einer Sache kapitulieren, ruft das Pessimismus und düstere Stimmung hervor (besonders wenn Sie nun nicht etwas Neues beginnen, das Ihnen wichtig ist). Wenn Sie bei einem Wettkampf merken, daß Sie zu weit zurückliegen und in Ihren Anstrengungen nachlassen, geraten Sie schnell in eine pessimistische Stimmung, die auch eine Art Depression ist. Wer aufsteckt und nicht mehr in seine Möglichkeiten investiert – schafft schnell ein Gefühl der Hoffnungslosigkeit.

Kommen Sie nicht schon im voraus zu dem Schluß, daß man an der Depression nichts ändern kann. Denn ich habe das Gegenteil selbst erlebt. Depressive können sich heilen. Depression ist eine Gewohnheit, und Menschen brechen mit ihren Gewohnheiten, indem sie sie unterlassen – obwohl sie sich anfangs meist beklagen, daß es ihnen doch unmöglich ist.

Zunächst wollen wir drei Arten von Depression genau betrachten. Eine Art nenne ich »*Blitz-Depression*«. Alles scheint bestens zu laufen, aber dann, wie ein Blitz aus heiterem Himmel, geschieht etwas. Sie machen plötzlich eine dumme Bemerkung gegenüber einem Kunden, und er ist beleidigt. Sie kommen sich wie ein Idiot vor. Sie geraten in Verzweiflung, meinen, daß Sie für immer alles verdorben haben und Verzeihung unmöglich ist. Oder Sie hatten Unstimmigkeiten mit einem Freund und glauben, daß der andere nichts mehr um Sie gibt. Die Tatsache, daß Sie in der Vergangenheit noch viel schlimmere Unstimmigkeiten hatten, ist kein Trost. Erst geraten Sie wegen der einen Sache in Verzweiflung, dann gleich hinterher wegen einer zweiten.

Eine andere Art von Depression wird meist »*reaktive Depression*« genannt: eine auffällig langanhaltende Reaktion auf einen bösen Schlag im Leben. Sie haben das Gefühl, daß vor dem Unglück das Leben schön war und daß jetzt nichts Vergleichbares mehr kommen wird.

Wordsworth hat die Erfahrung der reaktiven Depression in folgenden Versen festgehalten:

Einst schien mir Wiese, Hain und Baum,
der Bach und alles, was das Auge fand,
von lichtem Glanz durchschimmert wie ein Traum – – –
der Erdenraum
gehüllt in himmlisches Gewand.
Doch ist nicht mehr, was einst ich sah,
wohin ich mich auch wenden mag,
bei Nacht, bei Tag
was damals ich geschaut, ist heute nicht mehr da.

Statt reaktiver Depression nennen wir diesen Zustand besser *traumatische Depression,* denn er entwickelt sich aus einem Vorkommnis, das einen Umschwung in unserem normalen Leben herbeigeführt hat.

Die dritte Form, die ich hier erwähnen möchte, ist die *zyklische Depression.* Sie kommt und geht in gewissen Abständen. Manchmal kann man einen Zusammenhang mit anderen Ereignissen sehen – die Depression tritt Weihnachten oder Neujahr oder an einem Geburtstag auf; bei einigen Frauen steht sie auch in Zusammenhang mit der Periode. Bei anderen ist sie an Jahreszeiten gebunden, wie an den Frühling oder Herbst. Bei wieder anderen ist sie völlig unvorhersehbar und weder mit einem Ereignis, noch mit einem Datum verknüpft.

In allen diesen Fällen braucht man spezielle Taktiken, um die Depression zu bekämpfen. Einige will ich hier besprechen und Ihnen danach eine allgemeine Liste an die Hand geben, die bei allen selbstgeschaffenen Depressionen hilfreich sein kann.

Zum Beispiel sollte sich derjenige, den eine Blitz-Depression überkommt, zunächst fragen, wie lange er die Information schon hat, die ihn so niedergeschlagen macht. Wahrscheinlich noch nicht lange: »zwei Stunden« zum Beispiel. Verbinden Sie diese Tatsache mit der Erkenntnis, daß Sie für die Blitz-Depression anfällig sind und auch in der Vergangenheit dazu neigten, Ihre Niederlagen zu übertreiben, und schon haben Sie einen besseren Ansatzpunkt.

Einen besseren Ansatzpunkt wofür? Um dem Impuls zu widerstehen, zu Depressionen führende Handlungen zu begehen. Jede anhaltende nicht-biochemische Depression geht auf Ihre Handlungen zurück.

Eine zweite Taktik gegen die Blitz-Depression könnte darin bestehen, daß Sie Ihre letzten fünf Anfälle noch einmal durchgehen und untersuchen, was sie miteinander gemeinsam hatten. Etwas, was Sie taten oder sagten? Oder was ein anderer tat? Waren die schädlichen Auswirkungen von Dauer? (Gehen Sie alle Situationen durch und nicht nur die letzte, mit der vielleicht eine Beziehung für alle Zeiten beendet wurde.) Wenn Sie sich Ihrer Tendenz, immer alles als Katastrophe zu empfinden, bewußt werden, hilft Ihnen das, solche Situationen in Zukunft zu entschärfen.

Achten Sie auch auf Menschen Ihrer Umgebung, die unter Depressionen leiden und auf Ihr Verhalten ihnen gegenüber. Sie lassen sich eventuell zu leicht beeindrucken, besonders wenn Sie den Menschen gern haben und genau wissen, wie er sich fühlt. Sie müssen sich davor hüten, sich zu stark mit ihm zu identifizieren. Sagen Sie einem solchen Menschen vielmehr offen, daß er die Dinge zu schwarz sieht; oder seien Sie selbst sich wenigstens dieser Tatsache bewußt. Bemühen Sie sich darum, seine pessimistischen Ideen zu durchschauen, so daß Sie auch die Kehrseite der Medaille sehen. Wenn der andere Ihnen nahesteht, müßte Ihnen doppelt daran liegen, die Niedergeschlagenheit nicht einfach zu akzeptieren. Vielmehr wollen Sie ihn daraus ja befreien, in seinem und in Ihrem eigenen Interesse. Sie können sogar so weit gehen, den Betreffenden zu bitten, nicht immer die gleichen alten Geschichten oder dieselben Witze zu erzählen. Wenn er es trotzdem tut, ärgern Sie sich vielleicht, aber Sie fühlen sich wahrscheinlich nicht so deprimiert.

Die wichtigste Taktik gegenüber der *traumatischen* Depression liegt darin, daß man keinesfalls den Lebensstil aufgeben sollte, den man vor dem auslösenden Ereignis hatte. Nach dem Tod seiner Frau hörte Hugh mit allem möglichen auf, woran er sich früher gefreut hatte. Er kümmerte sich nicht mehr um Freunde, die er sonst getroffen und ging nicht mehr an Orte, die er früher aufgesucht hatte. Er vermied es, in Restaurants zu gehen und kümmerte sich nicht mehr um gesellschaftliche Dinge (auf Einladungen antwortete er nicht einmal). Er kleidete sich nachlässig, sprach mit leiser Stimme, als ob es ihm ganz gleich wäre, daß andere ihn nicht verstehen konnten – als wäre seine Meinung sowieso ohne Belang. Hinter all diesem stand die Überzeugung, daß es auf nichts mehr richtig ankam – weder auf die anderen, noch auf ihn selbst. Wer nach diesem Motiv handelt, erzeugt Verzweiflung. Hugh hatte aufgegeben.

Ein Mensch, der sich in den Fängen einer traumatischen Depression befindet, muß sich fragen: »Werden meine Handlungen durch eine extreme Bindung an die Vergangenheit bestimmt?« Wenn Sie sich zwingen, etwas Neues oder Erfreuliches zu tun, so erscheint Ihnen das vielleicht unfair, ja fast treulos. Hugh stellte fest, daß er in hohem Maße dazu neigte, jetzt nach dem Tode seiner Frau keine Freude mehr am Leben zu haben. Die Vorstellung, daß sie im Grabe lag und er Golf spielte, ließ ihn zusammenzucken.

Wenn man eine Bindung dieser Art beobachtet, muß man sich fragen, ob sie überhaupt rational ist. Hätte der andere so etwas wirklich gewünscht? Besonders wenn er sich über den persönlichkeitsverändernden Einfluß im klaren gewesen wäre? Sie ehren die Toten nicht, wenn Sie die Lebendigen begraben. Wenn sich Schuldgefühle in Ihnen regen, werden Sie sich über zweierlei klar: Ihr Verhalten nützt niemandem (man kann die Toten nicht ins Leben zurückrufen); und wenn Sie weiter in diesem Stil fortfahren, so werden Sie das Schuldgefühl nicht wieder los.

Es gibt noch andere Auslöser, die zu traumatischen Depressionen führen. Fragen Sie sich zum Beispiel: »Habe ich gegen meine ethischen Grundsätze verstoßen?« Nehmen wir an, Sie fühlen sich deprimiert, seit Sie ein bestimmtes Produkt verkaufen. Sie merken, daß das Produkt schädlich ist, stecken aber trotzdem den Kopf in den Sand. Ihre Depression wird anhalten, solange Sie diesem ungelösten Konflikt aus dem Weg gehen. Wahrscheinlich müßten Sie sich für ein anderes Produkt entscheiden.

Wahrscheinlich sind auch bei Wordsworth Kompromisse daran schuld, daß er so in Lethargie versank und sein Genius sich erschöpfte.

Als junger Mann war er ein Idealist. Aber dann traf er innerhalb kurzer Zeit einige bedeutsame Entscheidungen. Der große Naturschwärmer ließ sein eigenes Kind in Frankreich im Stich, als die Revolution ausbrach; in der Politik schloß er Kompromisse, so daß sich viele Dichter, die er einst inspiriert hatte, betrogen vorkamen. Nach dieser Periode des Verrats beklagte er den Schwund seiner poetischen Vision, und obwohl er noch ein halbes Jahrhundert lang schrieb, wird allgemein die Ansicht vertreten, daß er niemals mehr die Hochstimmung und die Kühnheit seiner frühen Werke erreichte.

In die vorderste Verteidigungslinie gegen *zyklische* Depression sollten Sie ein »Frühwarnsystem« einbauen. Machen Sie sich klar, welche Daten Ihnen zu schaffen machen; notfalls streichen Sie sie auf dem Kalender an. Auch wenn Ihre Depression eine biochemische Komponente hat, hilft es Ihnen, im voraus zu wissen, daß wieder eine Depression droht. Sie können dann vermeiden, sie durch bestimmte Aktivitäten oder gar durch völlige Tatenlosigkeit zu verstärken.

Ein Bekannter von mir entdeckte, daß er einen Tag, ehe ihn die Depression überkam, dazu neigte, sein Zeitgefühl zu verlieren. Er saß dann lange Zeit im Sessel, ohne viel tun zu können. Dies nahm er als Warnzeichen, sich nicht von anderen zurückzuziehen, Verabredungen etwa abzusagen oder darauf zu verzichten, seine Meinung zu äußern. Vielmehr zwang er sich, am nächsten Tag eine Gitarrenstunde zu nehmen. Durch Beachtung dieser ersten Warnzeichen gelang es ihm, die Wucht der Depression beträchtlich abzuschwächen.

Wenn Sie Depressionen überkommen, schreiben Sie alles (auch Kleinigkeiten) auf, was Sie nur in diesem Zustand tun. Vielleicht grüßen Sie die anderen nicht mehr, wenn Sie den Aufzug betreten. Oder Sie lehnen Einladungen zu Parties ab. Oder Sie lesen in zwei Wochen mehr Kriminalromane als normalerweise in einem halben Jahr. Oder Sie gehen nicht zur Arbeit. Oder Sie ziehen sich den ganzen Tag nicht richtig an. Das alles sind Kleinigkeiten, aber sie sind keineswegs harmlos; es sind

Rückzugsgefechte, wo Gegenwehr nötig wäre. Und das ist typisch für diese Art von Depression.

Bei zyklischer Depression, die mit bestimmten Daten verbunden ist – wie Feiertagen und Geburtstagen –, kommt es darauf an, daß Sie sich darüber klar werden, was diese Daten eigentlich für Sie bedeuten. Weihnachten erinnert Sie zum Beispiel an die großen, fröhlichen Familienzusammenkünfte früherer Jahre. Jetzt dagegen sind Sie allein. Jedes neue Weihnachten wirkt auf Sie, symbolisch gesprochen, wie ein leerer Stuhl, nur daß dieser Stuhl für immer leer bleiben wird. Sehr oft verfallen Menschen auf genau die falsche Methode, mit diesem Problem fertig zu werden: Sie lehnen alle Einladungen für bestimmte Feiertage ab. Sie wollen lieber allein sein und wählen damit selbst die Vereinsamung. Bei zyklischer Depression kommt es darauf an, sich all die frühen Warnzeichen und Daten genau zu merken, sich *dann aber auf das zu konzentrieren, was man danach tun kann.* Das ist das Gegenmittel, das Erleichterung schafft.

Damit kommen wir zu allgemeinen Regeln, mit denen man jeder Art von Depression entgegentritt. Für diejenigen, die wissen wollen, wie sie dem nächsten Tief begegnen sollen, oder wie man die Depression an der Wurzel packt, wenn sie schon da ist, nenne ich hier sechzehn Methoden, um Depressionen abzuwehren, der Hoffnungslosigkeit vorzubeugen und so zu handeln, daß der Glaube an den Sinn des Lebens erhalten bleibt:

1. Schaffen Sie Ordnung in Ihrem Leben, wo immer Sie können. Versuchen Sie, Verabredungen pünktlich einzuhalten, Ihre Post zu beantworten, Ihr Geld richtig einzuteilen, genug Essensvorräte in der Küche zu haben, regelmäßige Mahlzeiten einzunehmen, zu einer vernünftigen Zeit zu Bett zu gehen, ganz gleich, ob Sie glauben, auch schlafen zu können. Ordnung vereinfacht Ihr Leben, so daß Sie mit der Energie, die Ihnen zur Verfügung steht, mehr schaffen können. Und alles, was Sie wirklich erledigen, verstärkt in Ihnen das Gefühl, etwas wert zu sein und etwas zu können.

2. Achten Sie auf Ihre äußere Erscheinung. Vielleicht ist es Ihnen immer etwas schwer gefallen, sich sauber zu halten, sich ansprechend zu kleiden, ja sogar Ihr Zimmer ordentlich aufzuräumen, und vielleicht ist es sonst auch nicht so darauf angekommen; es war ein Zeichen von Individualität oder Rebellion oder Interesse für wichtigere Dinge. Aber jetzt wird es für Sie zum Problem – denn es bestärkt Sie in der Auffassung, daß Sie keinen Grund haben, sich anzustrengen, oder auch darin, daß Sie mit dem Leben nicht fertig werden. Wenn Sie es sich nur irgendwie leisten können, kaufen Sie sich ein paar Kleider, die Ihnen gefallen und tragen Sie sie auch. Der Versuch, etwas für Ihr Äußeres zu tun, wird Ihnen das Gefühl geben, daß es etwas gibt, für das es sich lohnt, gut auszusehen.

3. *Lassen Sie es sich nicht durchgehen, in einer Phase der Depression einen Plan aufzustecken.* Für den Augenblick sehen Sie alles in düsterem Licht; da kommt es Ihnen leichter vor, mit der Schule aufzuhören oder Ihren Roman gar nicht erst zu Ende zu schreiben. Aber zwingen Sie sich, nicht aufzugeben.

4. *Unterdrücken Sie keine starken Gefühle, besonders keinen Zorn.* Sie haben zum Beispiel stundenlang eingekauft und für Ihre Freundin ein Essen gekocht; da sagt sie in letzter Minute ab. Sagen Sie ihr, daß Sie verärgert sind.

Sagen Sie nicht: »Oh, das macht nichts.« Denn es macht Ihnen ja etwas. Wenn Sie sich mit unfreundlicher Behandlung abfinden, dann glauben Sie schließlich auch, daß Sie die schlechte Behandlung verdient haben – und daß man Sie immer so behandeln wird.

Versuchen Sie auch nicht, bei anderen starke Gefühle zu unterdrücken. Zwei Freunde schreien sich zum Beispiel an; versuchen Sie jetzt nicht, beruhigend einzugreifen. Oder wenn Sie es nicht mit anhören können, wie jemand einen Freund oder den Hausmeister beschimpft, dann ergreifen Sie die Partei des Angeschuldigten.

Statt zu versuchen, den anderen in eine so ruhige – und deprimierte – Gemütslage zu versetzen wie die Ihrige, sollte man gerade lernen, starke Gefühle zu entwickeln und diesen Gefühlen entsprechend zu handeln.

89

5. *Lernen Sie jeden Tag etwas Neues.* Lernen gibt Ihnen das Gefühl, daß Ihnen die Zukunft noch etwas Neues zu bieten hat, und daß die beste Zeit Ihres Lebens keineswegs vorüber ist.

6. *Stellen Sie sich möglichst allen Herausforderungen.* Und kommen Sie zu einer ehrlichen Entscheidung, was Sie können und was nicht. Vielleicht ist Ihre Familie bereit, Ihnen Zugeständnisse zu machen (»Ich glaube, Mae hat keine Lust, zusammen mit uns zu essen«), aber Sie wissen, daß Sie das sehr wohl schaffen würden, wenn Sie es nur versuchten. Selbst wenn andere Sie entschuldigen würden, sollten Sie sich nicht gestatten, sich vor Anstrengungen zu drücken, denen Sie sich (wenn auch vielleicht nur mit Mühe) unterziehen können.

7. *Hören Sie für eine bestimmte Zeit auf, über Ihre Probleme zu sprechen.* Versuchen Sie es zunächst einen Tag lang, dann eine Woche. Wenn Sie aufhören, sich zu beklagen, können Sie wichtige Dinge über sich selbst herausfinden. Und das ewige Reden über Probleme ist oft das Hauptmittel, mit dem der Deprimierte die Depression am Leben erhält. Da er über nichts anderes redet, muß er zu dem Schluß kommen, daß sein Leben sonst auch nichts zu bieten hat.

8. *Verhalten Sie sich anderen gegenüber freundlich und korrekt, auch in kleinen Dingen.* Bei starken Depressionen neigen manche dazu zu denken, daß es gar nicht darauf ankommt, wie sie andere behandeln. Sie vergessen, sich selbst für große Gefälligkeiten zu bedanken und halten ungewöhnliches Entgegenkommen für selbstverständlich. All das isoliert sie von dem normalen menschlichen Miteinander, das auf Geben und Nehmen basiert, und verschlimmert die Depression nur noch.

9. *Scheren Sie nicht alle Menschen über denselben Kamm.* Depressive behandeln oft jeden auf die gleiche Weise, was sie zu der Auffassung bringt, daß nichts und niemand besonders wichtig ist. Nehmen Sie es nicht für eine Selbstverständlichkeit, wenn bestimmte Freunde sich um Sie kümmern und anrufen, und sagen Sie ihnen am Telefon etwas Nettes. Oder machen Sie sich die

Mühe, jemandem, den Sie wirklich gern haben, eine Freude zu bereiten. Wenn Sie Ihre Freunde beschenken, fällt es Ihnen leichter zu glauben, daß Freundschaft ein Geschenk ist.

10. Wenn Sie tierlieb sind, schaffen Sie sich ein Haustier an, und sorgen Sie gut dafür. Die Sorge für einen Hund oder eine Katze hat Millionen Menschen ein Lebensziel gegeben.

11. Vergleichen Sie Ihr Leben nicht mit dem anderer Menschen. Es kommt nur darauf an, wie Sie sich fühlen, nicht ob ein anderer mehr Vorteile hat. Wenn man erst beginnt, Vergleiche anzustellen, so ist das gewöhnlich ein Zeichen, daß eine Depression im Kommen ist.

Während der Gedanke, daß sich alle anderen besser stehen, deprimierend sein kann, ist es auch schädlich zu glauben, daß andere *benachteiligter* sind als man selbst – daß ihre Arbeitsplätze schlechter, ihre Schulden größer, ihre Ehen zerrütteter sind. Wenn Sie das glauben, reden Sie es sich selber aus, einen Versuch zur Änderung zu machen (»Wenn ich mich mit Joe vergleiche, so geht es mir eigentlich gar nicht so schlecht«), aber Sie können die Depression ja nur überwinden, wenn Sie sich ändern.

12. Richten Sie Ihren Ehrgeiz auf möglichst viele Ziele. Wenn sie auch nur andeutungsweise den Wunsch haben, etwas zu unternehmen – eine Teilzeitstelle anzutreten, sich einem Chor anzuschließen oder eine Reise nach Argentinien zu machen –, so sollten Sie mit anderen über diese Wünsche sprechen. Denken Sie darüber nach, und arbeiten Sie auf diese Ziele hin. Seien Sie nicht halbherzig in Ihrem Wollen.

13. Erleben Sie bewußt die schönen Augenblick in Ihrem Leben, besonders diejenigen, die unerwartet kommen. Sie haben gerade zufällig einen alten Bekannten getroffen und sich zehn Minuten großartig mit ihm unterhalten. Warum haben Sie sich so gefreut, ihn zu sehen? Können Sie ihn wiedersehen? Richten Sie Ihr Leben so ein, daß Sie jedes denkbare Vergnügen maximal auskosten können.

14. Tun Sie etwas, was Sie noch nie getan haben. Zwingen Sie sich, mit Leuten zu reden, mit denen Sie sich vorher noch nie unterhalten haben.

15. Versuchen Sie, mit Menschen zusammen zu sein, die energisch und optimistisch eingestellt sind. Machen Sie nicht den üblichen Fehler Depressiver, sich in der Gesellschaft Gleichgesinnter zu verstecken. Wenn Sie es schaffen, gehen Sie unter Menschen, die das Leben energisch anpacken.

Das wird Ihnen zunächst nicht leicht fallen. Wenn Sie deprimiert sind, erscheinen Ihnen solche Menschen vielleicht lästig, ja sogar laut. Sie äußern ständig ihre Meinung, reden von der Zukunft und sehen in ihren Mitmenschen das Gute wie auch das Schlechte. Durch die Vielfalt ihrer Interessen fordern sie auch andere heraus, originell zu sein. Unterhaltungen mit ihnen sind anstrengender. Es macht nichts, wenn ihre Energie Ihnen wie ein unausgesprochener Tadel vorkommt. Haben Sie trotzdem Umgang mit ihnen, falls diese Sie überhaupt um sich haben wollen. Durch den Kontrast sehen Sie die eigenen falschen Entscheidungen und die Voraussetzungen, unter denen andere handeln, viel schärfer, als wenn Sie alleine wären. Auch fühlen sich solche Optimisten durch Ihre Entwicklung zu einem anderen Typ Mensch nicht so bedroht, wie es Depressive tun würden.

16. Ergreifen Sie jede Gelegenheit, ein intensives Leben zu führen; klammern Sie sich an diese Chance wie an einen Rettungsanker. Hüten Sie sich möglichst vor routinehaftem und automatischem Handeln. Halten Sie Ausschau nach Erlebnissen und Aktivitäten, an die Sie mit dem Gefühl der Frische und mit Emotionalität herangehen. Hören Sie auf, immer die gleichen Witze oder Geschichten zu erzählen. Wagen Sie es statt dessen, auch einmal nichts zu sagen zu haben oder sich ängstlich zu fühlen. Daraus könnte sich etwas Sinnvolles für Sie ergeben. Alles andere ist wertlos.

Schön und gut, aber wenn sich nun eine wirkliche Tragödie ereignet hat? Sie könnten zum Beispiel Ihre Stelle verloren haben oder gegen Ihren Willen in Pension geschickt werden. Auch dann gelten die obigen Regeln. Alles kommt darauf an, daß Sie nicht alle Mühen, allen Ehrgeiz, alle Tatkraft aufstecken. Wenn Sie noch nicht im Pensionsalter sind, versuchen Sie, eine neue Stelle zu finden. Gehen Sie nicht aus Verlegenheit alten Bekannten und Lokalitäten aus dem Wege. Ziehen Sie sich nicht zurück. Verstecken Sie sich nicht. Wenn es absolut unmöglich ist, auf Ihrem Arbeitsgebiet oder an Ihrem Wohnort eine Arbeit zu finden, dann ziehen Sie einfach um (aber es ist wichtig, daß Sie überzeugt sind, keinen anderen Ausweg zu haben; wenn Sie in einem versteckten Winkel Ihres Herzens ahnen, daß Sie zu früh aufgegeben haben, wird bald Ihr ganzes Wesen von diesem Wissen vergiftet sein). Es kommt allein darauf an, die Hoffnung nicht aufzugeben.

Wir wollen hier sogar die scheinbar äußerste Rechtfertigung für eine Depression ansprechen: Der Arzt hat Ihnen gesagt, daß Sie sterben müssen. Zweifellos ist eine solche Nachricht zunächst ein schwerer Schlag. Aber es ist auch eine nicht wegzudeutende Tatsache, daß viele Menschen, die wissen, daß sie sterben müssen, nicht deprimiert sind. Vielleicht sind sie es zunächst gewesen, als sie ihren Schicksalsspruch hörten, aber dies Gefühl hielt nicht an. Wie machten sie das?

Bei jedem Fall, den Sie näher betrachten, werden Sie feststellen, daß der Grund hierfür in ihrer Aktivität liegt. Entweder fahren sie fort, genau das zu tun, was sie immer getan haben, oder, falls sie sich ändern, probieren sie noch etwas aufregend Neues aus, wovon sie immer geträumt haben. Wenn Sie es aber zulassen, daß die Nachricht von Ihrem baldigen Sterben zu einem Trauma wird, das heißt, Ihren Lebensstil völlig verändert, so könnte die Depression tatsächlich den Rest Ihres Lebens ausfüllen.

Die Hoffnung verläßt Sie nie; nur Sie könnten die Hoffnung aufgeben.

Das bedeutet auch, daß wir einen Augenblick einhalten sollten, bevor wir einen Leidenden auffordern, »die Dinge leicht zu nehmen«. So lange er überhaupt noch irgend etwas tut, ist alles in Ordnung; aber wenn wir ihm einreden, alle Mühe aufzugeben, so erweisen wir ihm damit einen schlechten Dienst. In dem Roman »The Broken Year« von Richard Brickner über einen jungen Mann, der durch einen Unfall an den Rollstuhl gebunden ist, fragt dieser seinen Pfleger: »Meinen Sie, daß ich eine Zukunft habe?« Und der Pfleger antwortet: »Als Stabhochspringer, nein; als Mensch, ja.«

Diese Geschichte erinnert mich an einen Patienten, den ich einmal hatte. Lyle war ein begabter Sportler, der einen Trampolin-Unfall hatte und danach an den Rollstuhl gefesselt war. Sein Fall enthüllte eine Grundwahrheit, die für uns alle gilt: Wir müssen unseren »Job« im Leben realistisch definieren – und zwar unseren »Job« im weitesten Sinne. Am Ende können wir uns dann fragen, ob wir diesen unseren »Job« getan haben und nicht irgendeine unvernünftige Aufgabe, die wir uns stellen. Für Lyle war es mit dem vernünftigen Lebensziel an einem Tag in der Turnhalle abrupt zu Ende. Doch wenn er den Rest seiner Tage mit Nichtstun zubringen würde, weil er sich keine Hoffnung mehr auf die olympischen Spiele machen konnte, so war er zur Depression verurteilt. Es war meine Aufgabe, Lyle zu ändern, nach einem neuen »Job« Ausschau zu halten, der ihm trotz allem Freude machen würde.

Ich wußte, daß jede Aufgabe, die einen gewissen Glauben an seine Fähigkeiten voraussetzte, seinen Glauben an diese Fähigkeiten verstärken würde und damit auch seinen Glauben, daß das Leben ihm noch Möglichkeiten zu bieten hatte. Lyles Eltern hatten mir erzählt, daß er sich in der Schule für Mathematik interessiert hatte, obwohl er sich seit dem Unfall weder mit Mathematik noch mit etwas anderem befaßt hatte. Wenn ich mich mit Lyle unterhielt, nahm er eine charakteristische Haltung ein. Er saß zusammengesunken und mit gesenktem Kopf im Rollstuhl und starrte vor sich hin in den Schoß oder auf den Fußboden. Eines Tages erwähnte ich irgendein mathematisches Problem, von dem ich kurz vorher gehört hatte. Das Problem ließ sich leicht verstehen, aber die Lösung war schwierig. Ich hielt einen längeren Monolog über dieses Problem, ohne damit weiterzukommen. Schließlich machte Lyle mit leiser Stimme einen Kommentar, als spräche er zu seinem linken Schuh. Ein Wort gab das andere. Wir redeten immer schneller und lauter. Im Lauf dieses Gesprächs erblickte ich plötzlich etwas Wunderbares: seine Augen. Lyle ließ das Kinn nicht mehr auf die Brust sinken; er sah mich an und sprach zum erstenmal, seit ich ihn kannte, mit einem gewissen Engagement. Seine Augen waren wach und voller Anteilnahme. Was durch den Unfall auch mit seinen Beinen geschehen sein mochte, sein Hirn war unverletzt. Das wurde uns beiden schlagartig klar.

Zwei Tage später rief mich seine Mutter an und erzählt mir voller Freude, daß Lyle zum erstenmal innerhalb von acht Monaten »etwas Positives« getan hatte: Er hatte ein Buch zur Hand genommen. Was für ein Buch? fragte ich. Ein altes Lehrbuch, sagte sie. Über Statistik. Und er las es auch. Und bat um Bleistift und Papier. Und machte sich Notizen. Lyle, so sagte ich mir damals, du wirst es schaffen.

11
Wie man mit Leuten fertig wird, die einem auf die Nerven gehen

Vielleicht ist es im allgemeinen gar nicht Ihr Problem, leicht in Wut zu geraten. Sie sind nicht der Typ, der immer voller Zorn in die Welt sieht. Und doch gibt es ein paar Menschen – ein alter Freund, ein Nachbar, Ihr Schwiegervater –, die Sie immer wieder zur Weißglut bringen.

Wie Carol, die auf Sie immer beleidigend wirkt. Alles, was Sie tun, kann sie besser, oder sie kennt jemand anderen, der es besser kann. Wenn Sie mit ihr zusammen sind, fangen Sie sofort an anzugeben, Ihre Leistungen ins rechte Licht zu setzen, vielleicht Ihre Zukunftschancen zu übertreiben. Sie versuchen, auch ihr eins auszuwischen. Und währenddessen werden Sie immer ärgerlicher und mißgestimmter; nicht nur Carol geht Ihnen auf die Nerven – auch Sie selbst gefallen sich nicht recht in dieser Rolle.

Die Menschen, die Sie am stärksten verärgern können, sind oft diejenigen, die Ihnen am nächsten stehen: Ein erbitterter Feind kann Sie wohl kaum je so in Wut bringen wie ein Mensch, der Ihnen nahesteht. Und bestimmt nicht so oft.

Das hat seinen guten Grund. Wir kennen unsere Feinde und wissen, warum wir ihnen feind sind, aber wir wollen oft nicht zugeben, daß wir Schwierigkeiten haben mit Menschen, an denen uns liegt. So versuchen wir, die Menschen, die uns in Wut bringen, zu entschuldigen, oder wir leugnen ab, daß unsere Wut tatsächlich ein Problem für uns ist. Das geht gut bis zum nächsten Mal, wenn wir wiederum fühlen, wie die Wut in uns aufsteigt.

Wer macht Sie wütend und wodurch? Vielleicht wissen Sie darauf sofort eine Antwort oder auch nicht. Aber fangen Sie einmal an, Ihre Wut zu analysieren: Um wen geht es, was tut dieser Mensch, wie fühlen Sie sich dabei, welches sind die Probleme. Wenn Sie immer auf den gleichen Menschen wütend sind, werden Sie wahrscheinlich herausfinden, daß er etwas tut, was Ihnen gegen den Strich geht.

Im folgenden zähle ich neun verschiedene Verhaltensweisen auf, die zum Zorn reizen und oft nicht erkannt werden.

1. Opfergeschichten. Bei John zum Beispiel sind Sie nicht auf ihn selber wütend – sondern um seinetwillen. Er erzählt immer wieder, wie andere ihn schlecht behandeln und ausnutzen. Sein Chef hat eine seiner Äußerungen in den falschen Hals gekriegt. Ein Taxifahrer hat sich unverschämt benommen. Ein Verwandter hat ihn angelogen. John kommt immer wieder mit solchen Geschichten, und jedesmal werden Sie auf die Leute, von denen er erzählt, wütend. Aber natürlich können Sie nichts machen.

2. Klatschgeschichten über Sie. Man erzählt Ihnen, daß ein Freund oder Nachbar etwas an Ihnen auszusetzen hat, und dann müssen Sie versprechen, darüber zu schweigen. »Erzähl ihm bloß nicht, was ich Dir gesagt habe.« Sie können Ihre Ankläger nicht stellen; Sie können sich nur die Klatschgeschichten anhören und innerlich vor Wut kochen. Wiederum tritt zu Ihrer Wut ein Gefühl der Ohnmacht.

3. Versprechen, die nie gehalten werden. »Nächste Woche werde ich mich nach einer besseren Wohnung für uns umsehen.« »In einem Jahr sind wir reich.«

4. Die Erwartung, daß man bestimmte Gefühle zeigt. John rechnet darauf, daß Sie auf seine Geschichten hin wütend werden oder in wehmütige Stimmung geraten. Oder er erzählt Witze, lacht überlaut und erwartet, daß Sie das auch tun.

5. Ständiges Fragen und Bitten um kleine Gefälligkeiten. Ganz gleich, was Sie alles für John tun oder wieviele Fragen Sie geduldig beantworten, er hat immer noch etwas Neues in petto. Und früher oder später bekommen Sie einen Wutanfall.

6. *Ständige Anspielungen, daß man etwas falsch macht.* John paßt zum Beispiel auf, ob man sich irgendwo widerspricht. »Aber vorige Woche hast du doch gesagt, daß du dich gefreut hast, die Smiths zu sehen.« »Wenn du Los Angeles nicht magst, warum hast du dann vor drei Jahren dort deinen Urlaub verbracht?« Oder John gibt Ihnen immer wieder das Gefühl, ein bißchen dumm zu sein: »War dir denn nicht klar, daß es wahrscheinlich schneien würde?« »Hast du denn nicht bemerkt, daß er verheiratet ist?« »Ich kann nicht verstehen, warum du das so machst.«

7. *Ständige Erinnerung daran, was er alles für Sie getan hat.*

8. *Ständiges Abstreiten, daß andere je feindselig gesonnen sein oder unfair handeln könnten.* Sie haben gerade ein paar äußerst unsympathische Leute auf einer Party getroffen, aber als Sie erwähnen, daß Sie sie nicht ausstehen können, sieht Sie John überrascht an. »Du bist bloß überempfindlich«, sagt er.

9. *Die Weigerung, auch Ihnen einmal zuzuhören.* John erzählt Ihnen stundenlang von seinen Problemen, aber wenn Sie einmal über Ihre Probleme sprechen wollen, sagt er: »Ich habe jetzt keine Zeit mehr. Ich muß wieder an meine Arbeit.«

Wenn man einmal in seinem Leben mit solch einer nervtötenden Person zu tun hat, kommt es zunächst darauf an, daß man sich nicht beirren läßt. Sagen Sie Ihre Meinung frei heraus. Wenn Ihnen zum Beispiel dieser Mensch Ihre Reaktionen vorschreiben will, denken Sie daran, daß Sie genau so viel Recht auf Ihre Ansichten haben wie er. »Ich kann den Witz einfach nicht so gut finden wie du.« Oder: »Du hältst sie vielleicht für nette Leute, aber ich kann ihre rassistischen Bemerkungen nicht ausstehen. Ich kann nicht finden, daß sie es nicht so meinen.«

Vielleicht möchten Sie den anderen auch bitten, Sie mal eine Zeitlang in Ruhe zu lassen. »Bitte stell mir mal eine Weile keine Fragen, auch nicht zu Nebensächlichkeiten.« Oder: »Könntest du wenigstens einen Monat keine Versprechungen mehr machen?« Und entschuldigen Sie sich nicht bei solchen Bitten. Aber wenn der andere Ihre Bitten nicht sofort beachtet, so geben Sie ihm eindeutig zu verstehen, wie unangenehm Ihnen sein Vorgehen ist. Ob das gleiche Vorgehen auch *ihm* unangenehm wäre, tut nichts zur Sache. Die Antwort, daß Sie »überempfindlich« sind oder daß er Ihre Reaktion nicht versteht, kann niemals eine Rechtfertigung dafür sein, daß er Sie verletzt hat. Der andere sagt zum Beispiel, daß es ihm nichts ausmachen würde, wenn Sie ständig auf seinen Fehlern herumritten und ihm niemals etwas Nettes sagen würden. Kann sein. Aber das hat nichts damit zu tun, daß Sie es eben anders sehen.

Wenn Sie den anderen bitten, sein Verhalten zu ändern, achten Sie darauf, daß Sie ihm keine schlechten Motive unterstellen. Seine Motive sind unwichtig. Sie wollen nur, daß er damit aufhört, so daß Sie Ihre Zornesgefühle loswerden können. Es reicht, daß Sie diese Gefühle haben und einen Freund bitten, auf sie Rücksicht zu nehmen.

Dabei kann es wohl auch einmal zum Ärgsten kommen. Der andere kann sich egoistischerweise weigern, sein Verhalten zu ändern, womit er Ihnen eigentlich deutlich zu verstehen gibt, daß es ihm gleichgültig ist, wie Sie ihn finden. Aber dann ist es besser, dies zu wissen und klare Verhältnisse zu schaffen, statt sich Jahre mit frustrierenden Wutgefühlen herumzuschlagen, weil Sie sich fürchten, der Wahrheit ins Gesicht zu sehen.

Oder er kann einfach gar nicht anders. Er entschuldigt sich für sein Benehmen, sieht auch ein, daß man sich darüber ärgern kann, aber dann erinnert er Sie an all das, was er für Sie getan hat. Oder er macht Ihnen weitere Versprechungen, damit Sie nicht länger darauf herumreiten, wie sehr er Sie bisher enttäuscht hat. Vielleicht verhält er sich zwanghaft. Aber Sie haben das Recht, es ihm immer wieder zu sagen. Und indem Sie ehrlich zugeben, daß es sich um ein Problem handelt, welches Sie erkennen, wenn es auftaucht, fällt es Ihnen vielleicht leichter, Ihrer Wut Herr zu werden, selbst wenn Ihr Freund sein entnervendes Verhalten nicht unterlassen kann.

Immer wenn sich die ärgerliche Situation wieder einstellt, tun Sie nichts, um sich selbst zu beweisen oder Ihr Verhalten zu rechtfertigen. Wenn Ihr Freund ignoriert, daß Sie ihm etwas zu sagen haben, so schreien Sie sich nicht gegenseitig an. Nehmen

Sie ihn beiseite und bitten Sie ihn, Sie zu Wort kommen zu lassen. Oder wenn Ihnen jemand alle Ihre Fehler an den Kopf wirft, so weisen Sie zur Antwort nicht auf alle Ihre Vorzüge hin. Je mehr Sie sich in Ihrem Benehmen von einem solchen Angriff beeinflussen lassen, desto wichtiger wird dieser Angriff für Sie.

Ein Beispiel macht das deutlich. Ursula, die auf Tom, ihren Mann, oft eine große Wut hatte, bemerkte, daß Tom ihr überhaupt nicht zuhörte. Sie saßen einen ganzen Abend zusammen und unterhielten sich – über ihn, seine Arbeit, seine Befürchtungen, seine Pläne. Ursula versuchte dann seine Aufmerksamkeit zu erlangen, aber gab es immer wieder voller Empörung und Wut auf.

Ursula gab diese Gefühle weder vor sich, noch vor anderen jemals offen zu. Sie sagte nie: »Ich glaube nicht, daß Tom überhaupt etwas um mich gibt.« Statt dessen gab sie sich alle Mühe, ihn nicht auf die Probe zu stellen. Als ihr der Arzt nach einer Untersuchung sagte, vielleicht wäre etwas nicht in Ordnung, sagte sie es Tom gar nicht erst. Sie entschuldigte sich damit, daß sie ihn nicht beunruhigen wollte. Aber in Wahrheit hatte sie Angst, ihm könnte es gleichgültig sein. Wenn er also gar nicht wußte, was vorging, brauchte sie sich auch nicht durch seine Gleichgültigkeit verletzt zu fühlen. Immer wieder, wenn eine wichtige Frage auftauchte, verfiel sie auf das gleiche Verhaltensmuster – ob es nun eine Streß-Situation am Arbeitsplatz war oder ein Familienproblem. Sie erzählte Tom ganz einfach nichts davon. Und das Ergebnis war eine Menge Ärger.

Ursula kam in meine Sprechstunde, und wir fanden heraus, woran es lag, daß Tom sie so wütend machte. Aber was nun? »Handeln Sie so«, schlug ich vor, »als ob er unschuldig wäre. Erzählen Sie ihm alles, was Sie billigerweise Ihrem Mann erzählen sollten und wovon Sie erwarten können, daß es ihn interessiert. Es ist besser zu wissen, wo Sie stehen, als weiterhin annehmen zu müssen, daß er kein Interesse an Ihnen hat.«

Dies Vorgehen konnte zu zwei Ergebnissen führen. Entweder würde Ursula feststellen, daß sie sich in Tom getäuscht hatte, und daß er nur aus Nervosität immer nur über sich selbst gesprochen hatte, vielleicht auch, weil sie sich so passiv verhalten hatte. Oder Ursula würde erkennen müssen, daß sie recht hatte, daß

Tom die Unterhaltung auf ein anderes Gleis bringen würde, ganz gleich, was sie ihm zu sagen hatte. Er würde nur vor sich hinmurmeln: »Das ist ja interessant« oder »Das wird schon werden«, ehe er das Gespräch wieder auf sich selbst brächte.

Als Ursula schließlich ein Problem erwähnte, das sie im Zusammenhang mit ihrer Arbeit beschäftigte, verfiel Tom auf eine schnelle Lösung. Er machte ihr ein Kompliment. »Du bist doch stark genug. Damit wirst du schon fertig.« Aber ich hatte Ursula geraten, Tom zu sagen, was sie wirklich dachte, statt ihn das Thema wechseln zu lassen und ihn dafür zu hassen. Als er also wieder darüber redete, wo sie am besten ihren Urlaub verbringen könnten, brachte sie es fertig zu sagen: »Warum hörst du mir denn nicht zu? Ich mache mir wirklich Gedanken.«

Wir können sagen, daß menschliche Beziehungen, wie Individuen, eine Persönlichkeit haben. Und daß diese Persönlichkeiten in beiden Fällen auf die gleiche Art entstehen. Am Anfang steht ein Gefühl, dann folgen Handlungen, die das Gefühl verstärken und es weiterhin verstärken werden, wenn die Handlungen sich fortsetzen.

Als Ursula zum erstenmal sagte: »Warum hörst du mir denn nicht zu?«, war Tom überrascht. Er hatte gar nicht bemerkt, daß er nicht zugehört hatte. Und er glaubte wirklich, daß Ursula ihr Problem am Arbeitsplatz lösen konnte. Aber das hielt ihn ja auch nicht davon ab, so sagte sie sich, ihr alle *seine* Probleme zu erzählen. Sie saßen die halbe Nacht auf und sprachen darüber. Aber Ursula hatte jetzt wenigstens das Gefühl, daß Tom zuhörte. Und ihre Auseinandersetzung, die Schluß machte mit einem lang etablierten Verhaltensmuster, erwies sich als äußerst positiv für die Ehe und für Ursula.

In all diesen entnervenden Situationen kann das Gefühl vorherrschen, daß das eigentliche Problem tiefer liegt. Der andere geht Ihnen vielleicht aus dem Weg oder hat etwas an Ihnen auszusetzen, weil er sich über eine andere Sache geärgert hat. Fragen Sie ihn, was los ist. Wenn Ihre Beziehung noch eine Chance hat, so ist er verpflichtet, Ihnen zu sagen, was Sie getan haben. Dann können Sie sich entschuldigen, wenn Sie glauben, im Unrecht zu sein (und denken Sie daran, daß der andere genau so wie Sie das Recht hat, bestimmte Dinge irrational abzulehnen), aber hüten

Sie sich davor, sich zu Motiven zu bekennen, die gar nicht Ihrem Gefühl entsprechen. Der andere könnte übertrieben argwöhnisch sein. Tom sagte zum Beispiel zu Ursula, daß er so viel über sich selbst erzählte, weil er glaubte, sie würde auf ihn herabsehen. »Du hältst mich nicht für so gut wie deinen Vater, weil ich nicht so viel Geld verdiene.« Und Ursula, die nie so etwas gedacht hatte, antwortete: »Es tut mir leid, daß du diesen Eindruck bekommen hast«, was völlig richtig war; sie zeigte Anteilnahme, aber nahm nicht unnötigerweise die Schuld auf sich. In jedem Fall haben Sie das Recht, nicht auf eine subtile, irritierende Art für Dinge, die Sie getan haben, bestraft zu werden.

Vielleicht kommt dabei auch das Schlimmste zum Vorschein. Sie entdecken, daß der Mensch, den Sie lieben, keine Liebe mehr empfindet. Das Risiko, dies herauszufinden, müssen Sie auf sich nehmen, wenn Sie Ihren Ärger offen aussprechen. Aber schließlich macht es nicht viel Sinn, weiter mit jemandem zusammen zu sein, dem so wenig an dieser Beziehung liegt, daß er nicht aufhört, Sie zu quälen. Keine Beziehung ist die Qual wert, die ständige Wut über den anderen hervorruft. Und keine Beziehung kann sich richtig entwickeln, wenn Sie nicht den Grund für Ihren Zorn herausfinden und ihn beseitigen.

Manchmal bringt der andere Sie nicht in offene Wut, sondern gibt Ihnen das Gefühl dumpfer Angst. Im folgenden ein paar Beispiele:

1. *Er nimmt Sie nicht ernst.* Sie wollen das vor sich selbst nicht offen zugeben, da Sie schon so lange befreundet sind und so viel Schönes zusammen erlebt haben. Aber er ist über Dinge, die Ihnen wichtig sind, immer leicht hinweggegangen. Vielleicht hat er Ihnen sogar gesagt, daß Sie »sich zu wichtig nehmen« oder »zu empfindlich sind«. Ihre unterschwellige Angst resultiert aus dem Gefühl, daß Sie mißbraucht werden, und wird durch Ihr hartnäckiges Schweigen nur noch verstärkt. Immer, wenn Sie die Zurückweisung Ihrer Gefühle durch ihn hinnehmen, bestärken Sie ihn dadurch nur in seiner Auffassung. Sie weisen sich selbst zurück. Das sollten Sie nicht tun. Reden Sie vielmehr frei heraus. Was Ihrem Gefühl nach wichtig für Sie ist, ist tatsächlich wichtig für Sie. Sie müssen Ihre Wahl treffen: Entweder ändern Sie Ihr

Verhalten so, daß Ihre Hauptanliegen mit denen Ihres Freundes übereinstimmen, oder Sie sagen: Nein, ich habe ein Recht, anders zu sein als er, und er hat die Pflicht, mein Anderssein zu respektieren. Was Sie nicht können (jedenfalls nicht, ohne Angst und möglicherweise Zorn zu empfinden), ist einerseits durch bestimmte Handlungen bestimmte Standards aufrechtzuerhalten und andererseits die gleichen Standards durch Ihre Handlungen zu diskreditieren, indem Sie zum Beispiel aus Angst schweigen, wenn Sie angegriffen werden.

2. Er setzt Sie indirekt herab, beleidigt Sie nicht offen. Denn darauf könnten Sie den Finger legen und es wiederholen, ohne daß er es abstreiten könnte. Ich denke hier an Herabsetzungen, die indirekt genug sind, daß Sie sie verstehen, aber auch darüber hinwegsehen können (hochgezogene Augenbrauen, ein leichter Sarkasmus, ein Kichern). Aber Sie *sollten* nicht darüber hinwegsehen. Nehmen Sie die Beleidigung nicht schweigend hin. Und achten Sie darauf, daß Sie Ihre Antwort so formulieren, daß man sie nicht einfach abtun kann. Wenn der andere die Augenbrauen hochzieht, so sagen Sie zum Beispiel nicht: »Ich sehe schon, du glaubst mir nicht«, sondern »die Art, wie du die Augenbrauen hochziehst, gibt mir das Gefühl, daß du mir nicht glaubst«. Er kann immer jede böse Absicht abstreiten, aber er kann nicht die Tatsache abstreiten, daß er, objektiv gesehen, die Augenbrauen hochgezogen und dadurch ein bestimmtes Gefühl in Ihnen erzeugt hat.

3. Er treibt Sie immer zu Leistungen an. Noch ehe Sie den Raum betreten, in dem sich Jason aufhält, spüren Sie, wie sich Spannung aufbaut. Sie wissen, das Volleyspiel wird gleich beginnen. Die Lösung ist einfach: Spielen Sie nicht mit. Machen Sie sich klar, daß Sie sich zunächst leer, vielleicht sogar dumm vorkommen werden, aber am Ende fühlen Sie sich unendlich besser. Bedenken Sie: Jason bringt es nicht fertig, Bob herauszufordern, aber Bob wirkt alles andere als dumm. Und er wirkt viel weniger ängstlich als Sie oder Jason. Jedesmal, wenn Sie sich von Jason in ein Rededuell verwickeln lassen, verstärkt sich in Ihnen ein ganzer Schwall negativer Motivationen.

4. Er zeigt seine Überlegenheit – wiederum indirekt. Sie sind nicht reich, aber er ist es; im Handumdrehen kommt man in der Unterhaltung immer wieder auf seine Besitztümer zu sprechen. Sie sind nicht verheiratet, aber sie ist es; immer lenkt sie das Gespräch auf die durch nichts zu ersetzenden Freuden des Ehelebens. Sie ist aufs College gegangen, Sie nicht; folglich wollen wir voller Teilnahme das dumme Vorurteil gegenüber Nichtakademikern diskutieren. Sie merken schon, daß Ihnen hier nicht offen ein Hieb versetzt werden soll; es werden nur immer wieder Ihre schwachen Seiten ins Blickfeld gerückt. Wenn Sie das zulassen und auch noch mitmachen, schaden Sie sich nur selbst.

5. Sie hat sich einen geheimen Schlachtplan für Sie zurechtgelegt. Ihre Mutter hat Sie gerade jemandem vorgestellt, und Sie wissen, sie will jetzt, daß Sie über Ihr Stipendium oder Ihre luxuriöse neue Wohnung sprechen. Es ist Ihre Aufgabe, diese Leute zu ehrfürchtigem Staunen zu bringen. Ein anderes Beispiel für einen geheimen Schlachtplan: Der Vizepräsident erzählt Ihnen etwas Unerhörtes über den Büroleiter und bittet Sie dann um Ihre Meinung. Er hofft, daß Sie ihm eine zitierfähige Denunziation liefern. Sie hätten sicher Angst, wenn Sie den Druck zwar spürten, aber nicht wüßten, was von Ihnen erwartet wird. Wenn Sie aber sehen können, worauf der andere hinauswill, wie im Fall Ihrer Mutter, so rührt die Angst aus dem Gefühl, daß Sie eine Gemeinheit begehen könnten. Dies sind klassische Beispiele für Dilemmas, wo Sie in jedem Fall niedergeschlagen sind, ganz gleich, wie Sie sich entscheiden. Unser Prinzip würde Ihnen in diesem Fall folgende Regel an die Hand geben: Sie werden sich am Ende nur noch elender fühlen, wenn Sie aus Rücksicht gegenüber einem anderen sich dazu verleiten lassen, etwas zu tun, was Sie für grundsätzlich falsch oder abstoßend halten.

Der englische Dichter *Richard Lovelace* (1618–1658) hat die Zeilen geschrieben:

Ich könnte dich, mein Lieb, so sehr nicht lieben,
liebt' ich die Ehr' nicht mehr

Darin liegt ein Körnchen Wahrheit: Wenn Sie Ihre Selbstachtung opfern, dann vermindert sich auch Ihre Fähigkeit, das, was Sie haben, richtig auszukosten.

Aus all diesen Beispielen kann man immer die gleiche Lehre ziehen: Am Ende zählt nicht das, was andere Ihnen antun. Andere können Ihnen nur deutlich die Meinung sagen, Sie reizen und Ihnen drohen. Doch allein, was *Sie* selber tun, bestimmt darüber, welche Wirkung andere letztlich auf Sie ausüben. Natürlich bedeutet das nicht, daß es ohne Folgen bleibt, wenn einer auf Sie schießt oder Ihnen Drogen spritzt. Es bedeutet auch nicht, daß nicht allein durch Beweismaterial unpersönliche »Überzeugungen« wie Napoleons Todestag oder die Schmelztemperatur von Zinn geändert werden könnten. (Aber selbst hier hängt Ihre Bereitschaft, die Beweise zu *akzeptieren* von vorhergehenden Handlungen ab, die Ihnen die Überzeugung vermittelt haben, daß die Informationsquelle zuverlässig ist.) Es bedeutet, daß kein Zwang Ihre persönlichen Gefühle und Überzeugungen dauernd zu ändern vermag.

Gefühle wie Wut, Angst, Freude und Bestürzung können in Ihnen manchmal direkt durch die Handlungen eines anderen ausgelöst werden. Entscheidend ist, daß diese Gefühle, wenn sie nicht durch nachfolgende Handlungen am Leben erhalten werden, sofort vom Bildschirm unseres Geistes zu schwinden beginnen. Selbst die Wirkungen der »negativen Verstärkungstherapie«, die man bei Homosexuellen anwendet (hierbei werden sie durch Medikamente veranlaßt, sich beim Anblick des Photos eines nackten Mannes zu erbrechen), beginnen in dem Augenblick zu verblassen, in dem der Betreffende die Klinik verläßt, es sei denn er ginge homosexuellen Kontakten ständig aus dem Wege. Bei Pawlows Hund hört der Speichelfluß bald auf, wenn ihm beim Glockenzeichen kein Futter mehr gegeben wird. Natürlich kann man Sie durch eine schneidende Bemerkung *vorübergehend* in Ärger und Bestürzung versetzten; man kann Ihnen zum Beispiel sagen, daß Sie ein hoffnungsloser Versager sind, und das könnte Sie niederschmettern; aber Sie *bleiben* nur am Boden, wenn Sie daraufhin die Gewohnheit annehmen, sich mit Ihren Handlungen selbst zu verurteilen.

Wenn Sie nichts von Selbst-Erschaffung verstehen, kann es Ihnen passieren, daß jemand, der das Prinzip beherrscht, Sie austrickst. Motive sind selten rein und einfach; sie treten gebündelt auf, und sie haben Folgen. Eine Führerpersönlichkeit kann Sie zum Beispiel überreden, sich einer Bürgerinitiative anzuschließen, die offen dafür eintritt, Leute, die keine Steuern zahlen können, aus Ihrem Wohnviertel zu vertreiben; das vernünftig klingende Motiv führt aber in Wirklichkeit zu einer Reihe von Handlungen, die sich auf die Überzeugung gründen, daß Schwarze in der Nachbarschaft nichts zu suchen haben. Das führt dazu, daß Sie, ohne es zu wissen, ein Vorurteil gegen Schwarze entwickeln. Ein Führertypus sagt zu Ihnen: »Tun Sie das und das, um unser Bank- und Währungssystem zu retten« – und das Ergebnis ist, daß Sie ein Vorurteil gegen Juden entwickeln. Ein anderer Führer sagt: »Brennen Sie diese drei Läden nieder, die halsabschneiderische Preise verlangen.« Alle drei Läden gehören Weißen, und bald sind die Weißen Freiwild. Wir werden dazu verführt, das Gesetz um eines guten Zwecks willen zu umgehen und merken dabei gar nicht, daß wir dabei die Achtung vor dem Gesetz ganz allgemein unterminieren. Wir werden aufgefordert, bestimmte Tatsachen zu unterdrücken, um unseren Führer vor einer unleugbar schändlichen und ungerechtfertigten Verschwörung zu retten; aber dabei wird gleichzeitig die Neigung verstärkt, den Führer gegen jeden Angriff in Schutz zu nehmen. Ein kluger Anführer kann sich jede nur denkbare List ausdenken – Situationen, in denen wir eine unleugbar gute Sache verfolgen –, die uns dazu bringt, Haltungen einzunehmen, für die wir uns niemals entschieden hätten, wenn wir gleich zu Beginn gewußt hätten, was wir uns damit antaten.

In »Wem die Stunde schlägt« erzählt Ernest Hemingway, wie Pablo friedliche Bürger dazu verführt, einen Haß auf Faschisten zu entwickeln. Die Leute kennen zwar einige Faschisten, aber sie kennen sie als Nachbarn oder Landbesitzer, nicht als Feinde. Pablo treibt ein Dutzend Faschisten zusammen, sperrt sie in einen Verschlag, und dann bewaffnet er die Landleute mit Dreschflegeln und Sensen und anderen Geräten. Er stellt sie in zwei langen Reihen zwischen dem Verschlag und dem Rand einer Klippe auf. Dann muß der erste Faschist durch die Reihe der Bauern hindurchgehen. An den ersten geht er vorbei, ohne daß ihn jemand schlägt. Aber schließlich schlägt ihm einer, der als Pächter auf seinem Land gesessen hat, auf den Kopf, und die übrigen schließen sich an. Sie stoßen ihn von der Klippe hinunter. Als der nächste Faschist herauskommt, ist die Bereitschaft zum Prügeln schon größer. Immer mehr Bauern schließen sich an. Bald hassen die Bauern die Faschisten, ganz gleich, was sie auch tun. Sie hassen sie wegen ihres aufrechten Gangs, ihres Schweigens, ihres Redens, ihrer Überheblichkeit, ihres Stolzes, und sie bringen sie mit Genuß um:

Jetzt war Blut an ihren Händen und auf ihrer Kleidung, und jetzt herrschte das Gefühl vor, daß diejenigen, die herauskamen, wirkliche Feinde waren und den Tod verdient hatten.

Hüten Sie sich vor jemandem, der Sie dazu verleiten will, auf ungewohnte Art zu handeln. Machen Sie sich die Wirkung dieses neuen Handelns klar, indem Sie sich über die Motive klar werden. Jede Lebensauffassung entwickelt schnell eine Eigendynamik. Das kann zu einer Gefahr werden, wenn Sie das Selbst-Erschaffungs-Prinzip nicht verstehen. Aber wenn Sie es begriffen haben, dann haben Sie allen Grund zur Hoffnung.

12
Wie man Kritik äußert

Nehmen wir einmal an, es gibt jemanden in Ihrem Leben, der sich so verhält, daß Sie ein Recht zu haben glauben, ihn zu kritisieren. Wie machen Sie das? Im folgenden zitiere ich mit einigen Abänderungen aus einem meiner früheren Bücher, »The Action Approach«.

Kritisieren ist eine Kunst und erfordert Verantwortungsgefühl. Es ist zwar einfach zu sagen: »Sprich nur frei heraus«, viel einfacher jedenfalls, als es zu tun. Und es ist einfacher, frei heraus zu sprechen, als eine Kritik fair, überzeugend und korrekt vorzubringen. Wie jede Kunst, so erfordert auch das Kritisieren Übung, und es mag Ihnen zunächst unnatürlich vorkommen, dabei neue Wege einzuschlagen.

Bei der Beratung von Ehepaaren habe ich in langen Jahren eine Reihe von Anregungen erarbeitet und bin immer wieder erstaunt, wie schnell sie zu besserer Kommunikation führen. Wenn Sie mit einem anderen ständig Streit haben, so rate ich Ihnen, meine Vorschläge auszuprobieren. Vielleicht wollen Sie sie sich nicht zur Regel machen, aber sie werden aller Wahrscheinlichkeit nach in Ihrer Beziehung für eine Weile Frieden stiften. Und Sie haben dann Zeit herauszufinden, welche meiner Anregungen Ihnen nützen. Ich werde Ihnen auch Ratschläge erteilen, wie Sie Kritik entgegennehmen sollten. Wenn derjenige, dem Ihre Kritik gilt, willens ist, diese Ratschläge zu befolgen, wird es für Sie einfacher. Und wenn Sie beide willens sind, sich diese Anregungen wenigstens zu eigen zu machen, dann werden Sie meiner Meinung nach bald einiges über die Ursachen Ihrer Schwierigkeiten erfahren. Vielleicht halten Sie es dann für gut, die hier aufgeführten Regeln generell zu befolgen. Wenn sie Ihnen zur Gewohnheit geworden sind, wird es Ihnen gelingen, viele Verstimmungen gar nicht erst aufkommen zu lassen.

1. Beschweren Sie sich bei demjenigen, der Sie verletzt hat, und nicht bei einem anderen.

2. Kritisieren Sie das Verhalten Ihres Partners nicht vor anderen. Die meisten fassen Kritik als eine persönliche Anfeindung auf. Kritik ist so häufig das Mittel für persönliche Angriffe, daß es nicht überrascht, wenn beides miteinander verquickt wird. Mit der Bereitschaft, ihn vor anderen zu kritisieren, bezeigen Sie Gleichgültigkeit gegenüber den Gefühlen Ihres Partners, und das wird Ihnen mindestens so sehr verübelt wie das, was Sie sagen. Aus Fairneß ihm gegenüber und auch um Ihrer selbst willen sollten Sie, wenn nicht ein besonderer Grund dagegen spricht, abwarten, bis Sie mit ihm allein sind. Ihr Partner hat das Recht, allein durch seine Persönlichkeit auf andere zu wirken, ohne daß Sie Ihre Wertungen dazu beisteuern. Das bedeutet, daß Sie ihm auch dann ein Unrecht zufügen, wenn Sie ihn vor anderen loben.

3. Vergleichen Sie nicht das Verhalten Ihres Partners mit dem anderer Menschen. Wenn Sie zu Ihrer Frau sagen, daß Jane, Ihre frühere Frau, Sie nicht hätte so lange warten lassen, werden Sie mit ziemlicher Sicherheit einen Streit heraufbeschwören. Niemand läßt sich gern sagen, er wäre anderen unterlegen. Vergleiche werden andere fast immer veranlassen, Ihnen nicht zuzuhören, auch wenn Ihre Kritik gerechtfertigt ist.

Im übrigen sind solche Vergleiche irrelevant. Wir sollten den Maßstab für unsere Handlungsweisen nicht dem Verhalten anderer entnehmen, sondern dem, was wir selbst uns zutrauen. Der Versuch, einen anderen dadurch zur Unterwerfung zu zwingen, daß man ihn mit anderen vergleicht, ist völlig verfehlt. Und hüten Sie sich vor versteckten Vergleichen, um Ihrer Enttäuschung Ausdruck zu geben. Sie vergleichen dann den Menschen, der Sie enttäuscht hat, mit seinem besseren Selbst.

4. Äußern Sie Ihre Kritik, sobald Sie können; d. h. sowie Sie mit dem anderen allein sind und Ihre Kritik artikulieren können. Aufschieben erschwert es Ihnen nur, frei über die Sache zu reden. Wenn Sie abwarten, wächst Ihr Ärger, und die Gefahr, unsachlich zu werden, nimmt zu. Wenn Sie jemanden wegen einer Sache kritisieren, die lange zurückliegt, wirken Sie selbstquälerisch und nachtragend, und da dieser Eindruck ja zutrifft, wird dem anderen das Zusammensein mit Ihnen in Zukunft noch mehr Unbehagen verursachen.

5. Wiederholen Sie eine Feststellung nicht ein zweites Mal, wenn Sie sie bereits einmal getroffen haben und der andere schon sorgfältig über sie nachgedacht hat. Das bedeutet, erwarten Sie nicht eine Unterwerfungserklärung, nachdem Sie gesprochen haben. Die Belohnung dafür, daß man Ihrer Kritik geduldig zuhört, sollte darin bestehen, daß man sich die Erörterung des gleichen Vergehens nicht noch ein zweites Mal anhören muß. Entweder rechtfertigt das Verhalten eines Menschen, daß Sie die Beziehung zu ihm abbrechen, oder es rechtfertigt das eben nicht. Wenn nicht, so seien Sie fair! Erinnern Sie ihn nicht immer wieder daran, was er alles falsch gemacht hat, nachdem Sie es einmal erwähnt haben und ihm Ihre Reaktionen mitgeteilt haben.

Ich habe Ehepaare beraten, die sich Jahre lang damit beschäftigt hatten, die Verstöße des anderen gegen die Partnerschaft immer wieder aufzuwärmen. Und sie wiederholten ihre Argumente fast Wort für Wort in meinem Sprechzimmer. Gewöhnlich schlage ich dann ein Übereinkommen vor, wonach jeder so viele Einwände vorbringen kann, wie er will. Aber er darf sie *nur einmal* äußern. Er muß sie innerhalb von vierundzwanzig Stunden, nachdem der andere etwas falsch gemacht hat, artikulieren; die Stoppuhr läuft von dem Augenblick an, in dem die beiden allein sind. In den folgenden Tagen müssen sie den Zeitraum, in dem Einwände gestattet sind, immer mehr einengen, bis sie schließlich nur noch eine halbe Stunde haben. Einwände, die nicht innerhalb der erlaubten Zeit vorgebracht werden, sind null und nichtig. Der Plan hat zwei unmittelbar einleuchtende Vorteile. Er zwingt die Leute, sich zu artikulieren, indem er sie für Ihr Schweigen nicht weiter belohnt. Er gibt Menschen, die nicht sicher sind, ob sie Anstoß erregt haben, die Gewißheit, daß sie nach einer Zeit keine Vorwürfe mehr zu fürchten haben.

Fast immer akzeptieren Leute, die sich gestritten haben, meine Anregung sofort, da sie sich gar nicht darüber klar sind, wie sehr sie bisher darauf angewiesen waren, zu ihrer Verteidigung die Beleidigungen der anderen ihnen gegenüber zu zitieren. Wenn es zwischen ihnen zum Krach kommt, haben sie keine richtigen Waffen mehr. Entweder brechen sie dann ihren Pakt, oder sie warten darauf, daß der andere ihn bricht und treiben ihn mit den üblichen Anspielungen auf frühere Sünden in die Enge. Dieser Versuchung zu widerstehen, verlangt Übung. Wenn es allerdings zwei Menschen gelingt, im Streit nicht immer wieder die Vergangenheit aufzuwärmen, dann entdecken sie häufig, daß ihnen gar nicht genug Stoff bleibt, um einen Streit bis weit in die Nacht hin fortzuführen.

6. Wenden Sie sich nur gegen Verhaltensweisen, die der andere ändern kann. Ihre Kommentare sind nur dann konstruktiv, wenn sie sich auf ein Verhalten beziehen, das der andere abstellen kann. Sie können zum Beispiel den anderen bitten, nicht zu schreien; aber wenn Sie ihn auffordern, nicht wütend auf Sie zu sein, dann verlangen Sie wahrscheinlich zu viel. Ich bitte Patienten, die eine Sonnenbrille tragen, diese in meinem Sprechzimmer abzunehmen; und zwar zu ihrem und meinem Besten, denn ich kann einen besseren Kontakt zu anderen herstellen, wenn ich ihre Augen sehe. Aber da Nervosität oft der Grund ist, weshalb die Leute mit einer Sonnenbrille in meine Sprechstunde kommen, ist es sinnlos, sie aufzufordern, sie sollten sich entspannen.

Denken Sie auch immer daran, daß Sie nur ganz bestimmte Verhaltensweisen kritisieren sollten. Sie können zum Beispiel Ihren Partner bitten, eine neue Brille zu kaufen, aber Sie dürfen ihn nicht kritisieren, weil seine Sehkraft mit den Jahren abnimmt. Sie können ihm Vorwürfe machen, daß er überall im Haus schmutzige Kleidungsstücke herumfliegen läßt, aber nicht, daß er körperlich zu klein geraten ist. Wenn Sie eine Sache nicht durch einen Willensakt ändern können, haben Sie kein Recht, sie zu kritisieren.

7. Drücken Sie Ihre Kritik durch Worte, nicht durch Mienenspiel aus. Ein Gähnen hat schon manche Party beendet, und ein vorwurfsvoller Blick wie aus Hundeaugen hat schon so manchen Ehemann verunsichert, ohne daß er wußte, was er falsch gemacht hatte. Es gibt Chefs, die geradezu Experten darin sind, tief betrübt dreinzuschauen, wenn am Ende eines langen Tages selbst die eifrigsten Angestellten Anstalten treffen, nach Hause zu gehen. Wenn sie an einem solchen Chef vorbei zur Tür gehen, dann sieht er sie an, als hätten sie ein Herzensbündnis gebrochen.

Ein bestimmter Gesichtsausdruck kann manche Menschen dazu bringen, etwas zu tun, was sie eigentlich gar nicht tun wollen. Aber wir sehnen uns nicht gerade danach, Menschen zu begegnen, die uns durch Seufzer oder tief enttäuschte Gesichter in die Enge treiben wollen. Da die Opfer solchen Mienenspiels selten die dahinterstehende Taktik erkennen, erscheint sie denen, die sie anwenden, überaus nützlich. Nach einer Weile allerdings verlieren sie das Gefühl dafür, wie ihr Mienenspiel auf andere wirkt, und die Leidensmiene wird ihnen zur zweiten Natur.

Unser Mienenspiel zeigt, was in unserem Innern vorgeht. Es kann reich und vielfältig sein, aber es wird einförmig und öd, wenn wir damit Botschaften ausdrücken, die wir nicht recht in Worte fassen mögen.

8. Beschränken Sie Ihre Kritik jeweils auf nur einen Punkt. Wenn Sie zu viele Punkte kritisieren, dann demoralisieren Sie den anderen, und Ihr Hauptanliegen bleibt möglicherweise unklar. Mäkeln Sie nicht über den Teppichboden in Ihrem Zimmer, wenn Sie ins Zimmer Ihres Chefs stürmen, um eine wohlverdiente Gehaltsaufbesserung zu fordern. Wenn der Preis von Auslegware zum Hauptthema wird, sind Sie selbst unzufrieden; und Ihr Chef bekommt vielleicht das Gefühl, er braucht nicht mehr zu tun, als Ihnen einen neuen Teppichboden zu versprechen.

9. Schicken Sie Ihrer Kritik keine langen Vorreden voraus. »Hör mal gut zu. Es gibt da etwas, was ich dir schon lange habe sagen wollen. Vielleicht verletzt es dich tief, aber sei mir bitte nicht böse, wenn ich dir sage . . .« »Ich will dir etwas sagen, und das ist zu deinem eigenen Besten. Hör jetzt einmal gut zu, was ich dir sagen werde . . .« Können Sie sich eine schlechtere Einleitung vorstellen? Statt Ihren Zuhörer gegen den Schmerz, den Sie ihm zufügen werden, immun zu machen, stechen Sie ihn mit Ihrer Injektionsnadel förmlich tot. Durch solche Einleitungen geben Sie ihm und auch sich selbst das Gefühl, daß Ihre Kritik monströs ist, und daß er wahrscheinlich nicht in der Lage sein wird, Ihre Kritik so gleichmütig aufzunehmen, wie Sie sie vorbringen. Durch Einleitungsreden dieser Art werden vielleicht genau so viele Leute erschlagen wie durch die eigentliche Kritik.

10. Entschuldigen Sie sich nicht hinterher für Ihre Kritik. Wenn Sie jemandem sagen, daß es Ihnen leid tut, mit ihm nicht einer Meinung zu sein, so entschuldigen Sie sich damit für Äußerungen, die Sie nach bestem Wissen und Gewissen vorgebracht haben. Wenn Sie sich bei ihm entschuldigen, so ist das, als bäten Sie ihn, Sie zu stützen, damit Sie nicht unter dem Streß der Meinungsverschiedenheit mit ihm zusammenbrechen. Damit belasten Sie ihn nur unnötig; Sie stellen dabei Ihr eigenes Licht unter den Scheffel und werden nur unsicherer, ob Sie überhaupt ein Recht hatten, so etwas zu sagen.

11. Hüten Sie sich vor Sarkasmen. Verachtung und Angst sind die Motive, die zu Sarkasmen führen. Ihre Verachtung wird den anderen dazu veranlassen, nichts auf Ihre Äußerungen zu geben, und da Sie sich entschieden haben, ihm nicht direkt entgegenzutreten, verstärken Sie nur Ihre Angst vor ihm. Ein Sarkasmus ist immer heuchlerisch, ganz gleich, wie geschickt Sie ihn formulieren. Sarkastische Menschen haben keine Würde. Sie sind Feiglinge.

12. Fragen Sie andere nicht, wieso sie etwas tun, was Sie ablehnen. Bitten Sie sie vielmehr, damit aufzuhören, wenn es das ist, was Sie eigentlich sagen wollen. »Warum fällst du mir immer ins Wort?« »Warum legst du die Füße auf meinen Sessel?« Es ist zwar irgendwie klar, daß der Sprecher wünscht, der Angesprochene möge mit einem bestimmten Verhalten aufhören. Wahrscheinlich fühlt er sich nicht stark genug, seine Bitte offen zu äußern. Er tut vielmehr so, als wollte er die Sache wissenschaftlich erforschen. Eine solche Frage ist schlimmer als eine ungenau formulierte Bitte. Für den Betreffenden wäre es einfacher, sein Verhalten zu ändern als nach seinen Motiven zu suchen und sie Ihnen genau darzulegen. Viele Menschen betrachten eingehende Fragen nach ihren Motiven als unverschämtes Eindringen in ihre Privatsphäre.

13. Notfalls proben Sie Ihre Kritik, bevor Sie sie aussprechen.

14. Diskutieren Sie nicht lang und breit die möglichen Motive des anderen, wenn Sie sein Verhalten kritisieren. Sagen Sie ihm einfach, was er da tut, und, wenn es relevant ist, warum Sie glauben, daß er das nicht tun sollte. Ich gebe Ihnen ein paar Beispiele für Äußerungen, die abzulehnen sind, da sie irrelevante Spekulationen über die Motive des Kritisierten enthalten:

> »Du *legst es darauf an,* mich nie ausreden zu lassen.«
> »Dir *ist es ja gleichgültig,* wie lange ich auf dich warte.«
> »Mach bloß nicht den *Versuch,* mich in Wut zu bringen.«

Wenn Sie aufhören, bei anderen den Psychoanalytiker zu spielen und ihnen, statt eine Diagnose zu stellen, einfach sagen, wie Sie sich durch ihr Verhalten gekränkt fühlen, werden sie Ihnen viel williger zuhören. Mit den oben erwähnten Äußerungen gehen Sie nur ein unnötiges Risiko ein. Falls Ihr Zuhörer nämlich meint, Ihre Spekulation über sein Motiv sei falsch, veranlassen sie ihn, Ihre eigentliche Kritik nicht zu beachten.

Äußerungen wie die obigen sind irritierende Eingriffe in die Privatsphäre Ihres Zuhörers. Es gibt kaum jemanden, der nicht unterscheiden kann zwischen »Bitte, unterbrich mich nicht« und »Du legst es darauf an, mich nie ausreden zu lassen«.

Seien Sie auf der Hut, Folge und Absicht durcheinanderzubringen. Die Tatsache, daß Ihnen jemand auf den Fuß tritt, bedeutet noch nicht, daß er die Absicht hatte, Ihnen weh zu tun. Es kann durchaus Absicht gewesen sein, aber es muß nicht. Es ist gefährlich, wenn man anderen eine unheimliche Macht zuschreibt, die sie angeblich zu unserem Schaden nutzen werden. Es war genau diese Unterstellung, die man in früheren Jahrhunderten machte, um die Dämonen- und Hexenverbrennungen zu rechtfertigen.

15. Vermeiden Sie Worte wie »immer« und »nie«, sie sind zu sehr auf die Vergangenheit bezogen. Wenn Sie bei Ihrer Kritik um der Betonung willen übertreiben, so geht das auf Kosten der Korrektheit, und Sie berauben sich all ihrer psychologischen Vorteile.

16. Wenn Sie dem anderen niemals etwas Freundliches sagen, so erwarten Sie nicht, daß er für Ihre Kritik aufgeschlossen bleibt. Es soll einmal ein kleines Mädchen gegeben haben, das mit acht Jahren noch nicht sprechen konnte. Ärzte, Sozialarbeiter und Psychiater wurden zu Rate gezogen, konnten den Grund aber nicht finden. Aber eines Tages beim Frühstück schrie sie plötzlich: »Die Hafergrütze ist klumpig.« Als man sie fragte, warum sie nie gesprochen habe, antwortete sie, daß ja bisher alles in Ordnung gewesen sei.

Seien Sie nicht wie dieses kleine Mädchen. Kritik wirkt besonders laut und nachhaltig, wenn man nichts anderes hören läßt. Wenn Sie manchmal kritisieren möchten, so sind Sie verpflichtet, dem anderen bei Gelegenheit auch einmal etwas Nettes zu sagen. Und ich rate Ihnen, es sich zur Gewohnheit zu machen, anderen dafür zu danken, wenn sie sich Ihre Kritik angehört haben.

13
Wie man Kritik aufnimmt

Ihr ganzes Leben sind Sie auf die Kritik anderer angewiesen; besonders auf die Kritik jener, die Ihnen wohlgesinnt sind. Sie wissen, daß Sie nicht unfehlbar sind; aber wenn Kritik Sie sehr verletzt, tun Sie vielleicht so als ob. Ihr persönliches Glück hängt jedoch davon ab, ob Sie es lernen, Kritik zu ertragen – zu Ihrem eigenen Besten und dem der anderen.

Selbst wenn es jemanden in Ihrem Leben gibt, der voller Fehler steckt und der regelmäßig mit Ihnen aneinander gerät, lassen Sie sich nicht dazu verleiten, deshalb etwa Ihre eigene Vollkommenheit herauszustreichen oder gar daran zu glauben.

Da jeder Fehler macht, muß man lernen, wie man sich in solchem Fall verhält. Wenn man das nicht lernt, wird man Kritik wahrscheinlich aus dem Weg zu gehen suchen. Aber sobald man einer Sache aus dem Weg geht, beginnt man auch schon, sie zu fürchten.

Die wenigsten wollen freiwillig Kritik hören. Viele kennen ein paar Tricks, mit denen man jede Kritik abbiegen kann. Sie haben eine panikartige Furcht, irgend jemand könnte etwas an ihnen auszusetzen haben. Wegen dieser Angst vermeiden sie alle Situationen, in denen sie auf Kritik stoßen könnten. Sie nehmen zum Beispiel eine für sie viel zu simple Arbeit an, oder sie suchen sich einen Liebhaber, der viel zu wenig von ihnen verlangt. Auf diese Weise entgehen ihnen nicht nur wertvolle Erfahrungen, auch die Kritik hätte nützlich sein können. Einige von uns geben das mehr oder weniger halbherzig zu, indem sie jede Kritik abwehren, aber insgeheim doch darauf hören. »Sei nicht albern, Jack, das nimmt mir doch keiner übel, wenn ich zwei Stunden

Mittagspause mache.« Doch irgendwie fangen Sie an, die Mittagspause zu verkürzen. Nur beim nächsten Mal hat Jack vielleicht schon keine Lust mehr, Ihnen seine Meinung zu sagen oder überhaupt mit Ihnen zu sprechen, weil er ja fürchten muß, daß Sie ihm eine schnippische Antwort geben. Wenn Sie Kritik fürchten oder sie krumm nehmen, so kann das Ihre Freunde verprellen, ganz abgesehen davon, daß Sie sich dadurch um nützliche Ratschläge bringen.

Darin liegt ein gutes Stück Ironie. Sie fürchten, daß Ihre Fehler Sie um Liebe und Erfolg bringen werden, und so versuchen Sie, sie zu verbergen. Und dieses Täuschungsmanöver verstärkt nur wieder Ihre Furcht. Wir sehen also, wie auch bei der Furcht vor Kritik paranoide Elemente am Werk sind. Sobald Sie jemanden sagen hören: »Übrigens, Sie haben einen Fehler gemacht . . .«, sind Sie sicher, daß er Sie durchschaut und alle Ihre heimlichen Fehler kennt. Wenn der Krittler ein Freund ist und die Freundschaft zerbricht, werden Sie wahrscheinlich diesen Fehlern die Schuld an dem Zerwürfnis geben. Obwohl eher Ihre Art, Kritik abzuwehren, dafür verantwortlich zu machen ist. Solange Sie Kritik aus dem Wege gehen, befinden Sie sich wie in einem Teufelskreis. Der nächste Freund, der eine kritische Bemerkung macht – und sei sie noch so mild und harmlos –, erscheint Ihnen plötzlich als Widersacher.

Es gibt nur eine Möglichkeit, aus diesem Teufelskreis herauszufinden: Fangen Sie an, sich der Kritik zu stellen, ja sie zu ermuntern. Es reicht nicht, wenn Sie sich vorreden, daß Sie das nächste Mal darauf hören werden. Sie müssen lernen, die vielen Taktiken zu erkennen, die Sie sich angeeignet haben, um nicht zuhören zu müssen. Zum Beispiel:

1. Schreien Sie einen Kritiker nicht an, um dann aufzustehen und wegzugehen.

2. Fallen Sie ihm nicht ins Wort, um ihn zu widerlegen.

3. Unter keinen Umständen sollten Sie den Spieß umdrehen – in dem Versuch, ihn als Richter zu disqualifizieren. »Das mußt gerade du sagen! Wie war das denn, als du . . .« Korrigieren Sie auch nicht seine mangelhafte Grammatik oder unwichtige kleine Irrtümer.

4. Machen Sie aus der Angelegenheit keine Tragödie. Fangen Sie nicht an zu jammern: »Ich bin nichts wert«, »bei mir geht immer alles daneben«.

5. Ziehen Sie sich nicht aus der Affäre unter dem Vorwand, für Kritik emotional nicht stark genug zu sein. Erwecken Sie nicht den Eindruck, daß der andere Ihnen den Mumm nimmt. Seien Sie kein Papiertiger.

6. Machen Sie nicht einen anderen für Ihre Handlungen verant-wortlich. »Wenn du mich nicht gebeten hättest, mit dir zu dieser Party zu gehen, hätte ich heute nachmittag nicht so viel Geld für Kleidung ausgegeben.«

7. Wechseln Sie nicht das Thema, als hätten Sie die Kritik nicht gehört.

8. Wiederholen Sie nicht immer wieder, daß es Ihnen leid tut, ohne zu erkennen zu geben, daß Sie die Kritik verstanden haben. Diese Taktik verrät Geschick.

Der Kritiker ist sicher, daß Sie nicht auf ihn hören, aber es fällt ihm schwer, etwas zu sagen, solange Sie sich so eifrig entschuldigen.

9. Bringen Sie das Gespräch nicht auf die Gründe, warum Sie so handelten. Auch diese Taktik hat es in sich. Im Augenblick denkt Ihr Kritiker zwar, daß Sie sich mit seiner Kritik auseinan-dersetzen, aber sehr bald hat er das unbestimmte Gefühl, daß er Sie anscheinend gar nicht erreicht hat.

10. Kritisieren Sie nicht die Reaktionen des anderen auf Ihr Ver-halten. Sagen Sie zum Beispiel nicht, er sei überempfindlich, oder man könne ihm nichts recht machen. Seine Reaktion steht nicht zur Debatte.

11. Machen Sie keine Witze. Albernheiten werden von vielen zu Recht als Verächtlichmachung aufgefaßt und wirken immer verletzend.

12. Lassen Sie nicht durchblicken, daß Ihr Kritiker ein anderes Motiv für seine Kritik hat und Ihnen feindlich gesonnen ist. Wenn Sie fragen, warum der andere Ihr Verhalten kritisiert, setzen Sie sich in Wirklichkeit nicht mit seiner Kritik auseinander. Wenn überhaupt, so sollten Sie erst später danach fragen. Vielleicht kennt er sein Motiv überhaupt nicht. Das nimmt ihm aber noch nicht das Recht, Ihr Verhalten zu kritisieren.

13. Karikieren Sie die Kritik nicht. Wenn jemand sagt, daß Sie *gedankenlos* handelten, unterschieben Sie ihm nicht, er habe gesagt, Ihr Verhalten sei *gemein*, um sich dann gegen Anschuldigungen zur Wehr zu setzen, die er gar nicht gemacht hat. Wenn er übertreibt, so gehen Sie auf seine Übertreibungen nicht ein, und nehmen Sie sie nicht wörtlich. Wenn Sie einen absichtlich übertriebenen Vorwurf wörtlich nehmen, so tun Sie ihn damit praktisch als substanzlos ab.

Erinnern Sie sich, wie es war, als man Sie das letzte Mal kritisierte, und passen Sie beim nächsten Mal auf. Welchen Vermeidungstrick wenden Sie an? Machen Sie es sich zur Regel, von jetzt an keinen einzigen mehr zu benutzen, und probieren Sie statt dessen die folgenden Techniken aus. Denken Sie daran, daß es zunächst schwer sein wird, mit lieben Gewohnheiten zu brechen, aber sobald Sie darauf verzichten, Ihre Verteidigungstricks anzuwenden, werden Sie sich stark genug dafür fühlen.

1. Hören Sie sich zunächst den Kritiker einmal an, ohne etwas zu sagen. Entmutigen sie den Kritiker nicht durch Ihren Gesichtsausdruck oder durch Körpersignale. Sehen Sie ihm direkt ins Gesicht, um auszudrücken, daß Sie willens sind, seine Kritik anzunehmen.

2. Formulieren Sie die Kritik (in Gedanken) noch einmal neu, so daß Sie etwas damit anfangen können. Wenn sich der Kritiker über Sie lustig macht, weil Sie arm sind oder Akne haben, so ist seine Kritik natürlich wertlos. Aber ehe Sie zu diesem Schluß kommen, überlegen Sie sich, was Sie bis zum nächsten Mal freiwillig ändern könnten.

3. *Nutzen Sie Ihre Intelligenz, um die Kritik treffend zu formulieren und nicht, um sie zu verschleiern.* Bertrand Russell hielt einmal einen Vortrag an der Columbia University und beantwortete anschließend Fragen seiner Zuhörer. Auf die Frage eines Studenten fiel ihm keine Antwort ein. Eine Minute lang sagte er nichts, hielt die Hand ans Kinn und dachte nach. Dann sah er den Studenten an, formulierte die Frage noch einmal neu und präzisierte sie. Er fragte den Studenten: »Würden Sie sagen, daß das noch Ihre Frage ist?«, und der Student antwortete erfreut: »Ja.« Wieder dachte Lord Russell nach, diesmal noch länger, nickte mit dem Kopf und setzte zweimal zum Sprechen an. Dann sah er zu dem Studenten hin, der in einer hinteren Reihe saß, und sagte: »Das ist eine sehr gute Frage, junger Mann. Ich glaube nicht, daß ich sie beantworten kann.« Die Demonstration eines Genies, wie man seine Intelligenz anwendet, um einen möglichen Fehler in seiner Argumentation zu finden! Seine Belohnung: Er entdeckte den Fehlschluß. Der Student, der die Frage gestellt hatte – ein angehender Philosophielektor – war hinterher der große Held. Ich erinnere mich, wie er, umgeben von Kollegen, mit zufriedenem Lächeln das Auditorium verließ. Aber hätte auch er fertiggebracht, was Lord Russell konnte? Und wieweit besteht Genie nicht überhaupt aus Fähigkeiten, wie sie hier von Lord Russell demonstriert wurden?

4. *Versuchen Sie, den Kritiker höflich zu fragen, was Sie hätten anders machen können, und warum das besser gewesen wäre.* Fragen Sie das nicht, um ihn auszutricksen, sondern um ihn besser zu verstehen und vielleicht Ihr Verhalten zu ändern, wenn Sie nach objektiver Wertung zu dem Schluß gekommen sind, daß das besser wäre.

5. *Werden Sie sich darüber klar – auch wenn der Kritiker es Ihnen nicht sagt –, welchen Schaden das kritisierte Verhalten ange-*

richtet hat – für Sie, Ihren Kritiker oder jemand anderen. (Wenn Sie *nichts* finden können, dürfte die Kritik übertrieben sein. Ich werde später noch ausführen, wie Sie das feststellen können.)

6. Ob Sie nun die Kritik annehmen oder nicht, geben Sie Ihrem Kritiker zu verstehen, daß Sie ihn gehört und verstanden haben. Wiederholen Sie die Kritik mit Ihren eigenen Worten – reden Sie nicht einfach nach, was er gesagt hat. Wie ein Papagei die Worte des Kritikers zu wiederholen, ist ein beliebtes Mittel, so zu tun, als hätte man hingehört, wenn das gar nicht der Fall ist.

7. Achten Sie darauf, wie Ihr Kritiker seine Gefühle zum Ausdruck bringt. Wie er Ihrer Ansicht nach gefühlt haben sollte, oder wie Sie gefühlt haben würden, ist dabei gleichgültig. »Es tut mir leid, daß du dich allein und verlegen fühltest, als du im Restaurant auf mich wartetest. Ich kann verstehen, daß das scheußlich war.«

8. Wenn Sie glauben, daß die Kritik nicht gerechtfertigt ist, sagen Sie das erst, nachdem Sie sie angehört haben, und beachten Sie dabei die hier aufgeführten Regeln. Vielleicht tut es Ihnen zumindest leid, daß Ihr Kritiker in einer unangenehmen Situation war. Auch wenn es seine eigene Schuld war, daß er eine Stunde zu früh im Restaurant eintraf, war das Ganze für ihn doch sehr unerfreulich. Aber jetzt haben Sie auch eine Chance, die Situation klarzustellen und zu sagen, wie sie zustande kam.

9. Wenn Sie zugeben, im Unrecht gewesen zu sein, und wenn Sie willens sind, den Fehler möglichst nicht zu wiederholen, so entschuldigen Sie sich. Aber nur einmal, höchstens zweimal. Bitten Sie nicht immer wieder um Verzeihung. Die Demütigung, die darin liegt, könnte Ihre Furcht vor Kritik eher vergrößern als beschwichtigen.

10. Wenn nur wenige Menschen es wagen, Sie zu kritisieren – entweder weil Sie ein hohes Tier sind, oder weil man weiß, daß Sie dann unangenehm werden –, so tun Sie alles, um diese wenigen zu ermutigen. Seien Sie jedem dankbar, der Ihnen eine ehrliche Kritik anbietet.

Vielleicht könnten Sie diese Liste noch ergänzen. Und wahrscheinlich würden Sie dabei noch einiges mehr über Ihre Ängste erfahren. Wenn Sie Kritik anhören, so stellen Sie sich folgende Fragen: »Welche meiner Schwächen wird hier offengelegt?« »Wie geht es jetzt weiter – wie wird mich mein Kritiker hinterher behandeln?« »Erinnert mich dieser Zwischenfall irgendwie an meine Vergangenheit? Wenn ja, wieviel hilfloser war ich damals im Gegensatz zu heute?«

Als Catherines Mann Doug ihr sagte, sie habe einen Gast auf ihrer Party verletzt, hatte sie das sichere Gefühl, daß ihr Mann sie nicht mehr liebte. Das Gefühl verstärkte sich noch, als sie nicht mehr wagte, ihn anzuschreien oder aus dem Zimmer zu rennen. Sie fragte sich nach dem Grund und erkannte, daß sie ihre Rolle in der Ehe immer als die der perfekten Gastgeberin verstanden hatte. In den sechs Ehejahren mit Doug hatte sie sich niemals einen von ihr ausgehenden gesellschaftlichen Mißgriff vorstellen können. Seither hat sie gelernt, daß das gar nicht so schlimm ist, und daß es eigentlich nur darauf ankommt, sein Bestes zu tun.

Es lohnt sich besonders, Kritikern gegenüber aufgeschlossen zu sein, die nichts zu gewinnen, möglicherweise aber etwas zu verlieren haben. Eine Operationsschwester, die neu in ihrer Stelle ist, sagt dem berühmten Chirurgen zum Beispiel, daß eins seiner Instrumente nicht steril ist. Ein Freund, der genau weiß, daß Sie in diesem Punkt empfindlich sind, meint, daß Sie riskant fahren. Ob diese Leute nun im Recht oder Unrecht sind – möglicherweise konnten sie die Sache ja auch nicht völlig überblicken –, ihre Absichten sind wahrscheinlich positiv zu werten. Sie versuchen, Sie vor Schaden zu bewahren.

Das ist die Kritik, die Sie brauchen. Entziehen Sie sich ihr also nicht, auch wenn der Kritiker in einem bestimmten Punkt irrt. Ein andermal könnte er ja etwas bemerken, was Sie übersehen haben.

Stan, ein erfolgreicher junger Vertreter, suchte mich auf, weil ihn sein Erfolg nervös machte. Vor allem aber auf Kritik reagierte er nervös. Er war so gut vorangekommen, und er wußte, daß er das nicht verdiente . . . Kritik bedeutete also, daß der Kritiker ihn durchschaute. Als er nach wenigen Monaten seine alten

Vermeidungstaktiken einer Revision unterzogen hatte, fürchtete er nicht mehr, daß jeder Kritiker ihm diese häßliche Wahrheit an den Kopf werfen wollte. Eigentlich glaubte er schon gar nicht mehr an die häßliche Wahrheit. Nur eins machte ihm noch zu schaffen.

»Der Mann, mit dem ich zusammenarbeite, kritisiert mich *ständig.* ›Wo hast du denn diesen Akzent aufgeschnappt? Wer hat dir deine Manieren beigebracht?‹ und so weiter. Ich kann das nicht mehr aushalten. Er will mir gar nicht helfen – und ich glaube auch nicht, daß es mir hilft, mich einfach damit abzufinden.«

Stan hat Recht. Einige Leute, die Sie kritisieren, lassen nur ihre Frustration oder ihre Eifersucht an Ihnen aus. Und Sie sind natürlich nicht die Fußmatte von Leuten, die auf Ihnen herumtrampeln wollen. Aber wie wir gesehen haben, sollte man Kritik nicht einfach scheuen. Man sollte vielmehr lernen, welche Rechte man hat – und welche nicht.

Solange Sie Kritikern keine Chance geben, solange Sie herumbrüllen, schreien, angreifen und um nichts in der Welt zuhören wollen, können Sie sie nicht gut bitten, Ihnen eine Chance zu geben, Ihnen nur konstruktive und vernünftige Argumente anzubieten. Aber wenn Sie erst einmal willens sind, in der oben beschriebenen Art Ihre Kritiker zu Wort kommen zu lassen, sind Sie auch berechtigt, Ihrerseits bestimmte Forderungen zu stellen.

Bestehen Sie vor allem darauf, daß sich die Kritik auf Dinge, die Sie tun, beschränkt – daß sie sich nicht auf Eigenschaften oder Tatsachen richtet, die außerhalb Ihrer Macht stehen. Sie sind keinesfalls verpflichtet, sich Kritik an Ihrer Körpergröße, Ihrem Alter oder Ihrer Rasse anzuhören. Wenn Sie lernen, Kritik zu tolerieren, dann müssen Sie gleichzeitig die Furcht *ver*lernen, von Ihren Kritikern in Stücke gerissen zu werden. Vielleicht hilft es Ihnen zu wissen, daß die meisten Kritiker so etwas auch gar nicht beabsichtigen, und daß diejenigen, die das doch tun, im Unrecht sind.

Versuchen Sie als nächstes, Ihren Kritiker dazu zu bringen, sich auf einen einzigen Punkt zu beschränken und nicht gleich eine ganze Liste vergangener Missetaten aufzuzählen, um das

Argument zu untermauern. Es ist viel leichter, auf Kritik zu hören, wenn man sich nicht einen langen hoffnungslosen Katalog all seiner Fehler anhören muß, und ein wohlmeinender Kritiker sollte das auch akzeptieren.

Bitten Sie schließlich auch Ihren Kritiker, sein Argument nicht zu wiederholen, wenn Sie einmal zu erkennen gegeben haben, daß Sie ihn verstanden haben. Auch können Sie Ihren Kritiker bitten, Sie nicht in aller Öffentlichkeit zu kritisieren.

Alle diese Bitten sind berechtigt. Es kann aber sein, daß Sie damit nicht durchkommen. Wenn zum Beispiel Ihr Chef in der Halle steht und Ihnen dreimal sagt, wie Sie sein Projekt ruiniert haben, so können Sie dagegen nicht viel unternehmen. Sie können sich höchstens sagen, daß er Sie ja eigentlich gar nicht kritisiert, sondern angreift und wahrscheinlich nur seinen Streß an Ihnen abreagiert. Selbst wenn er das erste Mal recht hatte, ist er beim dritten Mal im Unrecht. Schmähreden dieser Art haben mit Kritik wenig zu tun, sie sagen vielmehr etwas über den Charakter Ihres Bosses aus. Und wenn sich solche Szenen oft wiederholen, dann sehen Sie sich vielleicht am besten nach einer neuen Stelle um.

Böswillige Kritiker kann man daran erkennen, wie sie – nachdem Sie ihnen zugehört haben – auf Ihre Bitte reagieren, sich genauer auszudrücken und sich zu mäßigen. Wenn Sie ihre Kritik akzeptiert haben und sie sich trotzdem weigern, Ihnen Ihre Fehler zu vergeben, dann waren diese Fehler gar nicht das eigentliche Problem. Solche Kritiker sind nur mißgünstig Ihnen gegenüber und vielleicht gegenüber jedermann. Solange Sie Kritik akzeptieren, können Sie sich sagen, daß Sie Kritikern die nötige Aufgeschlossenheit entgegenbringen, und es ist deren eigenes Problem, wenn sie darauf nicht entsprechend reagieren.

Achten Sie aber auch darauf, daß Sie anderen nicht genauso mitspielen. Kritisieren Sie sie nicht aus unsachlichen Beweggründen – um Ihre Überlegenheit zu zeigen oder Ihren Ärger an jemandem auszulassen, der gar nichts damit zu tun hat. Man wird nur schwer einsehen, daß Kritisieren und Verunglimpfen nichts miteinander zu tun haben, auch wenn man selbst sie miteinander verquickt.

Wann hat Sie das letzte Mal jemand kritisiert? Wenn es schon eine Weile her ist, sind Sie wahrscheinlich vor Kritik auf der Hut gewesen – und haben dadurch Ihre Angst verstärkt. Fassen Sie also den Entschluß, das nächste Mal bereitwillig zuzuhören. Wenn Sie erst einmal herausgefunden haben, daß Kritik weder Ihr Selbstvertrauen noch Ihr Vorwärtskommen noch Ihre Freundschaften zerstört, wird sie sich auf alle drei nur positiv auswirken.

14
Freunde und Liebhaber: Acht Fragen, die Sie sich stellen sollten

Bis jetzt habe ich darüber gesprochen, wie Sie sich zu der Person machen, die Sie sind, und wie Sie sich ändern können. Aber kann das Prinzip auch Ihr Verhältnis zu anderen Menschen reicher, ehrlicher und befriedigender gestalten?

Ja, denn unsere Gefühle gegenüber anderen werden jedesmal verstärkt, wenn wir etwas tun, was durch diese Gefühle ausgelöst wird. Wenn Sie jemanden nicht ausstehen können, dann werden Sie ihn nur noch mehr verachten, wenn Sie ihn herabsetzen und versuchen, seinen Ruf zu ruinieren. Wenn Sie jemanden lieben und liebevoll an ihm handeln, fördern Sie damit diese Liebe und lassen sie nur noch größer werden. Wenn Sie jemandem vertrauen, so werden Sie bald glauben, daß er Vertrauen verdient, falls er nicht etwas ganz Extremes unternimmt. Wenn Sie dagegen versuchen, ihn zu überwachen, werden Sie immer mißtrauischer, wenn nicht wirklich alles für seine Unschuld spricht. In vielen Beziehungen bedeutet es den Anfang vom Ende, wenn ein Partner anfängt, heimlich Negativpunkte niederzuschreiben und ein Dossier zusammenzustellen. Ich würde auch nicht empfehlen, Pluspunkte in einem Dossier zusammenzufassen. Aber wer über einen anderen etwas Freundliches niederschreibt, wird sich mit größerer Wahrscheinlichkeit freundlicher verhalten als einer, der etwas Negatives vermerkt. Wenn die Beziehung im Grunde genommen stimmt und man sich nur gerade in einer schwierigen Phase befindet, sind günstige Dossiers immer besser als unfreundliche; sie haben allerdings weniger dokumentarischen Wert, sondern sind als positive Handlungen einzuschätzen.

Man könnte endlose Beispiele anführen. Wer anderen mit

Achtung begegnet, gewinnt die Überzeugung, daß Menschen – man selbst eingeschlossen – Respekt und Achtung verdienen.

»Doch jeder Mann tötet das, was er liebt«, schrieb Oscar Wilde. Wir wissen nicht immer, *wie* wir unsere Liebe zeigen, *wie* wir jedermann mit Achtung begegnen können. Oder wir machen uns gar nicht klar, welche Auswirkungen unsere Handlungen für uns selbst und für unser Verhältnis zu anderen haben.

Monat für Monat erscheinen neue Bücher und Zeitschriftenartikel, die Ratschläge erteilen, wie man seine partnerschaftlichen Beziehungen gestalten soll. Wie man andere dazu bringen kann, einen zu respektieren, am Arbeitsplatz zu fördern, sexuell attraktiv zu finden oder zu lieben. Der Erfolg wird an der Reaktion gemessen, die man hervorruft – ob es Ihnen also tatsächlich gelingt, andere dazu zu bringen, Sie zu respektieren, beruflich zu fördern usw. Sie sollten lernen, zu verstehen, was andere dazu veranlaßt, positiv auf Sie zu reagieren, so daß Sie sich in der für Sie günstigsten Form präsentieren können.

Aber die Reaktion der anderen ist längst nicht so wichtig wie Ihre eigene Reaktion. Das Prinzip der Selbsterschaffung ist allgegenwärtig und wirkt sich bei jeder Ihrer Handlungen aus. Alles was Sie tun, um andere dazu zu bringen, Sie zu respektieren und Ihnen das zu geben, was Sie von ihnen haben möchten, formt auch mit an Ihrem Selbstverständnis. Das bedeutet, daß Sie Erfolg haben können – Sie können zum Beispiel die Bewunderung eines anderen auf sich ziehen – und sich am Schluß doch dafür hassen.

Die Vorstellung, daß unser Selbstverständnis auf der Einschätzung der anderen basiert, ist viel zu lange kritiklos hingenommen worden. Wir alle kennen Menschen, die erfolgreich sind und überall geachtet werden, aber sich dennoch selbst verachten. Manche begehen aus diesem Grunde Selbstmord. Und dann gibt es andere, die nur wenige Freunde, aber viele Feinde haben und es dennoch schaffen, sich ihren Optimismus und ihr Selbstvertrauen zu erhalten.

Günstige Beurteilungen durch andere sind wertlos, wenn man sie nicht akzeptieren kann – wenn man sich selbst geringschätzt. Und eine habenswerte Stelle oder ein begehrenswerter Liebhaber können Sie nicht wirklich glücklich machen, wenn Sie privat irgendwelchen Kummer haben. Wie wir gesehen haben, kann man im Verlauf einer Beziehung (und oft im Glauben, etwas für sie zu tun) ein ernstes persönliches Problem wie Depression oder Paranoia schaffen. Es gibt Taktiken, die die Bindung, die sie eigentlich besiegeln sollten, geradezu zerstören.

Wenn Sie etwas zugunsten einer Beziehung tun und sich dafür insgeheim verachten, werden Sie letztlich dieser Beziehung schaden. Sie sind verärgert, oder der andere verliert die Achtung vor Ihnen, oder Sie bekommen es mit der Angst, daß die Beziehung sich vielleicht gar nicht lohnt. So oder so wird Ihr Unbehagen die Beziehung beeinträchtigen. Und dazu brauchte es eigentlich gar nicht zu kommen. Sie müßten nur herausfinden, wie Ihre Handlungen auf Sie selbst wirken – und wie sie Ihre Einstellung gegenüber Menschen, an denen Ihnen liegt, beeinflussen. Dabei sollten Sie sich diese acht Fragen stellen:

1. Lege ich mir in dieser Partnerschaft zu starke Beschränkungen auf? Sie hören zum Beispiel auf, bestimmte Freunde zu sehen oder aufzusuchen, bestimmte Dinge zu tun, Themen zu erwähnen, die für Sie weiterhin von Wichtigkeit sind. Sie tun dies aus Liebe oder Rücksichtnahme – Sie wollen dem anderen nicht mißfallen. Aber Sie fühlen sich betrogen. Sie kommen dem anderen mehr entgegen als Sie wollen, und eines Tages werden Sie sich deswegen deprimiert oder gereizt oder verärgert fühlen. Sie erzeugen in sich selbst ein Gefühl der Spannung und empfinden Ihre Beziehung als zerbrechlich. Beides ist tödlich.

2. Handle ich gegenüber dem anderen so, daß ich ihn oder sie schließlich nicht mehr ausstehen kann? Vielleicht belügen Sie Ihren Partner: »Ich werde den ganzen Nachmittag zum Einkaufen sein«, und in Wirklichkeit gehen Sie ins Kino. Die Lüge hat Auswirkungen auf Sie selbst – Sie entwickeln Angst- oder Schuldgefühle –, aber sie wirkt sich auch auf Ihre Einstellung gegenüber Ihrem Partner aus. »Mensch, ist der leichtgläubig – jetzt fällt er schon zum dritten Mal auf diese Einkaufsgeschichte herein. Er muß ja blöd sein – oder es ist ihm auch egal.«

Selbst kleine Lügen können Ihre Einstellung gegenüber einem andern verändern. Zum Beispiel schwor einer meiner Bekannten, das Rauchen aufzugeben. Er und seine Frau zählten die Tage, seit er die letzte Zigarette geraucht hatte, und gingen jede Woche zum Essen aus, um das Ereignis zu feiern. Sie fühlten sich wie zwei Kampfgenossen, die einen großen Sieg errangen. Aber dann fing er wieder an zu rauchen und beschloß, ihr nichts davon zu sagen. Er versuchte sich einzureden, sie sei ein harter und engstirniger Mensch, darauf aus, ihm seine Privilegien zu rauben. So wies er ihr die Rolle einer unangenehmen Autoritätsperson zu und brachte sich dazu, sie immer weniger leiden zu können. Denn durch Lügen verstärkt man die Vorstellung, man würde von seinem Partner verachtet, falls er oder sie wüßte, wie man wirklich ist.

3. Mach ich den anderen lächerlich? Vielleicht sind Sie unglücklich darüber, daß Sie und Ihre Frau nur wenig Schulbildung oder ein kleines Einkommen haben. Wenn Sie mit Leuten zusammen sind, die Sie beeindrucken wollen, kritisieren Sie vielleicht Ihre Frau – setzen sie herab oder entschuldigen sich um ihretwillen. Was zwei Folgen hat: Erstens verstärken Sie bei sich selbst das Gefühl, daß Ihr Handicap sehr schwerwiegend ist; und zweitens führt der Versuch, die eigenen Schwierigkeiten in Verachtung gegenüber einem anderen Menschen umzumünzen, dazu, in ihm ein Symbol für alles Negative in Ihrem Leben zu sehen.

4. Gebe ich wegen dieses Menschen vor, ein anderer zu sein als ich wirklich bin? Vielleicht versuchen Sie, sehr emanzipiert zu wirken. Sie äußern Ansichten über Sex, die Ihnen in Wirklichkeit Unbehagen bereiten. Oder Sie machen mit, wenn der andere etwas tut, was Sie eigentlich für unfair halten. Er wählt sich Snobs als Freunde oder lacht über Leute, die im Unglück sind, und Sie tun so, als stimmten Sie ihm zu, um eine Auseinandersetzung zu vermeiden. Das Vortäuschen falscher Tatsachen wirkt sich immer negativ aus, auch wenn Sie anfangs scheinbar einen Gewinn davontragen (Sie wirken attraktiver oder gehen einer Unannehmlichkeit aus dem Weg).

5. Stelle ich den anderen auf ein Piedestal? Sie halten ihn für unfehlbar. Sie glauben, daß ihn jedermann für attraktiv, witzig und beeindruckend halten muß. Sie sind sich dessen so sicher, daß Sie nur selten Ihre wirklichen Gefühle überprüfen. Und so sind Sie mehr darauf aus, ihn groß aufzubauen als sich selbst gegenüber ehrlich zu sein. Am Ende bedeutet das, daß Sie ihn dazu auffordern, sich Ihnen gegenüber in einer Weise zu verhalten, die sowohl schädlich ist für sein Bild von Ihnen wie für Ihr eigenes Bild von sich selbst.

6. Übe ich auf den anderen einen Druck aus, sein normales Leben zu ändern? Wünschen Sie, daß er mit Freunden Schluß macht, die Sie nicht leiden mögen, oder daß er mit Ihnen in den Bridge-Club geht, obwohl er niemals etwas für das Spiel übrig gehabt hat? Oder sich anders zu kleiden, anders zu reden, eine bessere Stelle zu suchen? Wenn der andere Ihnen nachgibt, ohne es wirklich zu wollen, werden sich in ihm wahrscheinlich Ressentiments ansammeln.

Es gibt Ratschläge – zum Beispiel Rachels Rat an Phil, mit der Angeberei aufzuhören –, die außerordentlich nützlich und für die Partnerschaft vielleicht entscheidend sind. Sie sollten solche Ratschläge nicht unterdrücken. Aber denken sie immer daran, daß mit ihnen ein Risiko verbunden ist. Sie verstärken die Vorstellung, daß Ihr Partner, so wie er ist, nicht gut genug für Sie ist.

7. Gestatte ich dem anderen, mich schlecht zu behandeln, im Glauben, daß das ja nichts zu sagen hat, wenn die Beziehung sonst gut ist? Ihre Freundin ist taktlos; sie macht sich vor anderen über Sie lustig. Sie wollen die Sache nicht aufbauschen und lassen das Ganze über sich ergehen. Dabei bedenken Sie nicht, daß sie sich auf diese Art dazu bringt, die Achtung vor Ihnen zu verlieren. Henry Ford hat einmal gesagt: »Ein Mann wird Ihnen niemals vergeben, was er Ihnen Böses getan hat.« Und Sie unterminieren auch Ihr eigenes Wertgefühl, wenn Sie sich so verhalten, als wäre es ganz in Ordnung, Sie lächerlich zu machen.

8. Lege ich an das Verhalten meines Partners andere Maßstäbe als an mein eigenes? Ihr Mann wird wütend, wenn Sie ihn bei der Arbeit unterbrechen oder seinen Ansichten widersprechen.

Aber wenn Sie sich wehren, falls er Ihnen das gleiche antut, so macht er sich über Ihre Überempfindlichkeit lustig. Oder vielleicht sind Sie diejenige, die Rücksichtnahme verlangt, aber selbst keine zeigt. In beiden Fällen infizieren Sie Ihr Verhalten mit Ressentiments, und Sie bestärken sich in der abwertenden Vorstellung, daß Sie nicht beide die gleiche Achtung verdienen.

Zusätzlich zu diesen acht Punkten fragen Sie sich auch noch: »Inwiefern benehme ich mich anders oder rede ich anders, wenn ich mit einer bestimmten Person (Chef, Freund, Liebhaber) zusammen bin, als wenn diese Person nicht da ist?« Die Antwort gibt Ihnen wichtige Hinweise auf Kompromisse, die Sie eingehen oder Tricks, die Sie anwenden oder Vorwände, die Sie vorschützen.

Jedes Ja auf die obigen acht Fragen ist ein Warnsignal; es bedeutet, daß Sie durch Ihr Verhalten sich selbst verletzen und Ihre Liebe und Ihr Vertrauen zu dem anderen möglicherweise beeinträchtigen. Das stimmt auch dann, wenn die Beziehung sehr gut zu laufen scheint, und selbst wenn Außenstehende Sie für ein perfektes Paar halten.

Versuchen Sie die Sache einmal so zu sehen. Am Anfang sind diese Schwierigkeiten wahrscheinlich nicht so schlimm. Wenn Sie darüber sprechen, wenn sie es sich zur Gewohnheit machen, vernünftige Kritik zu geben und auch anzunehmen, haben Sie eine gute Chance, daß Sie und Ihr Partner mit Ihren Problemen fertig werden. Und mehr als eine gute Chance. Aber wenn Sie den Problemen lieber aus dem Wege gehen, verschlimmern Sie sie nur. Mit der Zeit erscheinen sie Ihnen wichtiger, komplizierter und beängstigender als nötig. Und Sie harmonieren immer weniger mit dem Menschen, mit dem Sie dieses Problem teilen.

Hier gilt die Regel, daß alle Handlungen, die dazu tendieren, bei *Ihnen* negative Gefühle auszulösen – Wut, Depression, Selbstverachtung usw. – auch der Partnerschaft nicht gut tun. Alles was ich in diesem Buch darüber gesagt habe, wie wichtig es ist, *niemals* aus Angst heraus zu handeln, gilt besonders im Umgang mit einem Menschen, den Sic lieben. Eine Liebe ist ein zu wertvoller Teil Ihres Lebens.

15
Liebe

Sie wissen selbst, wie das ist, wenn man verliebt ist; Sie haben es sicher oft erlebt. Ein Gefühl der Freude hat Sie gepackt, nicht nur an dem Menschen, den Sie lieben, sondern an allen Menschen, an sich selbst, am Leben. Plötzlich finden Sie alles, was es gibt, schön und aufregend. Und Sie haben keine Angst, Ihrer Liebe Ausdruck zu geben; leidenschaftlich, sanft, mit Worten oder auch schweigend. Sie fühlen sich stark, großmütig und durch und durch lebendig.

Aber immer passiert dann etwas. Vielleicht hatten Sie dieses Gefühl nur für ein paar Minuten oder ein paar Wochen – bis Sie den geliebten Menschen mit einem anderen fortgehen sahen. Oder Sie liebten jemanden, der dann starb. Oder vielleicht machten Sie auch die Erfahrung, daß Ihre Liebe nicht lange andauerte.

Jetzt haben Sie mehr oder weniger aufgegeben. Sie scheinen zwar Liebesbeziehungen zu haben, sind verheiratet oder haben einen Liebhaber, lieben Ihre Freunde, Ihre Eltern, Ihre Kinder – so wie Sie jeden anderen Menschen auch lieben. Doch in Wirklichkeit sind Sie irgendwann zu stark verletzt, verwirrt oder enttäuscht worden. Sie sind einfach nicht bereit, sich noch einmal so uneingeschränkt zu engagieren.

Einige von uns sind absichtlich so. Wir sind verletzt worden, also haben wir uns eingeredet, nicht mehr an die Liebe glauben zu können. »Was soll es auch?« Wir haben uns entschlossen, nicht mehr mitzuspielen und praktisch zu denken. Unsere Freunde müssen einen »Nutzen« für uns haben, unsere Ehen müssen »vernünftig« sein. Liebe, so haben wir erkannt, ist nur für Kinder da – und wir werden allmählich erwachsen und stellen uns den Realitäten.

Andere wieder möchten gern lieben, aber können anscheinend ihre Gefühle nicht richtig ausdrücken. Celia zum Beispiel erzählte mir, daß es für ihren Mann Harold das Wichtigste auf der Welt war, seine Enkelkinder zu sehen. Wenn er wußte, daß sie zu Besuch kamen, war er den ganzen Tag glücklich und voller Eifer. »Wo bleiben sie nur?« fragte er alle fünf Minuten, wenn sie sich einmal verspäteten. Aber sobald alle da waren, ging er ins Haus und überließ es Celia, sie zu begrüßen. Wenn die Kinder allein im Hof spielten, beobachtete er sie durch das Fenster; wenn sie ins Haus kamen, redete er kaum mit ihnen. Celia erklärte dann, daß er viel Arbeit gehabt habe und müde sei. Und Harold fragte sich jedesmal, warum er sich nach jedem Besuch so deprimiert fühlte.

»Warum macht er das bloß?« wurde Celia von ihrem Sohn gefragt. »Er regt sich auf, wenn wir nicht zu Besuch kommen, und dann redet er nicht einmal mit uns.«

Harold tut das, weil er – wie er denkt – keine andere Wahl hat. Er ist alt; was kann er diesen Kindern schon sagen, die sechzig Jahre jünger sind als er? Was könnte er mit ihnen gemeinsam haben? Er kann doch mit ihnen nicht im Hof Fangen spielen ...

Alle, die nicht wissen, wie sie lieben sollen – und die meisten könnten da noch hinzulernen –, haben ihre Entschuldigungen und schieben alles auf ihr Schicksal. »Ich habe eben nicht den Richtigen gefunden.« »Alle laufen mir wieder weg.« »Immer, wenn ich mich für jemanden interessiere, finde ich heraus, daß er schon jemand anders hat.«

Aber es ist nicht das Schicksal, das uns die Liebe unmöglich macht; es ist unsere eigene Einstellung: gegenüber der Liebe, anderen Menschen und uns selbst. Und diese Einstellung kann, wie jede andere Einstellung, durch Handeln verstärkt werden.

Wie man in sich selbst Liebe erweckt

Handeln Sie liebevoll, wenn Sie Liebe fühlen. Wir alle bringen einem andern irgendwann einmal Liebe oder Warmherzigkeit entgegen. Aber wir handeln nicht entsprechend. Und schon ist das Prinzip am Werk: Jedesmal, wenn wir unsere Liebe nicht zum Ausdruck bringen, wächst unsere Furcht, sie zu zeigen oder auch nur daran zu glauben. Aber wir können diese Entwicklung auch umdrehen. Wenn wir uns nur dazu bringen können zu lieben, wenn wir wirklich Liebe empfinden, so können wir uns lehren zu schenken, zu nehmen und ohne Furcht zu sein.

»Wenn wir Liebe fühlen« – darauf allein kommt es an. Unser Prinzip besagt, daß wir unsere Motive durch unser Tun verstärken. Das bedeutet, daß ich mich nicht dazu bringen kann, jemanden zu lieben, den ich jetzt nicht ausstehen kann, indem ich einfach so handle, als liebte ich ihn. Aber ich kann eine Liebe, die ich bereits fühle, durch mein Handeln intensivieren.

So beginnen Sie am besten mit jemandem, den Sie lieben – oder manchmal lieben. Er kann Ihr Mann sein oder ein Liebhaber oder ein Verwandter oder ein alter Freund, der sich freut, Sie zu sehen. Es bedarf nur einer Voraussetzung – daß es Augenblicke gibt, in denen Sie gegenüber dieser Person Liebe empfinden. Und jetzt sollten Sie sich daran begeben, diese Gefühle zu intensivieren, statt sie zu unterdrücken. Mit Schicksal hat das alles nichts zu tun. Wie Wordsworth einmal gesagt hat

Und du mußt ihn lieben, eh' er dir
wird wert erscheinen deiner Liebe.

Was aber, wenn Sie nicht einmal genau wissen, ob Sie diesen Menschen lieben? Dann denken Sie ein paar Minuten nach. Stellen Sie sich die Welt ohne ihn vor. Sie werden ihn nie wiedersehen. Was haben Sie ungesagt gelassen? »Danke.«? »Es tut mir leid«? »Ich liebe dich«? Was wird Ihrem Leben von jetzt an fehlen? Das Lächeln Ihres Freundes? Die schöne gemeinsame Zeit? Seine Gesellschaft, Intelligenz, seine Sinnlichkeit, Hoffnung, Energie? Finden Sie es selbst heraus. Wenn Sie diesen Menschen überhaupt lieben, werden Sie eine Menge Antworten finden.

Und sich nur die Zeit zu nehmen, darüber nachzudenken, was man an einem Menschen schätzt, kann schon der Anfang zu einer stärkeren Liebe sein.

Liebe kann man am besten durch Liebeshandlungen stärken. Eine Liebeshandlung ist eine Handlung, die nur um der Liebe willen geschieht – der reine Ausdruck von Gefühlen, die auf keine Weise verschleiert werden. Jeremy rief während der Arbeitszeit seine Frau an, wenn er gerade besonders herzlich an sie dachte. »Ich wollte nur mal eben deine Stimme hören. Hast du gerade etwas Zeit, mit mir zu sprechen?«

Das war eine Liebeshandlung. Sie war ehrlich, direkt, herzlich. Vergleichen Sie damit, wie Alan seine Frau anruft: »Hallo! Ich wollte nur mal eben fragen, ob alles in Ordnung ist.« Alan hat sich seiner Frau seit einiger Zeit entfremdet und versucht, ihr wieder näher zu kommen. Aber das möchte er natürlich bei seinem Anruf nicht zugeben. Seine Motive sind auch nicht ganz klar: Er möchte zwar seiner Frau eine gewisse Herzlichkeit zeigen, aber dabei auf keine Weise aus seiner Reserve heraustreten. So bleibt sein Ton unpersönlich, ein wenig herablassend. Und seine Angst vor Gefühlskontakten – die dazu führen könnten, daß er seine Reserviertheit verliert – verstärkt sich noch durch sein Handeln.

Nehmen Sie einmal an, Sie kaufen jemandem ein Geschenk. Wenn Sie es ihm geben, so könnten Sie sagen: »Ich hab das für dich gekauft, weil ich dachte, du hättest Verwendung dafür.« Sie könnten aber auch – falls es wahr ist – sagen: »Ich hab das für dich gekauft, weil ich dich so fabelhaft finde.« Wenn beides stimmt, hat die zweite Äußerung doch den Vorteil, daß sich mit Sicherheit Ihre Liebe verstärkt.

Wir machen aus allen möglichen Gründen Geschenke, und jede Art Äußerung hat wahrscheinlich ihre Berechtigung. Aber der reine Ausdruck eines Gefühls – vorausgesetzt das Gefühl ist wirklich da – hilft, die Liebe zu stärken. Wenn Sie jemanden lieben und es nicht sagen, betrügen Sie nicht nur den anderen; Sie betrügen auch sich selbst um die Fähigkeit, Gefühle zu empfinden.

Wenn Sie wissen möchten, was Sie dem anderen über Ihre Liebe sagen wollen, fragen Sie sich wiederum, was Ihnen fehlen würde, wenn der andere nicht mehr da wäre. Versuchen Sie, Ihre Gefühle möglichst genau auszudrücken. Das erfordert vielleicht etwas Überlegung; die meisten von uns sind gar nicht daran gewöhnt, ihre Liebe in Worte zu fassen. Aber *suchen* Sie das rechte Wort: eine aufrichtige Äußerung Ihres Gefühls. Sagen Sie sich eventuell Ihre Äußerung erst einmal vor, zum Beispiel: »Wenn mich dieses Gefühl überkommt, werde ich sagen . . .« Dann, wenn der rechte Augenblick gekommen ist, sagen Sie es. Wagen Sie es ruhig. Sie werden sich verletzlicher als sonst fühlen, aber Ihr Gefühl der Liebe wird stärker sein.

Harold, der oben erwähnte Großvater, wurde mit seinem Problem stufenweise fertig. Zunächst sprach er zu seinen Enkeln, nicht unbedingt, um Gefühle zu äußern, sondern um sich nicht völlig zurückzuziehen. Dann überlegte er, was er mit seinen Enkeln gemeinsam unternehmen konnte. Er sagte zu den Kindern: »Ich kenne eure Spiele zwar nicht, aber wir wollen etwas suchen, was wir alle spielen können.« Und schließlich fügte er hinzu: »So daß ich mich nicht so ausgeschlossen fühle.« Nach mehreren Besuchen brachte er es fertig, bei ihrer Ankunft zu sagen: »Ich habe euch vermißt.« Und dann sprach er auch über andere Gefühle und Erlebnisse.

Eine Äußerung, die zeigt, wie Sie in der Vergangenheit *gefühlt haben* (z. B. »Ich habe euch vermißt«), hilft Ihnen nicht so gut, die Angst vor der Liebe zu überwinden, wie eine Äußerung, die zeigt, was Sie *in diesem Augenblick* fühlen: »Ich mag euch sehr gern.« Aber vielleicht ist es anfangs leichter, in der Vergangenheit zu sprechen. Es lohnt sich – jeder Ausdruck warmherziger Gefühle kann Ihnen helfen, einen Anfang zu machen. Die folgenden Anregungen werden mit Gewißheit Ihre Liebe verstärken:

1. Machen Sie etwas Besonderes aus einer Handlung, die Sie und Ihr Partner sonst nur mechanisch vornehmen. Nehmen Sie zuerst etwas, worüber Sie wenig nachdenken und was Sie schnell erledigen: zum Beispiel das gemeinsame Frühstück oder die Diskussion des Tagesablaufs oder Sex. Nehmen Sie sich etwas mehr Zeit – doppelt so viel oder sogar mehr. Legen Sie etwas mehr hinein. Das ist gut für die Partnerschaft und gut für Ihre Einstellung gegenüber der Liebe: Wenn Sie sich die Zeit dafür nehmen, dann verstärken Sie das Gefühl, daß Liebe etwas Wertvolles ist.

2. Geben Sie dem Menschen, den Sie lieben, etwas Vergängliches. Etwas, was der andere gern hat. Vielleicht denken Sie, daß es Geldverschwendung ist, Blumen zu kaufen oder einen Spielautomaten zu füttern. Aber das stimmt nicht. Es ist ein Geschenk für Sie beide. Wenn Sie etwas für Ihren Partner tun wollen, geben Sie Ihr Geld für diese kleinen Dinge aus – nicht für ein Buch, von dem Sie denken, daß er es lesen sollte.

Das bedeutet nicht, daß Sie Ihre Liebe zerstören, wenn Sie auch einmal ein nützliches Geschenk kaufen. Aber versuchen Sie, hin und wieder ein wenig unpraktisch zu sein; es kann Ihnen helfen zu verstehen, daß Liebe schon ein Wert an sich ist – selbst wenn nichts dabei herauskommt.

3. Drücken Sie Ihr Gefühl durch Berührung aus. Viele von uns scheuen sich, andere zu berühren, außer als Aufforderung zum Sex. Das bedeutet, daß wir ein wenig gehemmt sind, unsere Gefühle auszudrücken. Sex ist etwas Schönes, aber achten Sie darauf, daß Sie den Menschen, den Sie lieben, auch berühren, um ganz einfach Ihre Zuneigung auszudrücken.

4. Hüten Sie sich davor, Ihrem Partner eine Rolle zuzuweisen, die es Ihnen erschwert, ihn zu lieben. Roy macht seine Frau immer zur Aufsichtsperson. Sie muß ihm sagen, wenn er auf einer Party genug getrunken hat oder wenn es Zeit ist, nach Hause zu fahren. Er verhält sich wie ein Teenager und weist seiner Frau die Rolle der aufgebrachten elterlichen Autorität zu – was seine Liebe zu ihr nur unterminieren kann.

Sie können jemanden nicht richtig lieben, wenn Sie ihn zu Ihrem Gewissen machen. Angela schämte sich, weil sie zu dick war, aber ihren Freunden erklärte sie die Situation etwas anders: »Ich muß eine Diät machen, oder mein Mann wird mich verabscheuen.« So fing sie an, übelnehmerisch gegenüber ihrem Mann zu werden (»Warum kann er mich nicht so lieben, wie ich bin?«), wo in Wirklichkeit sie diejenige war, die sich an dem Übergewicht stieß. Beachten Sie, daß dies etwas ganz anderes ist als wenn Sie versuchen, sich zu verbessern, um Ihren Partner zu erfreuen; den Unterschied erkennen Sie daran, ob Sie ihm gegenwärtig aktive Mißbilligung unterschieben oder nicht; wenn Sie etwas tun, um dem anderen Freude zu machen, schaffen Sie Wärme; wenn Sie es aber tun, um seiner Mißbilligung zu entgehen, dann schaffen Sie Furcht.

5. *Denken Sie nach über die Fehler des anderen, die Sie am meisten stören. Dann fragen Sie sich:* »*Habe ich die gleichen Fehler oder fürchte ich, in ähnliche zu verfallen?*« Wenn ja, dann setzen Sie sich erst einmal mit Ihrem eigenen Problem auseinander. Schon ehe Sie zu einer Lösung kommen, kann diese ehrliche Selbstprüfung Sie frei machen, den anderen zu lieben.

Max haßte es, das Gesicht seiner Frau anzusehen, als sie älter wurde. Er glaubte, er würde ewig leben, und ihre Falten erinnerten ihn daran, daß das nicht möglich war. Indem er ständig über ihre Kleider, ihr graues Haar, ihr Make-up herzog, zerstörte er nach und nach seine Liebe zu ihr. Erst als ihm klar wurde, daß er selbst Angst vor dem Älterwerden hatte – und als er begann, etwas gegen diese Furcht zu unternehmen –, war er wieder fähig, sie zu lieben.

6. *Vor allem unternehmen Sie gemeinsam etwas (am besten mehreres) – etwas, das Sie gern tun, wenn der andere dabei ist.* Was es ist, spielt keine Rolle: Ein Picknick, ein Ausflug, ein Theaterabend, ein Scrabblespiel zu Hause. Versuchen Sie, sich an Dinge zu erinnern, die Sie einmal gern zusammen gemacht haben – und wiederholen Sie sie, auch wenn Sie glauben, daß Sie es eigentlich nicht können. Versuchen Sie, sich gegenseitig in einem besseren Licht zu sehen und Freude und Erfüllung mit dem Beisammensein zu assoziieren. Beobachten Sie, was Sie tun, wie frei Sie sich fühlen, wenn Sie glücklich miteinander sind, und sei es auch nur für einen Nachmittag. Und tun Sie in gleichem Geist auch noch anderes gemeinsam.

Dies sind nur Vorschläge, die eigentlichen Worte und Handlungen, durch die Sie Ihre Liebe ausdrücken, sind nur dann wirklich gut, wenn sie aus Ihnen selbst kommen. Ihr gefühlsmäßiges Engagement wird für Originalität sorgen. Das Wichtigste ist zu *handeln*; warten Sie nicht nur auf zärtliche Augenblicke, um sie dann passiv vorbeigehen zu lassen. Sie können beim Hören alter Schallplatten ganz sentimental werden, aber das allein wird Sie nicht zur Liebe befähigen, wenn Sie nichts tun, um dieses Gefühl zu verstärken. Wie Shakespeare gesagt hat »Denn jene lieben nicht, die ihre Lieb' nicht zeigen«. Um zu lieben, müssen Sie Ihre Liebe in Aktivität verwandeln.

Aber ich habe Angst . . .

Alte Gewohnheiten kann man nur schwer ablegen. Wenn Sie nicht gewohnt sind, Warmherzigkeit offen zu zeigen, sind Sie wahrscheinlich zu schüchtern dazu. Sie kommen sich töricht vor, verletzbar, fühlen sich nicht wohl in Ihrer Haut. Es ist nicht einfach, zu einem Freund während eines langen Beisammenseins am Nachmittag zu sagen: »Ich bin gerne mit dir zusammen.« Es stimmt – und es würde mit ziemlicher Sicherheit wichtiger für Sie beide sein als alles, was Sie sonst gesagt haben. Aber es ist erstaunlich schwierig, so etwas zu sagen.

Wenn Sie anfangen, gegen Ihre alten Gewohnheiten anzugehen, setzen Sie neue Ängste in Bewegung. Sie werden Ihnen wertvolle Informationen vermitteln, wenn Sie sie untersuchen. Auch aus diesen Ängsten können Sie mit Hilfe der Vergrößerungsmethode lernen. Sie können herausfinden, *warum* Sie sich fürchten zu lieben – sei es nun diese Person oder ganz allgemein zu lieben. Und Sie können diese Furcht nun überwinden.

Wenn Sie Angst haben, Ihre Liebe auszudrücken, stellen Sie sich folgende Fragen:

1. Was verliere ich, wenn ich diesen Menschen nicht liebe?
2. Welche schlimmen Geheimnisse verrate ich über mich selbst?
3. Welche Macht verleihe ich diesem Menschen, indem ich mich ihm gegenüber auf diese neue Weise ausdrücke?
4. Wie kann dieser Mensch mir schaden?
5. Inwiefern handle ich töricht, diesen Menschen zu lieben?

Mit anderen Worten, wovor fürchten Sie sich? Sie könnten entdecken, daß Sie folgendes fürchten:

1. Betrogen zu werden. Sie fürchten, daß Ihr Vertrauen enttäuscht wird, wenn Sie Ihre tiefe Zuneigung zeigen. Dieser Mensch könnte Forderungen an Sie stellen, Ihr ganzes Leben bestimmen – oder er könnte Sie völlig verlassen.

2. Sich lächerlich zu machen. Sie können so nicht sprechen. Es kommt Ihnen albern vor. Sie sind sicher, daß der andere über Sie lachen wird.

3. Zurückgewiesen zu werden. Warum sollte es einen anderen kümmern, was Sie fühlen. Wie können Sie überhaupt wagen zu denken, daß irgend jemand Sie lieben könnte.

4. Einen Verlust ertragen zu müssen. Wenn Sie jemanden, den Sie lieben, verlieren, werden Sie darunter leiden. Die Vorstellung, daß er sie verläßt – oder gar stirbt – kommt Ihnen unerträglich vor. Es erscheint Ihnen besser, lieber gar nichts zu erleben als das Risiko eines solchen Schmerzes auf sich zu nehmen.

5. »Dahinzuschmelzen«. Wenn Sie Zärtlichkeit ausdrücken, haben Sie das Gefühl zusammenzubrechen. Sie werden Ihre Freiheit verlieren, Ihre Individualität, vielleicht sogar die Gewalt über Ihre Arme und Beine. Sie lösen sich auf, schmelzen dahin, sind nicht mehr die gleiche Person.

Woher rühren diese Ängste? Sehr wahrscheinlich stammen sie aus Ihrer Vergangenheit – aus irgendeinem Erlebnis, das Sie vor langer Zeit hatten und das Sie in ein Trauma verwandelt haben. Sie fürchten, betrogen zu werden. Vielleicht hat Sie irgend jemand, zum Beispiel Vater oder Mutter, in der Vergangenheit betrogen. Oder jemand hat Sie lächerlich gemacht oder Ihnen den Rücken gekehrt. Fragen Sie sich, wer in Ihrer Vergangenheit Sie so behandelt hat, daß Sie sich jetzt fürchten, noch einmal das gleiche zu erleben.
Beschreiben Sie in Worten die Angst, die sich gewöhnlich ein-

stellt, wenn Sie Liebe ausdrücken. Halten Sie die Beschreibung so klar wie möglich. Versuchen Sie, Ihre geheimsten Befürchtungen zu verstehen, zum Beispiel, daß Sie »dahinschmelzen« werden oder daß die Liebe enden wird. Seien Sie darauf gefaßt, daß Sie das nächste Mal, wenn Sie im Begriff stehen, jemanden zu lieben, eine warnende Stimme hören werden, die Sie zur Umkehr auffordert. »Sag dieser Frau nicht, daß du sie liebst.« »Handle nicht wie ein Idiot.« »Du wirst seine Achtung verlieren.« »Sie wird sterben.« Beachten Sie diese Warnung nicht. Sie rührt aus Ihrer Vergangenheit her, die sich ja nicht wiederholen muß. Wenn Sie Ihr Bestes tun, um Ihre Liebe trotz Ihrer Ängste auszudrücken, werden Sie finden, daß diese Ängste nachlassen. Es gibt keine Garantien. Aber die Bereitschaft, eine Bindung ohne Garantie einzugehen, macht Liebe gerade so kostbar.

16
Mehr Spaß
am Sex

Wenn Sie mehr vom Sex haben und ein besserer Liebhaber werden wollen, können Sie sich nicht einfach auf die sexuellen Techniken konzentrieren. Sie müssen Ihre Gefühle zum Thema Sex
– Ihre *sexuelle Einstellung* – genauer untersuchen. Wie alle Einstellungen, so wird auch diese durch die Art Ihres Handelns lebendig erhalten. Und nicht nur durch die Art, wie Sie mit einem
Liebhaber umgehen. Durch die vielen Entscheidungen, die Sie
im Laufe Ihres Lebens treffen, können Sie sich für Sex empfäng-
lich machen – oder auch nicht. Sie machen aus sich ein sexuelles
Wesen oder ein nichtsexuelles.

Forschungsergebnisse über den Sexualtrieb bestätigen unser
Prinzip der Selbsterschaffung. Wenn Sie sich überhaupt sexuell
betätigen, dann stärken Sie damit auch Ihren Sexualtrieb.

Aber Sex, wie alles andere, tendiert dazu, seinen Wert zu verlieren, wenn Sie ihn nicht ausüben. Nicht sofort. Aber wenn Sie
über mehrere Jahre anderen Dingen vor dem Sex den Vorzug
geben, nimmt Sex immer weniger Platz in Ihren Gedanken ein.
Beachten Sie, daß ich sagte »den Vorzug geben«. Wenn Sie nur
durch Mangel an Gelegenheit keinen Sex haben, kann sich Ihr
Trieb auch verstärken. Je wichtiger Sie den Sex nehmen, desto
wichtiger wird er auch.

Aber das bedeutet nicht, daß Sie sich zum Sex zwingen sollten,
um Ihren Trieb stark zu erhalten. Das funktioniert nicht. Indem
Sie dem falschen Motiv nachgeben, können Sie die Freude am
Sex verlieren oder ihn Ihr ganzes Leben lang in enge Grenzen
verweisen.

Was ist das falsche Motiv beim Sex? Alles, was darauf abzielt,

142

anderen zu gefallen – ob das nun die Gesellschaft ist oder Ihr Partner – *Ihnen selbst aber nicht gefällt.*

»Sollte ich jetzt mit diesem Menschen intim werden?« Drei Regeln.

Ich werde jetzt dreierlei über Sex sagen, das zunächst überraschend oder sogar falsch erscheinen mag. Aber die Nichtbeachtung dieser Regeln hat mehr Menschen um ein glückliches Sexualleben gebracht als alles andere, was sie hätten tun können.

Erste Regel: *Sex ist nicht notwendig.* Es ist besser, keinen Sex zu haben, als ihn zu mißbrauchen. Schlechter Sex kann Ihr Verlangen töten. Er kann Sie dazu bringen, Ihren Körper zu verachten und es Ihnen erschweren, ein späteres positives Erlebnis zu genießen. Sie müssen die Freiheit haben zu wissen, daß Sie nein sagen können. Wie die Schriftstellerin Joanna Fields es ausgedrückt hat, ist das wichtigste Moment beim Sex, »seinen Körper zu fragen, was er sich als nächstes wünscht«.

Sehen Sie, welcher Schaden durch das entgegengesetzte Vorgehen hervorgerufen werden kann.

Margot war vernarrt in einen Mann, der sie schließlich zum Dinner einlud. Er kam zu spät, ohne sich zu entschuldigen und gab dann den ganzen Abend mit den tollen Frauen an, die er gekannt hatte. Margot war ganz klar nicht sein Typ – und ihr kam der Gedanke, daß er vielleicht auch nicht ihr Typ war. Aber als er später zu ihr in die Wohnung kam, sagte sie nicht nein zum Sex. Und so fühlte sie sich schmutzig, als sie ihre Kleider ablegte, war beim Verkehr gehemmt und hatte nichts davon.

Immer wieder ging ihr der Gedanke durch den Kopf: Dieser Mann ist nichts für dich, wenigstens nicht jetzt. Aber sie beachtete die Warnung nicht. Bei dem Versuch, ihre widerstrebenden Gefühle über diesen Mann zu ignorieren, vermischte sich der innere Konflikt mit ihren sexuellen Gefühlen. Es wäre besser gewesen, den Sex zumindest so lange zu verschieben, bis sie den Mut gefunden hätte, dem Mann wegen seiner Gleichgültigkeit die Meinung zu sagen. Wenn das zu ihrer Zufriedenheit gelaufen wäre, hätte sie ohne Hemmung weitergehen können.

Behandeln Sie sexuelle Gefühle wie einen Luxus. Lassen Sie sich ihre Erlebnisfähigkeit nicht durch den falschen Glauben verderben, Sex sei notwendig. Das Gefühl, daß Sie mit jemandem ins Bett gehen *müssen*, führt nur zu einer schiefen Einstellung zum Sex.

Die endgültige Entscheidung, ob es zum Sex kommt, sollte immer erst in dem betreffenden Augenblick getroffen werden. Behalten Sie sich das Recht vor, nein zu sagen – so daß Ihr Ja seinen vollen Wert bewahrt.

Seien Sie besonders auf der Hut, wenn die folgenden drei gängigen Gründe auftauchen, um derentwillen Sex notwendig erscheint. Sex ist niemals *notwendig* – und Sie verhalten sich richtig im Hinblick auf zukünftige sexuelle Erlebnisse, wenn Sie dem Druck in diesen drei Punkten nicht nachgeben:

a) *Gewohnheit.* »Wir sind verheiratet.« »Ich habe schon einmal mit ihm geschlafen.« »Sie erwartet es von mir.«

b) *Bequemlichkeit.* »Maggie ist immer da.« »Es kommt billiger und ist auch sicherer, wenn ich zu Chad ziehe.« »Warum sollten wir nicht?«

c) *Die Angst, jemanden zu verlieren.* »Es gibt immer jemanden, der dazu bereit ist, wenn ich es nicht bin. Ich sage niemals nein, wenn er mich fragt.«

Die zweite Regel lautet: *Sex braucht nicht zum Orgasmus zu führen.* Viele Paare setzen sich einem schrecklichen Druck aus, weil sie das nicht einsehen wollen. Der Mann fühlt sich verantwortlich, die Frau zum Orgasmus zu bringen; die Frau glaubt, daß sie keine richtige Frau ist, wenn sie keinen Orgasmus hat. Oft bestehen solche Paare darauf, daß der Orgasmus während des Sexualverkehrs eintreten muß. Vorangehende sexuelle Handlungen wie Küssen oder Liebkosen werden als Vorspiel abgetan. Das Ziel ist, zur Sache selbst vorzudringen – dem Verkehr. Dann beurteilen sie ihre Zukunft als Paar danach, wie es beim Verkehr klappt. Das Ganze ist für sie eine große Herausforderung – als müßten sie um einen Meisterschaftstitel kämpfen.

Der einfache Rat, zwar alles für erlaubt zu halten, aber zu versuchen, *nicht* zum Orgasmus zu kommen, kann das Sexualleben eines Paares, das unter diesem Druck steht, oft retten.

So mancher Mann, der stets über weibliche Verklemmtheit redet, würde es für beinah unmöglich halten, sich zurückzulegen und sich von seiner Geliebten massieren zu lassen. Schon nach anderthalb Minuten würde er sich hochsetzen und auch etwas tun wollen.

Üben Sie sich darin, sich beim Sex nicht zu viel mit Ihrem Tun zu beschäftigen oder »etwas zu erreichen«. Lassen Sie sich Zeit für die Liebe, berühren Sie den anderen, und lassen Sie sich berühren, steigern Sie Ihre Fähigkeit, zu nehmen und auch zu geben. Die oben genannte Regel – zu versuchen, *nicht* zum Orgasmus zu kommen – dürfte für den Anfänger von unschätzbarem Wert sein.

Dadurch entwickelt er das, was Masters und Johnson »sensate focus« nennen oder die Fähigkeit, Freude bei der Berührung zu empfinden. Aber er entwickelt dabei auch ganz generell die Fähigkeit, sich Zeit zu lassen und sein Leben mit all seinen Aspekten zu genießen.

Die dritte Regel lautet: *Entscheiden Sie ganz allein,* ob Sie mit einem bestimmten Menschen gern Sex machen würden oder nicht. Dieses Problem ist kein Witz. Viele Männer fragen ihre Geschlechtsgenossen ängstlich: »Hältst du sie für hübsch?« Oder eine Frau sucht Bestätigung bei anderen Frauen: »Ist er nicht sexy?« Wir vertrauen unseren Gefühlen nicht so, wie wir sollten. Selbst wenn wir uns von jemandem sehr stark angezogen fühlen, mißtrauen wir dieser Anziehungskraft; wir glauben, daß andere immer entscheiden können, was gut oder schön ist, nur wir selbst nicht. So bitten wir sie, unser Urteil zu bestätigen; ja, akzeptieren dieses Urteil sogar anstelle unseres eigenen. Wieviele Männer fühlen sich sexuell von fülligen Frauen angezogen, verlangen aber von ihren Ehefrauen eine schlanke Figur, weil die Gesellschaft schlanke Frauen bevorzugt.

Genau so lassen wir uns von anderen Menschen sagen, wie – und mit wem – wir Sex machen sollten. Versuchen Sie, alle von anderen kommenden Kriterien zu ignorieren, wenn es darum geht zu entscheiden, ob ein bestimmtes sexuelles Verhalten wünschenswert ist. Entdecken Sie Ihre eigenen Wünsche.

Gene und Nora, ein Ehepaar, zankten sich oft. Aber ihr Sexleben fanden beide während der ganzen zwanzig Jahre ihrer Ehe sehr befriedigend. Gene lag dabei auf Nora und berührte mit seinem Penis ihre Klitoris. Dies erregte beide stärker als der eigentliche Geschlechtsverkehr, und darum machten sie es meist auch so.

Aber dann las Nora ein Buch von einem Psychiater, der sagte, daß der Sexualverkehr das wahre Glück sei und alles andere nichts. Trotz ihrer zwanzigjährigen Erfahrung entschied sie sich dafür, dieser Autorität mehr zu vertrauen als sich selbst. Sie fing an, ihrem Mann den Vorwurf zu machen, ein schlechter Liebhaber zu sein. Sie selbst wurde nervös und ganz wirr. Nora stellte sich niemals die Frage, wieso eigentlich ein Experte besser wissen sollte als sie, welches Verhalten ihr am meisten Vergnügen bereitete. Selbst wenn neun von zehn Frauen das eine Sexualverhalten dem anderen vorgezogen hätten, sollte Nora als die zehnte immer noch das getan haben, was ihrem Gefühl nach das beste war.

Sie fragte mich ganz ernsthaft, was sie tun sollte. Und ich fragte *sie*: »Wie wagen Sie es, Ihren eigenen Gefühlen zu mißtrauen? Wer weiß wohl besser als *Sie* selbst, was Ihnen Freude bereitet. Finden Sie das heraus, und genießen Sie es. Werfen Sie nicht alles weg auf den Rat eines Menschen hin, der Sie noch nicht einmal kennt.«

Beurteilen Sie niemals Ihre psychische Gesundheit nach sexuellen Vorlieben. Es steht keineswegs fest, daß gesunde Menschen beim Verkehr eine Stellung der anderen – oder den Verkehr einem anderen Sexualakt vorziehen. Ganz sicher sollten wir beim Sex unseren eigenen und wahrscheinlich einzigartigen Wünschen Ausdruck geben.

Wenn jeder sich an die ungeschriebenen Konventionen des Tages hielte, könnte Sex nur zwischen Verheirateten stattfinden oder zumindest doch zwischen Menschen, die sich lieben. Der Mann wäre ein paar Jahre älter als die Frau und hätte vielleicht einen etwas höheren Intelligenzquotienten. Sie würden zum Abschluß des Tages Sex haben – kurz vor dem Einschlafen. Im Schlafzimmer, bei ausgeschaltetem oder abgeblendetem Licht. Und so weiter.

Und was soll das? Fassen Sie diese Konventionen nie als Anleitungen zu besserem Sex auf. Man könnte eher sagen, daß sie ein *Gegenmittel* gegen guten Sex sind und zu einer Zeit entwikkelt wurden, als die Gesellschaft noch fürchtete, daß Menschen, die Sex zu sehr genießen, darüber den Willen oder die Energie verlieren könnten, ein produktives Leben zu führen.

Die Zeiten ändern sich. Wer weiß? Der Experte, der Noras Buch schrieb, könnte in zwanzig Jahren schon ganz anders denken. Bei der Beurteilung Ihres Sexualverhaltens sollten Sie sich also nicht von jemand anders Vorschriften machen lassen.

Wie Sie sich selbst für einen besseren Liebhaber halten können

Wenn Sex für Sie phantastisch ist, sind Sie fast immer mit Ihrem Körper zufrieden und fühlen sich bei Ihrem Liebhaber wohl. Aber nehmen wir einmal an, Sie sind das erste Mal mit einem Partner zusammen, oder es hat in der letzten Zeit nicht so recht mit dem Sex geklappt. So kommen in Ihnen alle möglichen Zweifel hoch. Ist mein Körper auch attraktiv? Bin ich jung genug? Zeige ich genug Hingabe, genug Leidenschaft? Bin ich »gut« genug? Wenn Sie ein Mann sind, so machen Sie sich vielleicht Gedanken über die Größe Ihres Penis; als Frau befürchten Sie, daß Ihre Brust zu klein oder zu groß ist. Sie denken, daß die Art, wie Sie sich Ihrem Partner in der nächsten Stunde geben, über den ganzen Verlauf Ihrer Beziehung entscheiden wird.

Mit anderen Worten, Sie haben Angst, wobei Sie zwangsläufig – falls Sie die Gefahr nicht erkennen – die Angst durch Ihr Handeln verschlimmern.

Bestimmte Handlungen sind geeignet, die Zweifel an sich selbst zu vertiefen und auszuweiten. Am Anfang steht das Gefühl, daß Sie sexuell nicht begehrenswert oder adäquat sind. Wenn Sie versuchen, dieses Gefühl zu kompensieren, verstärken Sie es nur. Lassen Sie das nicht zu. Versuchen Sie, wenn Sie mit einem Liebhaber zusammen sind, die folgenden fünf Anregungen zu beherzigen, besonders, wenn Sie sich ängstlich fühlen.

1. Denken Sie niemals geringschätzig von Ihrem Körper.

2. Entschuldigen Sie sich niemals für Ihr sexuelles Verhalten.

3. Geben Sie niemals an.

4. Versuchen Sie niemals, aus Ihrem Liebhaber Komplimente herauszupressen. »War es gut?« »War ich gut?« Wenn Sie dem anderen Komplimente machen, so seien Sie vorsichtig, daß Sie ihn nicht zwingen, Ihnen ein Gegenkompliment zu machen.

5. Geben Sie Liebe, nicht Versprechungen. Sagen Sie nicht: »Oh, übrigens, nächste Woche ist eine große Party in S., ich würde mich freuen, wenn du kommst.« Oder: »Was für ein Zufall. Ich kenne deinen Chef; vielleicht kann ich ein gutes Wort für dich einlegen.«

Wenn Sie nur einen dieser fünf Fehler begehen, so bedeutet das fast immer, daß Sie versuchen, eine mögliche Kritik Ihres Liebhabers abzuwehren. Sie betonen so sehr, daß Sie *kein* schlechter Liebhaber sind, daß Sie selbst schon nicht mehr daran glauben können. Wenn Sie sich auf solche Taktiken jedoch nicht einlassen, verstärken Sie das Gefühl, sexuell adäquat zu sein. Sagen Sie sich, daß Sie keine Prahlereien oder Entschuldigungen brauchen und daß Sie nicht für immer vom Sex disqualifiziert sind, wenn Sie sich nicht jedes Mal als phantastischer Liebhaber erweisen. Dadurch heben Sie nicht nur Ihre Selbstachtung, Sie verstärken auch das Gefühl, sexy zu sein. Wenn sie prahlen oder sich selbst schlecht machen, dann sinkt Ihr sexueller Status schnell. Es ist für den anderen schwer, Sie attraktiv zu finden, wenn er merkt, daß Sie das selbst nicht tun.

Machen Sie sich keine Gedanken über Ihren Ruf als Liebhaber. Wenn Sie das tun, kann der Wunsch, diesen Ruf zu behalten, Sie starkem Streß aussetzen. Um ein voll befriedigendes Sexualleben zu führen, sollten Sie versuchen, an Sex nicht als potentieller Gewinner oder Verlierer heranzugehen, sondern als ein menschliches Wesen, das zwar nicht unfehlbar, aber dennoch sexy ist.

Sexuelle Freiheit

Ich habe gesagt, Sie sollten nicht prahlen oder sich negativ über Ihren Körper auslassen. Aber wie sollten Sie sich nun richtig verhalten? Was ist der beste Weg, um sexuell glücklich zu werden?

Das Beste ist, sich jede Freiheit zu lassen. Sie wissen schon, ob Sie das nun zugeben und danach handeln oder nicht, was Sie vom Sex erwarten, und was Ihnen zusagt. Nur hält irgend etwas Sie zurück, diese Wünsche frei zu äußern.

Dieses Etwas wird häufig Moral genannt. Das ist nicht besonders überraschend, da viele glauben, daß Moral unser Leben einschränkt. Aber das muß nicht sein. Moral kann uns im Gegenteil auf mancherlei Weise erheben und befreien.

Wie? Indem sie für die Freiheit eintritt statt für konventionelles Verhalten. Ganz gleich, was man so sagt, keine Handlung ist unmoralisch, wenn sie kein Opfer verlangt. Und keine Handlung ist gut, wenn sie nicht Freude bereitet. Schließlich zwingen Sie den Sexualakt nicht einem kleinen Kind oder einem Schwachsinnigen auf. Sie tun etwas zu ihrem beiderseitigen Vergnügen – etwas, was jeder Partner aus freien Stücken beenden kann.

Gedanken und Gefühle sind niemals unmoralisch. Und Sex ist das richtige Gebiet, auf dem Sie Ihre Gefühle und Phantasien ausleben können, solange der andere damit einverstanden ist. Sagen Sie, was Sie sich wünschen, wenn Sie es nicht bekommen. Machen Sie es deutlich. Es hat keinen Wert, wenn Sie Ihre Befriedigung dem Zufall überlassen. Das könnte Ihren Partner eher verwirren und frustrieren. Wenn Sie Ihr Verlangen offener zugeben, so kann Ihnen das auch helfen, Ihre Schuldgefühle zu überwinden; Ihre Wünsche sind nicht länger geheim und schändlich.

Lernen Sie, daß auch Masturbation ein sinnlicher Genuß ist. Betrachten Sie alles, was Sie neu entdecken, als wunderbare Wahrheit. Und nutzen Sie diese Entdeckungen, um sich selbst und Ihren Partner bei der Liebe zu leiten.

Ihre Freiheit kann sogar noch weitergehen, ohne daß sie jemandem schadet. Suchen Sie die Rolle oder die Rollen, die Ihnen Freude machen würden. Wer sind Sie beim Sexualakt? Nichts ist hier lächerlich. Wenn Sie sechzig sind und sich wie sechzehn fühlen wollen, so ist daran nichts auszusetzen. Im Gegenteil, es ist schädlich, wenn man sich Freuden versagt, weil man glaubt, »vernünftig« oder »realistisch« sein zu müssen. Das wäre der kürzeste Weg zur Gehemmtheit – und zu langweiligem, unbefriedigendem Sex.

Die Formel für sexuelle Freiheit und Kreativität ist so einfach: Entdecken Sie, was Sie tun wollen, und dann tun Sie es möglichst oft. Tun Sie es immer wieder, und machen Sie dabei Ihre Entdeckungen, indem Sie sich von Ihrem Vergnügen an der Sache leiten lassen. Ihr Verlangen und Ihr Vertrauen werden sich steigern, solange Sie nicht zulassen, daß Konventionen oder Angst Sie hemmen. Und Ihre Phantasien werden deutlichere und lebhaftere Formen annehmen, wenn sich Ihr Trieb verstärkt.

Billigen Sie Ihrem Partner die gleiche Freiheit zu. Versuchen Sie herauszufinden, welche Rollen er spielen möchte. Beurteilen Sie die Reife oder den Wert eines Menschen nicht nach seinen Phantasien. Dadurch hemmen Sie nur die Entfaltung Ihrer Phantasie. Bemühen Sie sich statt dessen um eine Einstellung gegenüber dem Sex, die Ihre Bereitschaft ausdrückt, Freude auf alle erdenkliche Weise zu geben und zu empfangen.

Ob Sie sich sexuelle Freiheit verschaffen, hängt teilweise davon ab, wie Sie Ihre Freiheitsräume im täglichen Leben ausweiten. Wir alle kennen Menschen, die durch ein gutes Sexualleben einen ausgeglicheneren Charakter bekommen haben. Und wir wissen, welche Wirkung ein unglückliches Sexualleben auf die geistige Verfassung eines Menschen haben kann. Aber es kann auch genau umgekehrt gehen. Wenn Sie abends bis halb elf deprimiert oder paranoid sind, wird es Ihnen wahrscheinlich nicht gelingen, diese Gefühle beim Sex um elf Uhr beiseitezuschieben. Die Eigenschaften, denen Sie während des Tages bei sich selbst Raum geben, beeinflussen auch Ihre Sexualität. Alles, was Sie tun, um Ihren Alltag anregender zu gestalten – dazu gehört besonders Ihr Sinn für Freiheit, Freude, Phantasie und Kreativität –, wird auch Ihr Sexualleben anregender machen.

17
Wie man
beliebt wird

Wir alle wollen, daß man uns gern hat – und liebt. Wir wollen wissen, daß wir für andere zählen, wollen wichtig sein und geschätzt werden. Und wir wollen Menschen haben, zu denen wir sprechen können, Menschen, die Freud und Leid mit uns teilen.

Die Welt ist voller Bücher und Artikel, die uns erzählen, wie unser Wunsch, beliebt zu sein, in Erfüllung gehen kann, ganz einfach indem wir uns anderen angenehm machen. Beliebt wird man, wenn man sich bei anderen »beliebt macht«. Sei entgegenkommend, versuche niemanden zu beleidigen, sage den anderen, was sie hören wollen. Behandle Leute, denen du beruflich begegnest, möglichst differenziert, und gib dich zu Hause möglichst natürlich.

Einen Augenblick, bitte. Unser Prinzip sagt, daß unsere Handlungen stets das Motiv hinter diesen Handlungen verstärken. Und was ist hier das Motiv? Es ist eine Art Angst, daß Sie nicht um Ihrer selbst willen beliebt sind. Sie geben sich ein wenig schüchtern, als müßten Sie sich vor Ihrer Umgebung entschuldigen: »Ach Leute, ich weiß ja, mit mir ist nicht viel los, also versuche ich so zu sein, wie ihr mich haben wollt.«

Immer wenn Sie diesem Motiv entsprechend handeln, verstärken Sie es. Sie intensivieren die Furcht, daß Sie in Wirklichkeit nicht viel hermachen. Und dann passiert etwas Seltsames: Sie sind beliebter als Sie in Ihren kühnsten Träumen hofften, aber trotzdem *fühlen Sie sich ganz allein.*

Es reicht nicht, beliebt zu sein; Sie müssen auch das *Gefühl* haben, daß man Sie mag – und zwar so, wie Sie sind. Das wird in vielen Büchern zum Thema Selbsthilfe übersehen. Diese Bücher raten herauszufinden, was andere Menschen von uns wollen – als wäre das eine Ware – und zu versuchen, ihnen diese Ware zu bieten.

Doch wie unser Prinzip zeigt, wird diese Methode unsere Chancen, beliebt zu sein, eher zerstören.

»Bücher sprechen für Sie«, heißt es bei einem Autor. Deshalb »dekorieren Sie Ihre Wände mit Büchern«. Stellen Sie sich die junge Frau vor, an die sich dieser Rat richtet. Man sagt ihr, daß der richtige Mann etwas »Intellektuelleres« sucht als sie es ist – daß sie ihn nur durch ein Täuschungsmanöver anziehen kann.

Ob diese Strategie nun funktioniert oder nicht – ob sie einem Mann dadurch besser gefällt –, sie wird sich selbst jedenfalls weniger gefallen. Durch ihr Handeln hat sie sich beigebracht, daß sie in Wirklichkeit für die Art Mann, die sie sucht, nicht gut genug ist. Selbst wenn der Mann sie und ihre mit Büchern vollgestopfte Wohnung liebt, hat sie sich um das *Gefühl*, geliebt zu werden, gebracht, denn sie weiß nicht, ob er auf sie oder auf ihre schöne Fassade reagiert.

So etwas kommt häufig vor. Um mit anderen gut auszukommen, setzen wir eine Art Maske auf und halten unser wahres Selbst versteckt. Wir geben vor, jemand anders zu sein – »unterhaltend« oder »hilfsbereit« oder »künstlerisch« oder die verläßliche Stütze der richtigen Partei. Aber ganz gleich, wie andere darauf reagieren, wie können wir uns selbst dabei positiv vorkommen? Das ist unmöglich. Keiner weiß, wer wir wirklich sind. Und wenn wir die Maske zu oft tragen, können sogar wir selbst vergessen, wer wir eigentlich sind.

Während wir ständig darauf aus sind, uns bei allen, die wir treffen, beliebt zu machen, verstärken wir das Bedürfnis nach dieser Art von Beliebtheit. Das bedeutet, daß wir eine lästige Unsicherheit empfinden, wenn wir neue Menschen kennenlernen. Selbst wenn wir über Menschen nachdenken, die wir schon länger kennen, sind wir verunsichert, wenn wir ihnen keine Billigung »von den Augen ablesen« können.

Manchmal schlägt die Strategie in mehr als einem Sinn auf uns selbst zurück. Wir bemühen uns so sehr, alles Mögliche für alle möglichen Leute zu sein, daß wir darüber unbedeutend erscheinen. Uns geht persönliche Wirkung ab; wir beeindrucken niemanden. »Oh, der da – der redet ja jedem nach dem Mund.« Aber selbst wenn das nicht geschieht, selbst wenn wir mit unserem Vorgehen Erfolg haben, bestärken wir uns in der schlechtesten Meinung von uns selbst: nämlich in der Auffassung, daß keiner uns so leiden kann, wie wir sind.

Einmal hörte ich, wie ein Mann auf einer Party sagte: »Letzte Nacht gegen zwei wußten wir nicht mehr, wo wir hingehen sollten, und schließlich fanden wir uns in einem kleinen Nachtclub am Stadtrand wieder.« Ich kannte den Mann; er war Ende vierzig und hatte sich kürzlich von seiner Frau scheiden lassen. Er unterhielt sich mit einer sehr attraktiven Frau Anfang zwanzig. Irgend etwas stimmte mit ihm nicht. Ich erinnerte mich, daß dieser Mann ein nervöser, penibler Geschäftsmann war, der sechsmal nachdachte, ehe er überhaupt etwas tat. Das gab es gar nicht für ihn, daß er »nicht wußte, wo er hingehen konnte« oder daß er sich »irgendwo wiederfand«. Er gab vor, ein leichtsinniges und lockeres Leben zu führen, weil er dachte, daß eine junge Frau so etwas verlangt. Selbst wenn sie darauf reagiert hätte (was sie nicht tat, sie konnte nämlich fühlen, daß er eine Schau abzog) – wie hätte er von einer solchen Beziehung etwas haben können? Er hätte immer vorgeben müssen, jemand anders zu sein, als er war. Wenn wir das aber tun – uns in eine falsche *Verpackung* hüllen und die Verpackung zu Markte tragen –, können wir niemals sicher sein, daß der andere den Wareninhalt überhaupt haben will.

Es gibt nur einen Weg, beliebt zu werden – den richtigen Weg –, und der ist, die Eigenschaften zu kultivieren, die man an sich selbst lieben kann. Eigenschaften, die Ihnen so wertvoll erscheinen, daß die Menschen, die Sie zu Freunden haben wollen, Sie um dieser Eigenschaften willen einfach gern haben *müssen*. Bemühen Sie sich, diese Eigenschaften um ihrer selbst willen und Ihrer eigenen Person willen zu entwickeln, ohne zu versuchen, andere dadurch zu beeindrucken. Man könnte sagen, daß das Beliebtsein zweitrangig ist, genauso wie der Orgasmus beim Sex oder die Berühmtheit bei einem Schriftsteller oder Maler. Wenn Sie Beliebtheit dagegen zur Hauptsache machen, ruinieren Sie wahrscheinlich nicht nur Ihre Aussichten auf Erfolg, sondern auch Ihre Fähigkeit, sich daran zu freuen.

Aber an welche Eigenschaften denke ich hier? Ich will acht nennen, die ich in den langen Jahren meiner Praxis beobachtet habe und die Sie überraschen mögen. Sie haben nichts zu tun mit den Pluspunkten, die Sie nach dem Rat so vieler Selbsthilfe-Bücher kultivieren sollten: gutes Aussehen, Charme, Statussymbole, einflußreiche Bekannte. Nichts davon ist gut an sich, wenn Sie nicht wissen, wie Sie es einsetzen sollen. Und die anderen werden Sie nur wegen der Art, wie Sie Ihre Pluspunkte ins Spiel bringen, mögen (oder nicht mögen). Wir alle kennen Menschen, die weder durch Bildung, noch durch Reichtum besonders hervorstechen und doch mehr und bessere Freunde haben als andere, die alle diese Eigenschaften aufweisen. Was spricht zu ihren Gunsten? Sie haben meist Eigenschaften, um derentwillen sie sich *selbst bejahen* können, gleichgültig, wie ihre Lebensumstände sonst sind.

Eigenschaften wie die, die ich jetzt aufzählen werde, und die alle zu Ihrer Beliebtheit beitragen – bei Ihnen selbst sowie bei anderen.

1. Lernen Sie, allein sein zu können. Das ist vielleicht die überraschendste – und nützlichste – Empfehlung, die ich Ihnen geben kann.

Aber ist sie wirklich so überraschend? Sehen Sie es einmal folgendermaßen: Wenn Sie mit Ihrer eigenen Gesellschaft nichts anzufangen wissen, wie können Sie dann erwarten, daß andere es tun? Andererseits, wenn Sie wissen, wie Sie sich allein beschäftigen können, werden andere Ihnen das anmerken – und es als Ihre Stärke betrachten.

Millionen Menschen, vielleicht die meisten, leiden unter der Angst vor Einsamkeit. Da sie nicht wissen, wie unser Prinzip arbeitet, machen sie das Allerfalscheste: Sie sorgen dafür, daß sie nie allein sind. »Ich muß etwas finden, was ich heute abend tun kann; Terry wird nicht zu Hause sein.« Immer wenn Sie hektisch etwas unternehmen, um sich vor Einsamkeit zu schützen, setzen Sie sich damit nur einem neuen Angstgefühl aus. Angst wovor? Angst, wie es mal jemand ausgedrückt hat, daß »ich allein nichts bin«.

Diese Angst teilt sich auch Ihrer Umwelt mit. Vielleicht fallen

Sie Ihren Freunden damit sogar auf die Nerven; Sie reden zu lange am Telefon, drängen sich ihnen manchmal auf oder bestehen darauf, sie zu besuchen, wenn sie schon etwas anderes vorhaben. Oder vielleicht lenken Sie in der Gruppe zuviel Aufmerksamkeit auf Ihre Person, als fürchteten Sie, übersehen oder im Stich gelassen zu werden. Sie bitten unter Umständen um kleine Gefälligkeiten, um den Beweis zu erhalten, daß die anderen Sie wirklich gern haben. Millionen Menschen handeln so. Und dabei mögen sie sich selbst immer weniger – und verlieren in den Augen der anderen an Format.

Wenn Sie nicht gerne allein sind, sollten Sie die Gesellschaft der anderen aus Stärke und nicht aus Schwäche suchen. Sie laden zum Beispiel Ihre Freunde zum Essen ein, weil Sie sie gerne sehen möchten, nicht weil Sie es nicht fertigbringen, auch einmal allein zu essen. Und Ihre Freunde spüren, daß Sie sie gern haben, schätzen, nicht bloß von ihnen abhängig sind. *Sie werden liebenswerter* – für alle, die für eine wirkliche Freundschaft offen sind und nicht nur jemanden suchen, der schwächer ist als sie.

Üben Sie das Alleinsein. Wenn Sie daran gewöhnt sind, Ihre ganze Zeit mit anderen zu verbringen, werden Sie sich dabei zunächst unbehaglich fühlen, wie immer, wenn es gilt, eine Gewohnheit abzulegen. Wenden Sie während dieses Unbehagens die »Vergrößerungsmethode« an, um damit Ihre Gefühle zu ergründen. Warum hoffen Sie ständig, daß das Telefon läutet? Machen Sie sich Sorgen über die Beziehung zu einem bestimmten Menschen? Langweilen Sie sich? Versuchen Sie, darüber nachzudenken, was Sie unternehmen könnten – zum Beispiel sich öfter mit Freunden etwas Kreatives beginnen –, um diese Ängste zu besiegen. Und dann tun Sie es auch. Aber haben Sie nicht das Gefühl, die ganze Zeit etwas »Konstruktives« tun zu müssen, als Ausgleich für Ihr seltsames Verhalten, wenn Sie allein sind. Wenn Sie sich eine Chance geben – vielleicht können Sie damit beginnen, daß Sie wenigstens ein oder zwei Nachmittage im Monat allein zubringen –, so können Sie lernen, sich an Ihrer eigenen Gesellschaft zu freuen.

2. *Kultivieren Sie die Fähigkeit, andere als Individuen zu sehen – und sich daran zu freuen.* Jemand hat einmal gesagt, daß die

Kunst des Freudebereitens darin besteht, daß man selber froh ist. Es gibt die verschiedensten Dinge, die man bei anderen respektieren und bewundern kann. Aber es ist schwer, sie zu würdigen, wenn man nicht die Gewohnheit hat, nach den Eigenschaften zu suchen, die jeden Menschen einzigartig machen.

Einige von uns neigen dazu, Menschen in Kategorien einzuteilen: »Leute unter dreißig / Leute über dreißig / Büroangestellte / Fabrikarbeiter / Reiche / Männer / Frauen (sind sowieso alle gleich).« Und wir denken, daß wir nur mit wenigen Kategorien von Menschen etwas zu tun haben wollen.

Hier stellen sich aber zwei Probleme. Zunächst einmal schränken Sie sich selbst ein. Wenn Sie sagen, daß Sie nur bestimmte Arten von Menschen mögen, bringen Sie sich bei, daß Sie bei allen anderen ein wenig nervös sind. Und Sie verpassen wahrscheinlich die Chance, jemanden kennenzulernen, der einmal ganz anders ist als alle, die Sie kennen.

Das zweite Problem? Wenn Sie zu sehr in Kategorien denken, lassen Sie sich keine Chance, Menschen so zu nehmen wie sie sind. Ihre Freunde könnten das fühlen und übelnehmen. Sie könnten sogar zu dem Schluß kommen, daß Ihre Zuneigung von ihrer Individualität unabhängig ist.

Ein mir bekannter Arzt war sehr bekümmert, als seine Verlobte sagte, sie würde nur einen Doktor heiraten. Viele Jahre lang, schon ehe sie sich kennengelernt hatten, war sie immer nur mit Ärzten ausgegangen. »Sie will eine Kategorie heiraten, nicht einen Menschen«, erzählte er mir, und ihr sagte er das gleiche.

»Aber es ist doch wirklich eine Leistung, Arzt zu werden«, versuchte sie ihn zu beschwichtigen.

»Ja schon. Aber ich habe mein Examen vor fünfzehn Jahren gemacht. Mir wäre lieber, du wärst an mir selbst interessiert, nicht nur an meinem Beruf.«

Man denkt unwillkürlich an die junge Frau bei Oscar Wilde, die nur einen Mann namens Ernst heiraten wollte. Es war nicht eben schmeichelhaft für die jungen Männer ihres Bekanntenkreises, daß nur ihr Vorname über die Chancen bei ihr entschied.

Geben Sie Ihren Freunden nicht dieses Gefühl. Üben Sie sich vielmehr darin, Menschen *nicht* Schilder umzuhängen wie »toll«, oder »nichts Besonderes« oder »mein Typ« oder »nicht mein Typ«. Reden Sie so wenig wie möglich über die Kriterien, wonach Sie gewöhnlich Menschen in Kategorien einteilen.

Ein Mann zum Beispiel interessiert sich stets für das Alter der Frauen, die er trifft. Er spricht kaum je über eine, ohne zu erwähnen, wie alt sie ist und ob er sie für hübsch hält. Jedesmal, wenn er das tut, werden Jugend und Schönheit wichtiger für ihn, so daß er selbst sich dabei ganz alt vorkommt. Auch entfremdet er sich dadurch seine Umgebung. Vielen Männern und Frauen mißfällt es, wenn sie als Typen statt als Individuen gesehen werden.

Achten Sie lieber darauf, was an den Menschen, die Sie treffen, anders und besonders ist. Vielleicht mögen Sie sie gern, vielleicht auch nicht, aber wenn Sie sie mögen, so haben Sie sie wenigstens um ihrer selbst willen gern.

3. Entwickeln Sie die Fähigkeit, das Leben zu genießen. Eine Frau erzählte mir einmal, daß sie eine gute Mutter sei. Ich antwortete nichts darauf, aber ich dachte über ihre Einstellung zum Leben nach. Obwohl sie jeden Tag zum Schwimmen ging, wagte sie nicht, ins Becken zu springen oder sich am Wasser zu freuen. Sie spielte sehr oft Tennis, aber es bedeutete ihr nicht viel. Sie spielte auch mit derselben Gleichgültigkeit Karten. Es machte ihr keine Freude, Leute kennenzulernen oder neue Dinge und neue Orte zu sehen. Wenn sie sich für ihr Kind abplagte, erweckte sie den Eindruck, daß das Leben für sie sehr hart sei. Das Kind liebte die Mutter zwar, ging ihr aber möglichst aus dem Weg. Wenn Sie im Leben nicht die Dinge tun, an denen Sie Freude haben, betrügen Sie sich nicht nur um die Freude, sondern auch um die Chance, daß andere Sie mögen.

Wie kann man das Leben mehr genießen? Zuerst einmal, kommen Sie zur Ruhe: Lassen Sie sich Zeit, die Dinge auszukosten, die Sie tun. Nehmen Sie an Ihrer Umwelt so viel wie möglich teil; wenn Sie sich nicht engagieren, geben Sie sich das Gefühl, daß weder Sie selbst besonders wichtig sind, noch das, was um Sie herum vorgeht. Halten Sie nach positiven Erlebnissen Ausschau – rechnen Sie darauf, daß sie passieren, und feiern Sie es, wenn sie wirklich eintreffen. Versuchen Sie, diese Erlebnisse zu wiederholen, Ihre Gefühle zu verstärken, aber halten Sie sich nicht von neuen Tätigkeiten und möglichen Freuden fern.

4. Hüten Sie sich vor Zynismus. Auch hierdurch bewahren Sie sich die Fähigkeit, das Leben zu genießen. Wenn Sie ein Zyniker sind, haben Sie leicht das Gefühl, daß jedermann nur nach seinem eigenen Gewinn strebt. Sie sind überzeugt, daß niemand in dieser Welt ehrlich oder großzügig ist; die Menschen sind nur darauf aus, etwas von anderen zu bekommen.

Es ist schwer, mit einem Zyniker befreundet zu sein; es ist schwer, einem Zyniker zu erzählen, daß Sie verliebt sind oder mit einer Bildhauerarbeit begonnen haben oder wieder zurück auf die Schule gehen wollen; der Zyniker wird Ihnen mit ziemlicher Sicherheit die Freude an diesem Wagnis nehmen.

Zynismus ist nicht nur unsympathisch; er hilft Ihnen auch nicht, sich selbst sympathisch zu finden. Zynismus beginnt meist als Rationalisierung eigenen Versagens. Vielleicht sind Sie unehrlich gewesen oder haben sich geschäftlich oder in Ihrer Ehe kompromittiert. Sie reden sich nun ein, daß alle unehrlich sind, oder daß in diesem Leben jeder jedem an die Kehle will. Oder Sie sagen, daß die Vertreter des anderen Geschlechts nur immer das Beste für sich selbst herausholen wollen.

Noch schlimmer als das Aufgeben Ihrer eigentlichen Grundsätze ist der Zynismus, den Sie zur Bemäntelung dieser Tatsache brauchen. Jedesmal, wenn Sie sich über die Welt im allgemeinen mokieren, bestärken Sie sich in der Überzeugung, daß die Menschen – Sie selbst eingeschlossen – Sie immer enttäuschen werden. Versuchen Sie statt dessen zu erkennen, daß wir alle Fehler machen, und gestatten Sie sich, so zu handeln, daß Sie sich in einer positiven Einstellung bestärken.

Es ist nur zu Ihrem und Ihrer Freunde Besten, wenn Sie auf Zynismen verzichten; je weniger zynisch Sie sprechen, und je weniger Sie sich darin bestärken, desto weniger zynisch werden Sie empfinden. Und Sie setzen nicht andere Ihrem Zynismus aus, die damit weder etwas anfangen können noch wollen. Schon Goethe meinte, wer Hoffnung habe, solle eilen und sie ihm bringen. Wer aber Zweifel habe, solle sie für sich selbst behalten. Davon habe er selbst genug.

5. Seien Sie bereit zur Konfrontation, wenn Sie mit anderen in einer Sache, die Ihnen wichtig ist, nicht übereinstimmen. Das ist notwendig, denn nur so haben Sie das Gefühl, einen Zweck zu verfolgen und etwas eigenes zu vertreten. Darüber hinaus zeigt es den anderen, daß Sie starker Überzeugungen und starker Gefühle fähig sind. Es ist schwer, jemanden zu mögen, der diese Fähigkeit nicht hat.

Lassen Sie sich nicht einfach mitschleppen. Wenn Sie das tun, bestärken Sie sich in dem Zweifel: »Was kann man schon an mir finden?« Und dieser Zweifel besteht dann teilweise zu recht.

6. Versuchen Sie, Empathie zu entwickeln – die Fähigkeit, die Erlebnisse anderer mitzuempfinden und daran teilzunehmen. Es bereichert Ihr Leben und verstärkt Ihre Zugehörigkeit zum Leben anderer. Und es macht Sie liebenswerter.

Es gibt Menschen, die überhaupt keine Empathie empfinden können. Sie begehen einen Fauxpas nach dem anderen, ohne es zu merken, und sie wundern sich, wenn ihre Freunde sich darüber ärgern: »Wie konnte ich denn wissen, daß Mary so ein Theater machen würde, als ich ihr sagte, sie müsse abnehmen.«

Wenn Sie lernen wollen, mit den Gefühlen anderer Empathie zu zeigen, sollten Sie damit beginnen, Ihre eigenen Erfahrungen zu Rate zu ziehen. Wenn Sie sich daran erinnern, wie Sie selbst empfunden haben, können Sie sich oft eine Vorstellung davon machen, wie ein anderer in einer bestimmten Situation empfinden wird. Sie erinnern sich zum Beispiel an das Gefühl der Hilflosigkeit, als ein guter Freund erkrankt war. Jetzt erzählt Ihnen ein anderer Freund, daß seine Frau zu Diagnosezwecken operiert werden muß und daß er es nicht aushalten kann, auf das Ergebnis warten zu müssen. Je besser Sie Ihre eigenen Erfahrungen verarbeitet haben, desto besser können Sie die seinen nachempfinden.

Ermuntern Sie andere dazu, über ihre Gefühle und ihr Leben zu sprechen, wenn sie den Wunsch danach haben. Bemühen Sie sich, sich an das Gesagte zu erinnern, und versuchen Sie, ein Empfinden für die emotionale Tragweite dieser Gefühle zu bekommen. Je mehr Ihnen das gelingt, desto leichter und natürlicher wird alles für Sie werden, und desto näher werden Sie sich anderen fühlen.

7. *Lernen Sie, sich über die Erfolge Ihrer Freunde zu freuen.* Schopenhauer hat einmal gesagt, jeder könne mit den Sorgen eines anderen sympathisieren, aber mit seinen Freuden zu sympathisieren sei das Attribut eines Engels.

Bemühen Sie sich um dieses Attribut. Was hindert Sie daran, sich über den Erfolg anderer zu freuen? Hält Sie etwa Neid davon ab oder irgendeine versteckte Angst? Wenn es sich so verhält, sind Sie nicht eben ein guter Freund – und es mangelt Ihnen wahrscheinlich an Gelassenheit und Selbstvertrauen. Wenn es Ihnen nicht gelingt, sich an den Erfolgen Ihres Freundes zu freuen, verstärken Sie dadurch irgendeine Angst, vielleicht die, daß Sie nicht so »gut« sind wie er oder daß er Sie überflügeln könnte.

Eltern zerstören manchmal das Verhältnis zu ihren Kindern, wenn sie sich nicht genug an dem Erfolg ihrer Kinder freuen. Jedes Anzeichen für die wachsende Unabhängigkeit des Kindes wird als Bedrohung aufgefaßt: »Ich werde nicht mehr gebraucht. Ich bin nicht unersetzlich.«

Je mehr Raum Sie dieser Furcht geben – indem Sie Lob zurückhalten oder vielleicht heimlich die Bemühungen Ihres Freundes herabsetzen oder sabotieren –, desto mehr werden Ihre Einstellungen und Ihre Freundschaften dadurch vergiftet. Hören Sie also damit auf. Hören Sie auf, die Furcht zu verstärken, so daß Sie lernen können, sich an den Erfolgen anderer zu freuen. Damit machen Sie es sich selbst und Ihren Freunden leichter.

8. *Schließlich sollten Sie sich erinnern, was unser Prinzip Ihnen über Ihr Leben verrät.* Es lehrt Sie, daß *Sie zu dem Menschen werden, zu dem Sie sich machen,* daß Sie also die Art von Person selbst schaffen können, die Sie sein wollen. Sie sind die Macht, die hinter Ihrem eigenen Leben steht. Und andere sind ebenfalls Mächte, die hinter ihren individuellen Leben stehen. Sie brauchen sich oder andere nicht als Opfer zu sehen. Sie alle haben die

160

gleiche Kraft der Selbsterschaffung, eine Kraft, die bei Ihnen und bei anderen Respekt verdient.

Vielleicht fallen Ihnen noch andere Eigenschaften ein, die Sie bewundernswert finden und kultivieren wollen. Worum es sich auch handelt, suchen Sie sie durch entsprechende Aktivitäten zu verstärken. Und achten Sie darauf, daß Sie sich nicht nur so verhalten, wenn Sie mit jemandem zusammen sind, an dessen Zuneigung Ihnen liegt.

Vielleicht fordert der Mann, den Sie heiraten wollen, Pünktlichkeit, und Sie kommen immer zu spät. Sie schaffen es, rechtzeitig zu erscheinen, wenn Sie diesen Mann treffen, aber bei allen anderen verspäten Sie sich immer noch. Das bedeutet, daß Sie nur pünktlich sind, um Eindruck zu machen – nicht aus Überzeugung –, und Ihr Verhalten macht Ihnen keine Freude und stärkt Ihnen auch nicht den Rücken. Es macht Sie zu einer Art Sklaven für denjenigen, dem Sie gefallen wollen.

Sehr wahrscheinlich würden Sie sich aus Rücksicht auf andere gern an mehr Pünktlichkeit gewöhnen. Aber machen Sie das nur, wenn Sie glauben, daß das recht und billig ist, *das heißt, wenn Sie sich um Pünktlichkeit gegenüber jedermann bemühen.* Sonst lassen Sie es lieber ganz.

Es würde Sie nämlich nicht rücksichtsvoller machen, sondern nur gefügiger.

Um beliebt zu sein, versuchen Sie nicht, anderen zu Gefallen zu leben; versuchen Sie vielmehr, für sich selbst da zu sein – für Ihr höchstes Selbst. Unterstützen und verstärken Sie durch Ihr Handeln die Werte, an die Sie glauben, und Sie werden das Gefühl haben, daß Ihre Freunde Sie um der rechten Dinge willen gern haben.

Nehmen wir einmal an, daß Sie großen Wert darauf legen, daß Freunde zusammenhalten. Sie haben versprochen, einem Freund beim Umzug zu helfen, da lädt Sie ein anderer, glänzender gestellter Freund ein, mit ihm eine Wochenendfahrt auf seinem neuen Boot zu machen. Wenn Sie die Fahrt mitmachen, werden Sie, selbst wenn es Ihnen sonst großartig gefallen hat, das Gefühl haben, daß Sie nicht ein so sympathischer und fairer Mensch sind, wie Sie einmal gedacht haben. Wenn Sie nicht mitfahren, werden Sie sich mehr achten können, Sie werden sich sympathischer vorkommen, und Sie werden das Gefühl haben, diese Sympathie zu verdienen.

Es reicht nicht, nur beliebt zu sein. Vor allem müssen Sie nur solche »attraktiven« Dinge tun, die Ihnen selbst natürlich und attraktiv vorkommen. Wenn Sie das nicht schaffen, werden Sie sich niemals an den positiven Gefühlen der anderen Ihnen gegenüber wärmen können – und es wird kaum eine Rolle spielen, was Sie empfinden.

18
Wie Sie sich
richtig verhalten

Die Highschool veranstaltete einen Wohltätigkeitsbasar und zeigte Schülerarbeiten, von denen die besten prämiert wurden. Am Sonntagnachmittag bezahlten Dutzende von Eltern fünf Dollar, tranken Punsch, aßen Gebäck und sahen sich die Arbeiten ihrer Kinder an. Am Erfrischungsstand begann Laura ein Gespräch mit Harry, den sie noch nicht kannte.

»Was halten Sie von den Bildern?« fragte sie.

Oh, ich versteh nichts von Kunst. Ich bin nur hier, weil meine Frau das wollte.« Harry sah sich um, und sein Blick fiel auf ein riesiges Gemälde, an dem ein blaues Band hing. »Das ist wahrscheinlich gut, nehme ich an.«

Laura erwähnte, daß ihr Sohn an dem Wettbewerb teilgenommen hatte, aber leer ausgegangen war. »Oh, das tut mir leid«, antwortete Harry sofort. »Das muß ja eine Enttäuschung für Sie gewesen sein.« Während des ganzen Gesprächs wirkte er nervös – als fühlte er sich fehl am Platz. Offensichtlich wußte er nicht, worüber er mit dieser fremden Person reden sollte. Schließlich erblickte er am anderen Ende des Raums seine Frau und nutzte die Gelegenheit, sich schnell zu verabschieden: »Dann auf Wiedersehen. Meine Frau will gehen.«

Laura erzählte mir, wie dumm sie diese Unterhaltung gefunden habe. Durch den Versuch, keinen Anstoß zu erregen, hatte Harry beleidigender auf sie gewirkt, als wenn er gesagt hätte, daß alle Arbeiten wie Kindergartengekleckse aussahen. Nicht nur hatte er sich geweigert, ein Urteil über die Ausstellung abzugeben – er wollte nicht einmal sein Kommen und Gehen selbst verantworten. Er gehorchte nur seiner Frau.

163

Und Laura fühlte sich zu Tode gelangweilt, auch wenn sie nur fünf Minuten mit ihm geredet hatte. Leute wie Harry – die sich fürchten, ihre Meinungen und Wünsche offen auszusprechen, wissen oft überhaupt nicht, worüber sie reden sollen. So füllen sie die Lücken, indem sie über Dinge sprechen, die ihrer Ansicht nach die anderen von ihnen hören wollen. Sie sind Reporter, Rechercheure, Beobachter. Und manchmal sind sie bloß anmaßend. Ob es ihm nun bewußt ist oder nicht, das Motto eines Mannes wie Harry ist: *nur ja keine Stellung beziehen.* Niemals. Lege dich nicht auf Ideen oder Handlungen fest, die nicht von oben autorisiert und abgesegnet sind. Warum? Weil die anderen dich auslachen werden, wenn du dich geirrt hast. Oder dich hassen oder eifersüchtig sind, wenn du im Recht bist. Man kann nichts gewinnen, wenn man sich mit etwas identifiziert.

Das ist Harrys Auffassung. Aber was für die Paranoia gilt, gilt auch hier: Wer kein Risiko eingeht, kann auch nichts gewinnen. Immer, wenn Sie Ihre eigene Persönlichkeit auslöschen – indem Sie zum Beispiel über einen Film bemerken, daß die Kritiker ihn in die Pfanne gehauen haben statt zu sagen, daß er Ihnen gefallen hat –, verstärken Sie Ihre Überzeugung, daß es gefährlich ist, sich klar zu engagieren und gehen so mit einem Gefühl der Angst und des persönlichen Unwerts durchs Leben. Abgesehen davon sind Sie für andere wahrscheinlich auch nicht sehr interessant, wenn alle Ihre Meinungen genauso gut auch im Lokalblatt stehen könnten.

Viele Menschen unterdrücken ihre Persönlichkeit selbst dann, wenn der Anlaß geringfügig ist. Zum Beispiel verstecken sie ihre eigenen Bedürfnisse hinter denen der anderen. »Meine Tochter braucht über die Feiertage meine Hilfe«, erklärt Gloria, wenn sie in Wirklichkeit nur mit ihrer Familie zusammen sein will. Sie geht davon aus, daß ihre eigenen Wünsche nicht zählen; sie sind nicht legitim. Mit dem Ergebnis, daß nächstes Mal der Besuch vielleicht ganz ausfällt, weil sie nicht deutlich macht, wie sehr sie sich über eine Einladung freut.

Bill, ein Angestellter im mittleren Management, hat eine andere Methode, um seine Persönlichkeit zu unterdrücken. Er glaubt, daß er beruflich nichts erreichen wird, wenn er nicht allem zustimmt, was seine Vorgesetzten sagen. Das wird manch-

mal schwierig, wenn die Vorgesetzten untereinander nicht übereinstimmen. Es wird ihm immer mehr zur Gewohnheit zu
lavieren – es allen recht zu machen –, und er spielt den Jasager
selbst zu Hause und auf Parties. Auch hier ist Selbsterschaffung
im Spiel: Jede einzelne Handlung, mit der er sich selbst aus-
löscht, verstärkt Bills Überzeugung, daß es *notwendig* ist, sich
auszulöschen und daß seine eigenen Ansichten wertlos sind. Allmählich verliert er das Gefühl für seine wirklichen Bedürfnisse;
sein Leben läßt Schwung und Spannung vermissen. Und er muß
mit ansehen, daß ein anderer in der Firma, der eigene Ideen hat,
viel schneller vorwärtskommt als er.

Wenn Sie Ihre Persönlichkeit unterdrücken, unterdrücken Sie
eventuell auch Ihren Appetit auf das Leben überhaupt. Und
wenn sie jeder Verantwortung aus dem Wege gehen, sind Sie
bald überzeugt, den anderen ausgeliefert zu sein. Sie werden re-
signiert und gleichgültig. Diese Entwicklung ist nicht ohne Ironie: Sie meiden die Verantwortung, werden fatalistisch und reduzieren so Ihre Fähigkeit zu erkennen, daß Sie selbst für diese
Entwicklung verantwortlich sind – daß Ihre eigenen Handlungen Ihre Ansichten erschaffen. Es kommt für Sie darauf an, diesen Teufelskreis zu erkennen.

Die folgenden zehn Ratschläge können Ihnen helfen. Probieren Sie sie wenigstens ein paar Wochen lang aus. In jedem einzelnen Fall unterlassen Sie eine Handlung, die durch Angst, sich
bloßzustellen, motiviert ist – und somit die Angst verstärkt. Es
wird nicht leicht sein, diese Handlung zu unterlassen, wenn Sie
gar nicht genau wissen, wo Ihre Interessen liegen, aber weiter
unten werde ich Ihnen noch zeigen, wie Sie sich über Ihre eigenen
Ziele klar werden können.

Wenden Sie in dieser Übung wieder die »Vergrößerungsmethode« an – so wird Ihnen Ihre eigentliche Motivation klar sowie
die Diskrepanz zwischen dem, was Sie zu tun glauben und dem,
was Sie in Wirklichkeit erreichen. Versuchen Sie, während dieser
paar Wochen Ablenkungen auszuschalten: Es ist Ihr Ziel, über
Ihr inneres Leben nachzudenken. Wenn Sie können, halten Sie
sich beim Arbeiten, Essen und Schlafen an einen genauen Zeit-
plan. Dann brauchen Sie nämlich für Ihren äußerlichen Lebensablauf keine Entcheidungen zu treffen; sie erfolgen automatisch

und mühelos. Wenn Sie sich zu sehr mit dem täglichen Klein-kram befassen, ist das der inneren Einsicht, die Sie anstreben, nur hinderlich.

Beachten Sie während dieser Versuchszeit folgendes:

1. Machen Sie nicht andere oder anderes für Ihre Schwierigkeiten verantwortlich. Reden Sie am besten überhaupt nicht darüber, sondern sprechen Sie immer nur von dem nächsten Schritt – davon, wie es weitergehen soll. Wenn Sie das Mitgefühl der anderen suchen – weil sie glauben, das würde Ihnen zumindest für den Augenblick helfen –, dann *schwächen* Sie dadurch das Gefühl Ihrer eigenen Stärke. Das gleiche gilt, wenn Sie sich einreden, Sie würden ausgenutzt oder wären das Opfer anderer.

2. Verstecken Sie sich bei Ihren Entscheidungen nicht hinter anderen. Wenn *Sie* den Babysitter hinauswerfen, sagen Sie nicht, daß Ihre Frau es so will.

3. Zitieren Sie nicht die Meinungen anderer. Sie schlagen zum Beispiel ein Restaurant vor; sagen Sie nun nicht, daß Soundso es empfohlen hat. Machen Sie sich selbst für die Idee stark. Andere zu zitieren, richtet zwar normalerweise keinen Schaden an, aber wenn Ihr Selbstbewußtsein unterentwickelt ist, sieht die Sache anders aus. Deshalb zitieren Sie einmal mehrere Wochen lang niemanden, und prüfen Sie, ob die »Vergrößerungsme-thode« Ihnen hilft. Fühlen Sie sich besser oder kaum verändert – oder kommen Sie sich verloren vor?

4. Wenn Sie etwas tun, schieben Sie die Verantwortung dafür nicht auf andere ab, selbst wenn es sich um ein Fiasko handelt, das durch die Idee eines anderen verursacht wurde.

5. Vermeiden Sie das Wort »wir«. Wenn Sie eine Einladung ab-lehnen, sagen Sie, daß *Sie* zu müde sind, ohne zu berücksichti-gen, ob das auch für Ihren Partner zutrifft. Sprechen Sie in der ersten Person Singular.

6. Diktieren Sie anderen keine Gefühle. »Ich bin sicher, daß dir das nicht gefällt.« »Ich weiß, daß du dich in Gegenwart von John nicht wohlfühlst; so werde ich ihn nicht einladen.« Die Gefühle der anderen ändern sich, genau wie Ihre eigenen. Sie können jemanden fragen, was er empfindet, aber schreiben Sie es ihm nicht vor. Wenn Sie das tun, führen Sie sich wie ein ängstlicher Jasager auf, der ständig vorwegzunehmen versucht, was andere hören wollen. Das Ergebnis? Ihre Angst, einfach Sie selbst zu sein, verstärkt sich. Ihre Freunde sind verschnupft.

7. *Lassen Sie sich von anderen Ihre wirklichen Gefühle nicht ausreden.* Weisen Sie sie (möglichst freundlich) darauf hin, daß Ihre spontanen Gefühle dem Willen nicht unterworfen sind – und daß Sie auf jeden Fall ein Recht auf Ihre Gefühle haben. Entschuldigen Sie sich für Ihre Gefühle niemals bloß um des lieben Friedens willen.

8. *Wenn Sie Freunden oder Fremden von sich selbst erzählen, beschränken Sie sich nicht nur auf die Fakten.* Erwähnen Sie während dieser Wochen so wenig Tatsachen wie nur möglich; äußern Sie statt dessen Meinungen, und zeigen Sie Reaktionen. Versuchen Sie nicht, Fremde mit Statussymbolen zu beeindrukken (man würde Sie sonst nur als den Besitzer einer bestimmten Yacht kennen und nicht als Harry Meyer). Vermeiden Sie auch Füllsel, zum Beispiel die detaillierte Aufzählung alles dessen, was Sie seit sechs Uhr morgens getan haben.

9. *Begnügen Sie sich bei anderen nicht nur mit den Fakten.* Wenn Sie Leute kennenlernen, stellen Sie nicht die üblichen Formularfragen: wo sie geboren sind, zur Schule gingen, arbeiten, wohnen. Versuchen Sie, sie als Individuen ohne diese Information kennenzulernen. Das wird Ihnen schwerfallen, aber es ist ein Schritt, den Teufelskreis der Furcht zu durchbrechen – der Furcht, daß Sie etwas über sich selbst verraten könnten. Sie verstärkt sich nämlich nur, wenn Sie einer wirklichen Unterhaltung aus dem Wege gehen.

10. *Proben Sie während dieser Zeit keine Ihrer Äußerungen vorher durch.* Erzählen Sie keine Geschichte, bei der Sie schon genau wissen, wie Sie sie bringen. Vorher durchgeprobte Erzäh-

167

lungen verstärken die Furcht, man könnte alles verkehrt machen, sobald man spontan wird.

Höchstwahrscheinlich werden Sie sich während dieser Wochen unbehaglich fühlen. Jahrelang haben Sie Ihre eigene Identität und Ihre Ideen unterdrückt, und nun tun Sie genau das Gegenteil. Sie treten selbstbewußt auf, reden positiv, handeln nach der Überzeugung, daß Sie ein Recht auf Ihre Meinungen haben und daß diese Meinungen Respekt verdienen. Bedenken Sie: Dieses Unbehagen wird verschwinden, wenn Sie fortfahren, Ihre neuen Grundsätze zu verstärken. Dann erscheint Ihnen auf einmal alles ganz natürlich. Das neue Gefühl, ein Recht auf Persönlichkeit zu haben, kommt Ihnen nicht nur gelegentlich; es begleitet Sie von jetzt an so gut wie ständig. Allerdings erfolgt die Änderung nicht über Nacht, denn wahrscheinlich haben Sie ja auch eine Reihe von Taktiken entwickelt, mit denen Sie Ihre Persönlichkeit unterdrücken. Sie haben noch gar nicht erkannt, wie sehr Sie sich damit selbst schaden. Aber es ist Ihre Aufgabe, diese Taktiken, die Sie niederstimmen, zu durchschauen und auszumerzen. Es wird Ihnen zwar nicht gelingen, von heute an jede einzelne Taktik, die Ihnen schadet, zu identifizieren oder aufzugeben; machen Sie aber einen Anfang. Nach den ersten Wochen wird es einfacher.

Gleichzeitig sollten Sie auch ein paar positive Dinge tun:

1. Wenn Sie jemand fragt, was Sie über eine Sache denken, antworten Sie so schnell wie möglich. Legen Sie Ihre Reaktion nicht auf die Goldwaage. Sie haben ein Recht auf Ihre Reaktionen – selbst auf den Wunsch, einem anderen den Hals umzudrehen. Wenn Sie sagen, daß Sie Soundso am liebsten umbringen würden, so verpflichtet Sie das keineswegs dazu, es auch zu tun; Sie entschließen sich vielleicht nur, mit ihm am nächsten Tag nicht Karten zu spielen. Eine schnelle Antwort ist fast immer authentischer als eine zögernde – und Sie wollen sich ja gerade abgewöhnen, echte Antworten zu umgehen.

2. Vor jedem Telefongespräch schreiben Sie genau nieder, was Sie wollen. Vielleicht wollen Sie eine Frage stellen, etwas aushandeln oder die Stimme eines Freundes hören. Kommen Sie schnell zur Sache, und versuchen Sie nicht, das Gespräch in die Länge zu ziehen. Der Sinn dieser Übung ist, das Bewußtsein dafür zu schärfen, ob Sie Ihre Ziele durch Ihr tägliches Handeln auch wirklich verfolgen. Ich sage nicht, daß diese klare Zielsetzung für jedermann jederzeit notwendig ist; aber das Problem, das wir in diesem Kapitel erörtern, wird mit dieser Methode leichter gelöst. Im besonderen achten Sie während des Gesprächs auf jeden aufkeimenden Impuls, etwas zu sagen oder auszulösen, was klar über den schriftlich niedergelegten Zweck des Anrufs hinausgeht. Fragen Sie sich: »Habe ich tatsächlich versucht, mich selbst zu betrügen, als ich einen so netten, respektablen, vernünftigen Grund für den Anruf niederschrieb, obwohl doch das wahre Motiv ein ganz anderes war?« Es ist wichtig, daß Sie in der Lage sind, Ihre wahren Motive zu erkennen, denn *sie* sind es, die durch Ihre Handlungen verstärkt werden. Keiner zwingt Sie anzurufen – Sie selbst entscheiden sich dafür, um einen bestimmten Zweck zu erreichen. Und manchmal, wenn Sie den Zweck ehrlich artikulieren, werden Sie merken, daß Sie den Anruf überhaupt nicht machen sollten.

Zum Beispiel, wenn Sie Jim anrufen, so haben Sie den Vorwand vor sich selbst – den vermeintlichen Impuls, der hinter dem Griff nach dem Telefonhörer steht –, daß Sie ihn an eine bevorstehende Konferenz erinnern wollen. Denken Sie aber ehrlich darüber nach, so wissen Sie, daß er Sie in Wirklichkeit wegen irgend etwas beruhigen sollte. Greifen Sie nicht nach einem solchen Beruhigungsmittel.

3. Vergessen Sie nie den Satz: Keiner zwingt Sie. Bezeichnen Sie niemanden – auch sich selbst nicht – als ein Opfer der Umstände. Sally kann es weder in ihrem Beruf, noch in Ihrer Ehe mehr aushalten, aber sie *muß* das auch keineswegs. Dave mußte vor dem Chef keine abfälligen Bemerkungen über einen Rivalen machen. Es gibt sehr, sehr wenige Dinge, die zu sagen oder zu tun Sie je gezwungen sein werden. Das wird Ihnen klar, wenn Sie darauf achten, wie andere ihre Entscheidungen treffen und sich nicht in etwas hineinzwingen lassen.

4. Reden Sie über die Gegenwart statt über die Vergangenheit. Versuchen Sie – so lange bis Sie sich daran gewöhnt haben –, nichts zu erwähnen, was mehr als einen Tag zurückliegt. Dadurch konzentrieren Sie sich auf die Entscheidungen und Gefühle des Tages.

5. Beantworten Sie folgende Fragen:
○ Was sind Ihre Hauptziele?
○ Was lieben Sie?
○ Wann – in welchen Situationen – würden Sie höchstwahrscheinlich Mut zeigen?
○ Wann fällt es Ihnen am schwersten, Mut zu zeigen?
○ Was tun Sie, um das, was Sie sich wünschen, auch zu bekommen?
○ Sie sind 95 und liegen im Sterben. Sie beklagen, daß es Ihnen nicht gelungen ist, eine bestimmte Sache zu tun. Welche Sache wäre das?
○ Sie sind 95 und bedauern, daß Sie bestimmte Erfahrungen nie gemacht haben. Welche könnten das sein?
○ Welche vier möglicherweise wahren Sätze würden Sie am liebsten auf Ihrem Grabstein verewigt sehen?
○ Welche vier möglicherweise wahren Sätze würden Sie am wenigsten gern dort verewigt wissen?
○ Welche Menschen hassen Sie?
○ Wenn Sie sich in schwerer See auf einem Rettungsfloß befänden und könnten sechs Menschen, die Sie kennen, retten, welche würden Sie auswählen und warum?

Sie müssen diese Fragen nicht ein für allemal beantworten. Da Sie sich für das entscheiden, was jetzt für Sie wichtig ist, können Sie sich auch dafür entscheiden, es später eventuell zu ändern. Wenn Sie erst einmal dessen bewußt sind, daß Sie sich etwas wünschen – und was das ist –, dann können Sie die Ziele verfolgen, an die Sie glauben und diejenigen revidieren, für die das nicht mehr gilt.

6. Führen Sie für einige Monate, oder auch länger, ein »emotionales Tagebuch«, falls Ihnen das weiterhilft. Schreiben Sie jeden

170

Tag zwei Ereignisse nieder. Beschreiben Sie detailliert die Entscheidungen, die Sie treffen und Ihre Reaktionen. Achten Sie auf die verschiedenen Arten von Emotionen, und halten Sie sie fest – beschränken Sie sich nicht darauf, nur Unbehagen festzuhalten wie Verlegenheit, Neid oder Wut über die Art, wie Sie behandelt worden sind. Schreiben Sie auch auf, wenn Sie sich stolz fühlen, zuversichtlich, überschwenglich, mitfühlend.

Nach einer Weile werden Sie in der Lage sein zu erkennen, wodurch diese Gefühle ausgelöst werden. Sie haben immer das Gefühl einer gewissen Schwerfälligkeit oder Bedeutungslosigkeit, wenn Sie mit Barry und Sue zusammen gewesen sind. Oder Sie neigen dazu, sich in der Gesellschaft von Jules und Allison einfach großartig zu fühlen. Welche Entscheidungen haben Sie getroffen, die zu diesem Ergebnis beitrugen. Sie entschieden sich zum Beispiel, den Mund zu halten, als Barry und Sue Witze über Ihre Freunde machten. Es befriedigt Sie hingegen, wie Sie mit Jules und Allison reden können, die immer so gut zuhören, wenn Sie von sich selbst erzählen.

Während Sie dieses Tagebuch führen, werden Sie verstärkt das Gefühl haben, daß Sie Ihr eigenes Leben selbst in die Hand nehmen. Und wenn Sie die Umstände untersuchen, die mit diesen Gefühlen verbunden sind, werden Sie zu nützlichen Einsichten über Ihr Verhalten kommen.

Sie können anfangen, sich im Recht zu fühlen, statt immer im Unrecht zu sein oder ständig ins Unrecht gesetzt zu werden. Sie können Ihr eigenes Leben wählen, bewegen und formen. Statt sich selbst als ein vom Schicksal gebeutelter Mensch zu sehen, können Sie der romantische Held sein, der gegen das Schicksal ankämpft. *Und gewinnt.*

19
Wie Sie zu einer Entscheidung kommen

Was geschieht, wenn Sie eine Entscheidung treffen müssen? Eine ganz einfache Entscheidung, zum Beispiel was Sie heute anziehen oder wo Sie zu Mittag essen wollen. Oder eine schwierigere: Sollte ich Jura studieren, meine Stelle kündigen, zu meinem Freund ziehen, für den Verein einen bestimmten Fußballer einkaufen? Können Sie sich entscheiden und entsprechend handeln, oder machen Sie sich übermäßig Gedanken über die Konsequenzen?

Wenn Sie sich aber Gedanken machen, wissen Sie überhaupt genau, worüber? Marjorie, eine Witwe von sechsunddreißig, erzählte mir, daß sie Wochen brauchte, um zu entscheiden, wo sie ein Bild ihres verstorbenen Mannes aufhängen wollte. Erst sollte es in die Mansarde, dann stellte sie es doch wieder auf ihrem Nachttisch auf. Danach kam es wieder in die Mansarde – und so weiter. Schließlich sagte ihr sechsjähriger Sohn zu seiner Schwester: »Mami weiß nicht, was sie mit Papi tun soll.« Und er hatte recht. Seit zwei Jahren war Marjorie mit Joel, einem Geschäftsmann aus dem gleichen Ort, liiert, und nun wollte er sie heiraten. Aber sie konnte sich nicht entscheiden, welchen Platz sie ihrem ersten Mann einräumen sollte – mit anderen Worten, ob sie wirklich ein neues Leben mit einem anderen Mann beginnen wollte. Als sie erst einmal erkannt hatte, worum es ging, war es gar nicht mehr wichtig, wohin sie das Bild stellte. Wichtiger war, daß sie sich jetzt auf die eigentliche Entscheidung konzentrieren konnte: nämlich ob sie heiraten sollte oder nicht. Zwei Wochen später packte sie das Bild endgültig fort und nahm Joels Antrag an.

172

Unentschlossenheit in einer bestimmten Sache ist oft das Zeichen für einen Konflikt, der wegen einer ganz anderen Sache bestehen kann. Frank konnte sich nicht entscheiden, ob er einen großkarierten oder einen soliden grauen Anzug kaufen sollte. Der karierte Anzug kam ihm zu auffällig vor, der graue zu konservativ. Immer wenn er wieder in den Laden ging (und die Verkäufer gewöhnten sich allmählich daran, ihn fast jeden Mittag zu sehen) und schon fast entschlossen war, sagen wir mal den karierten Anzug zu kaufen, kamen ihm Zweifel, ob nicht doch der graue geeigneter wäre.

Zur gleichen Zeit versuchte Frank, selbstbewußteres Auftreten zu erlernen. Er hatte seine Kindheit bei einem sehr strengen Onkel verbracht, der der Auffassung war, daß junge Leute vor allem lernen mußten, wie man sich »benimmt«. Oder es setzte was. Und sein Onkel kaufte ihm nur altmodische Anzüge, in denen er sich unbehaglich fühlte und die um jeden Preis sauber gehalten werden mußten.

Frank wurde zu einem Musterknaben. Er war schüchtern und hatte Angst, eigene Ideen vorzubringen. Zweimal wurde er bei Beförderungen übergangen. Keine Initiative, hieß es.

Eigentlich versuchte Frank nicht, sich zwischen zwei Anzügen zu entscheiden, sondern zwischen zwei Lebensformen. Und er hatte Angst vor dieser Entscheidung, entweder sein konservatives Leben weiterzuführen, das ihm so wenig Freude und Erfolg gebracht hatte oder sich vorzuwagen und das Risiko einzugehen, sich lächerlich zu machen. Selbst ein so kleines Risiko wie das Tragen eines großkarierten Anzugs jagte ihm Angst ein. Er hörte schon, wie die anderen sagten: »Guck mal, unsere graue Maus im schicken Karo.«

Franks Ängste – Angst, sich durchzusetzen, Angst, kritisiert zu werden und Angst, sich zu ändern – machen ihn unentschlossen (und Unentschlossenheit verschlimmert wiederum seine Ängste). Fast immer, wenn Sie oder ich nicht zu einer Entscheidung kommen können, steckt irgendeine Angst dahinter.

Die Angst, sich lächerlich zu machen, zum Beispiel, kann dazu führen, daß wir das Pro und Kontra bei ganz simplen Entscheidungen stundenlang debattieren. Habe ich den Nerv und kaufe die rote Satin-Bettdecke? Sollte ich Ed bitten, nach der Arbeit noch ein bißchen auszugehen? Sollte ich ein Steak oder gefüllte Auberginen servieren, wenn die Bradleys zum Dinner kommen? Einen Augenblick – über Steak könnten sie die Nase rümpfen – es ist nicht besonders kreativ – aber sie könnten wenigstens nicht sagen, daß ich zu sparsam bin. Und die Auberginen könnten mir mißlingen. Andererseits . . .

Und dann gibt es die Furcht, *kategorisiert* zu werden. Das ist fast eine Art Klaustrophobie; Sie glauben, daß Sie, wenn Sie sich für eine Sache entschieden haben, nichts anderes mehr tun können. Daß Sie lebenslänglich auf ein bestimmtes Gleis festgelegt sind und ein bestimmtes Etikett tragen. Diese Denkweise ist sehr verbreitet: Athleten können keine Denker sein; man ist entweder gut in Sprachen oder Mathematik, nicht in beidem; Sie können nicht gleichzeitig klassische und Rock-Musik lieben.

Oft leiden sehr intelligente und begabte Menschen unter dieser Klaustrophobie. Blake, ein Schauspieler, der finanziell in Schwierigkeiten war, fürchtete, daß sein Talent vor die Hunde gehen würde, wenn er mehrere Stunden am Tag Taxi fahren müßte. Und eine hochbegabte junge Frau, die sich nicht zwischen Medinzinstudium und einer Ausbildung zur Sängerin entscheiden konnte, nahm schließlich eine untergeordnete Arbeit an, während derer sie versuchen wollte, zu einer Entscheidung zu kommen.

Das ging so fünf Jahre lang, und sie konnte sich immer noch nicht entscheiden. Schließlich begann sie mit dem Medizinstudium, aber in den fünf Jahren, die sie durch ihre Unschlüssigkeit verloren hatte, hätte sie auf beiden Gebieten viel mehr erreichen können.

Angst, Bedauern und Versagen liegen alle auf der gleichen Ebene wie die Unfähigkeit, zu einer Entscheidung zu kommen. Sie verschwenden Zeit und Energie, wenn Sie Ihre Entscheidung hinauszögern, und dann verlieren Sie noch mehr Zeit, wenn Sie darüber nachgrübeln, ob Sie besser etwas anderes getan hätten. Wahrscheinlich bleibt dabei auch Ihr Sinn für Humor auf der Strecke – schließlich müssen Sie ja so viele wichtige Entscheidungen in Ihrem Kopf hin- und herwälzen. Sie werden sehr abhängig von dem Rat und den Meinungen anderer Leute. Und am Ende scheint es Ihnen, daß die ganze Welt Ihnen feindlich gesonnen ist, daß sie nur darauf wartet, bei Ihrem ersten Fehler über Sie herzufallen.

Wie gewöhnlich gilt es auch hier, einen ganzen Kreis von Gewohnheiten zu durchbrechen. Immer wenn Sie eine kleine Entscheidung treffen müssen, sollten Sie sich darauf drillen, das so schnell wie möglich zu tun. Wenn Sie zum Beispiel einen Film auswählen, einen Brief schreiben oder einen Mantel kaufen müssen, setzen Sie sich eine Frist. Für den Film könnten das fünf Minuten sein, für den Brief eine Stunde, für den Mantel zwei oder drei Stunden.

Zwingen Sie sich, während dieser Frist zu einer Entscheidung zu kommen und dann auch dabei zu bleiben (schreiben Sie nicht den Brief, um ihn gleich wieder durchzureißen, und bringen Sie den Mantel nicht am nächsten Tag in den Laden zurück). Sie müssen damit rechnen, das Gefühl zu haben, daß Sie verhängnisvolle, unverantwortliche Entscheidungen treffen; dieses Gefühl ist ja gerade Ihr Problem. Aber nach einigen Tagen werden Sie wahrscheinlich finden, daß Sie mit Ihrer Entscheidung viel zufriedener sind als Sie zunächst dachten. Natürlich sollten Sie diesen Drill nicht bei größeren, weitreichenden Entscheidungen anwenden. Entscheiden Sie nicht innerhalb weniger Minuten oder Stunden, ob Sie heiraten oder sich scheiden lassen sollen, ein Kind in die Welt setzen oder größere Geldsummen investieren. Aber der Drill soll Ihnen mehr Vertrauen in Ihre Fähigkeit geben, solche Probleme zu lösen, wenn sie sich stellen.

Viele Künstler bedienen sich eines ähnlichen Drills und verschaffen sich damit die Freiheit, Experimente und Fehler machen zu können. Sie skizzieren irgend etwas in nur drei Minuten oder ohne den Bleistift auch nur ein einziges Mal abzusetzen. Wenn das Bild gelingt, um so besser; wenn nicht, dann hat es ihnen geholfen, sich nicht durch Perfektionismus lähmen zu lassen. Wenn man versucht, immer perfekt zu sein, so ist man auf dem besten Wege, gar nichts zu schaffen; so als schöbe man einen Brief immer wieder auf, bis man genau die richtigen Worte findet. Und wenn das nie gelingt? Auch hier ist stets unser Prinzip am Werk. Je länger und intensiver Sie über eine Entscheidung nachdenken, desto wichtiger erscheint sie Ihnen. Selbst wenn es sich um etwas Nebensächliches handelt.

Die folgenden fünf Übungen helfen Ihnen – zusammen mit der oben beschriebenen Methode, die Entscheidungen zu beschleunigen –, das Gefühl zu verlieren, Sie sollten Ihrem eigenen Urteil besser nicht trauen.

1. Hören Sie auf, sich für jeden Fehler zu entschuldigen. Sie beweisen damit nur Ihre Unschlüssigkeit: Sie tun Ihr Bestes und werfen sich dann vor, daß Ihre Mühen sinnlos waren. Und jedesmal, wenn Sie eine überflüssige Entschuldigung vorbringen, bestärken Sie sich in der Vorstellung, daß Sie immer wieder schwere Fehler machen. Auch wenn es Ihnen zunächst Unbehagen bereitet, Sie werden, wenn Sie sich nicht entschuldigen, allmählich denken, daß Fehler erlaubt sind und sich in diesem Gedanken bestärken.

2. Verteidigen Sie das Recht anderer Leute auf Fehler. Hüten Sie sich vor allem davor, jemand anders zum Sündenbock zu machen, während in Wirklichkeit Sie selbst nervös sind.

Wilma, die sich in einer unbekannten neuen Stadt einsam fühlte, ließ an niemandem etwas Gutes, der zu einer Bar für Singles ging. Solche Leute waren Herumtreiber und hoffnungslose Typen. Wenn eine Kollegin im Büro sie einlud, mit einer Gruppe zusammen in eine neue Bar zu gehen, fühlte sie sich hin und her gerissen: Eigentlich wollte sie gern gehen – aber wie konnte sie das, nachdem sie schon den bloßen Gedanken in Grund und Boden verdammt hatte? Sie konnte sich nur zu gut vorstellen, wie man ihre eigenen Worte gegen sie kehren würde.

Je mehr Toleranz Sie anderen gegenüber zeigen, desto stärker werden Sie andererseits glauben, daß auch Ihre Umwelt tolerant ist.

3. Verklären Sie nicht die Vergangenheit, und machen Sie die Gegenwart nicht schlecht. Menschen, die unentschlossen sind, idealisieren oft andere, die ihnen in ihrer Jugend perfekt vorkamen. Sie bemühen sich noch immer, diese Perfektion zu erreichen (mehr darüber später) und beklagen sich darum um so stärker über alle möglichen Unzulänglichkeiten.

Statt anzunehmen, daß jemand, den Sie einmal bewundert

haben, perfekt war, sollten Sie besser glauben, daß er (vor allem) *entschlußfreudig* war – so daß seine Fehler kaum Beachtung fanden. Bemühen Sie sich um Entschlußfreudigkeit, nicht um Perfektion.

4. Hören Sie auf, andere um Rat zu bitten. Wenn Sie unschlüssig sind, dann kennen Sie wahrscheinlich eine Anzahl von Experten, von denen Sie gute Ratschläge erwarten. Das nächste Mal, wenn Sie etwas kaufen müssen, besonders wenn es sich um Dinge handelt, die mit Ihrem Image zu tun haben, wie Kleidungsstücke oder Einrichtungsgegenstände für Ihre Wohnung, fragen Sie niemanden um Rat, weder Ihre Mutter, noch Ihren Schwager, noch Ihre Nachbarin mit dem guten Geschmack. Machen Sie Ihre eigenen Fehler.

5. Kopieren Sie nicht andere. Wenn Sie immer an den gleichen Urlaubsort fahren wie Ihre Schwester, suchen Sie sich etwas Neues. Wenn die Nachbarin mit dem guten Geschmack eine bestimmte Automarke fährt, entscheiden Sie sich nicht für die gleiche. Noch einmal, machen Sie Ihre eigenen Fehler. Oder vielleicht finden Sie sogar, daß Ihre eigenen Ideen besser sind. Wichtig ist auch hier immer das Prinzip der Selbsterschaffung: Wenn Sie sich in dem Glauben bestärken, daß Sie gute, originelle Ideen haben und daß Sie Ihre eigenen Entscheidungen treffen *können*, verstärken Sie den Glauben an sich selbst.

Wenn Sie diese Ratschläge befolgen, ergeht es Ihnen wie beim Ablegen einer Gewohnheit. Zuerst fühlen Sie sich verängstigt, dann werden Sie ruhiger. Das bedeutet nicht, daß Sie immer wissen, wie alles schließlich ausgehen wird – manchmal müssen Sie noch mit gemischten Gefühlen kämpfen –, aber Sie werden fähig sein, weiterzumachen und trotz dieser gemischten Gefühle zu *handeln.* Wogegen Sie zu Beginn die gleichen gemischten Gefühle – oder noch Schlimmeres – hatten und eine Ewigkeit brauchten, um etwas zu erledigen.

Zu Beginn – wenn Ihre Sorge, dic falsche Entscheidung zu treffen, am stärksten ist – sollten Sie versuchen, so viel wie möglich über sich selbst zu lernen. Benutzen Sie dazu die Methode der Vergrößerung: Fragen Sie sich, was *schlimmstenfalls* passieren könnte. Daß Ihre Eltern wütend werden? Daß Sie jeden Halt verlieren? Daß Sie ausgelacht werden? Daß Sie Ihre Freunde oder Ihre Stelle verlieren?

Einige dieser Ängste – wie zum Beispiel Marjories Angst, ihren verstorbenen Mann zu betrügen – werden bei Tage besehen zu nichts. Sie verschwinden, wenn man sie genauer betrachtet. Andere können hartnäckiger sein, wie Franks Angst, sich durchzusetzen.

Wenn Sie geheime Ängste hinter Ihrer Entschlußlosigkeit entdecken, so denken Sie gründlich darüber nach. Sind sie realistisch? Warum sind sie so wichtig? Vielleicht will Sie jemand auslachen. Aber wäre das denn wirklich so schlimm? Denken Sie daran, daß eine einzige Handlung nicht über Ihr ganzes Leben entscheiden kann. Frank könnte zum Beispiel den großkarierten Anzug kaufen, aber, falls er es wünschte, seine weiteren Entscheidungen wie gewohnt treffen. Schließlich gibt es verschiedene Arten, einen Anzug zu tragen; wenn er ihn trägt und sich noch mehr als sonst hängen läßt – als wollte er diese eine waghalsige Entscheidung gleichsam wiedergutmachen –, dann wird der Anzug sein Leben in keiner Weise ändern. Aber wenn er einen neuen Anfang machen will und dem ersten Schritt weitere folgen läßt, dann kann er auf der ersten Entscheidung aufbauen. Er könnte zum Beispiel wagen, sich bei der nächsten Konferenz zu Wort zu melden, oder einen interessanten Kollegen zum Mittagessen einzuladen.

Wenn Sie insgeheim fürchten, auf ein einziges Gleis festgelegt zu sein, kann Planung Wunder wirken. Viele Menschen verfolgen im Lauf ihres Lebens, manchmal sogar gleichzeitig, die verschiedensten Ziele. Je nachdem, was Sie vorhaben – Pilot, Buchhalter oder Vater zu werden; Sanskrit zu lernen; eine Schihütte zu bauen; um die Welt zu reisen –, müssen Sie einfach einen Plan ausarbeiten, der bestimmten Unternehmungen bestimmte Stunden oder vielleicht sogar Jahre zuweist.

Wenn Sie schließlich Ihre Ängste überprüfen, finden Sie vielleicht, daß bestimmte Leute Ihnen Angst »einjagen«. Sie geben zum Beispiel gern Parties, aber wenn die Meyers kommen, dann brauchen Sie doppelt so lange, bis Sie wissen, welchen Wein, welchen Käse, ja sogar welches Gebäck Sie anbieten wollen. (Oder vielleicht sollten Sie sogar Ihr eigenes Brot backen. Die Meyers scheinen so etwas immer im Hause zu haben.) Oder sie machen sich viel mehr Gedanken als üblich über Ihre Kleidung, wenn Sie mit Lee und Norman verabredet sind.

Fragen Sie sich, warum Sie so bestrebt sind, diesen Leuten zu gefallen. Sind sie überkritisch? Und wenn ja, wie verhalten Sie sich gegenüber dieser Kritik. Wenn sie mit Sicherheit nicht überkritisch sind, denken Sie darüber nach, ob Sie vielleicht etwas ganz Besonderes von diesen Menschen wollen und sich daher von ihnen abhängig fühlen. Eine Beziehung ist nicht in Ordnung, wenn sie bei Ihnen zu Unentschlossenheit führt; die besten Freundschaften sind diejenigen, bei denen Sie sich frei fühlen, auch Fehler zu machen.

Nehmen Sie einfach an, daß Sie diese Freiheit haben. Setzen Sie einen bestimmten Zeitraum, zum Beispiel einen Morgen, fest, um für die Party einzukaufen, und bleiben Sie dabei. Dadurch unterstellen Sie, daß die Eingeladenen Ihnen wohlgesonnen sind und die von Ihnen getroffenen Vorbereitungen würdigen werden.

Behandeln Sie ihre Kritik (wenn es wirklich dazu kommt) wie jede andere Kritik – es lohnt sich, sie anzuhören, aber nicht, sich selbst deswegen zu hassen.

Unschlüssigkeit entwickelt sich gewöhnlich im Umgang mit äußerst kritischen Erwachsenen, besonders Eltern. Sie zögern, weil Sie das Gefühl haben, daß Ihre Eltern im Recht sind, wenn sie Sie bei einer falsch getroffenen Entscheidung als dumm bezeichnen.

Und vielleicht haben die Leute, die Sie nervös machen, in Ihrem Leben die frühere Rolle der Eltern übernommen.

Versuchen Sie, sich genau vorzustellen, was die Meyers sagen werden, wenn ihnen Ihr Wein nicht schmeckt. Dann erinnern Sie sich daran, was Ihre Eltern sagten, wenn ihnen etwas nicht gefiel. Wenn beide Äußerungen ähnlich sind (oder Sie das Gefühl haben, in den Boden sinken zu müssen, wenn Sie an die Meinung der Meyers oder Ihrer Eltern denken), räumen Sie den Meyers unnötige Macht, Sie zu verletzen, ein (was diese vielleicht gar nicht wollen und nicht einmal ahnen). Schließlich sind sie ja nicht

Ihre Eltern, und mittlerweile sollten nicht einmal mehr Ihre Eltern die Macht haben, Sie unglücklich zu machen.

»Hat es Zweck, das Weltall aufzustören?« fragt sich J. Alfred Prufrock in einem Gedicht von T.S. Eliot.

Es hat Zweck. Sie haben viel weniger zu verlieren und mehr zu gewinnen als Sie denken.

20
Wie man
Erfolg hat

Dies ist nicht unbedingt ein Kapitel zum Thema, wie man Millionär wird – und es verrät auch nicht neunundneunzig Regeln, um andere einzuschüchtern. Oder gar wie man durch richtige Kleidung zum Manager werden kann.

Es handelt von jedem nur denkbaren Erfolg, den Sie sich wünschen könnten, den Sie sich aber selber vorenthalten. Der eine will ein Industriemagnat, der andere nur ein phantastischer Bridge-Spieler werden. Und es gibt keinen Grund, warum er das nicht schaffen sollte, außer daß er sich selbst daran hindert.

Ich fragte einmal Althea Gibson, die große Tennisspielerin, welcher Schlag für sie der schwerste sei. Ich erwartete etwas wie »Rückhand-Cross« oder »Überkopfball«. Statt dessen sagte sie: »Der letzte Ball.« Und erklärte dann, daß sie sich auf dem Tennisplatz am wohlsten fühle. Sie würde ihn am liebsten nie verlassen, auch nicht als Siegerin.

Anders als die meisten Tennisstars kam die Gibson nach dem Spiel zurück in eine von Armut geprägte und äußerst gefährliche Wohngegend. Sie war der erste schwarze Tennis-Star. Das Ende des Spiels bedeutete für sie, das luxuriöse Stadion von Forest Hills, die Kameras und das Publikum zu verlassen – und zurück ins Getto zu gehen, zu Freunden, die mit dem Geld, das ein Tennis-Fan für eine Eintrittskarte ausgibt, mehrere Tage würden leben können.

Nicht daß dies Althea Gibson hätte aufhalten können. Der Impuls, auf dem Platz zu bleiben, konnte den letzten entscheidenden Schlag, der sie zur Meisterin machte, nicht verhindern. Aber die Versuchung war immer da – und sie könnte ähnlich auch für Sie da sein. Und vielleicht könnten Sie noch etwas mehr tun, um ihr zu widerstehen. »Aber wovon redet er denn? Jeder *will* doch Erfolg haben.«

Ja und nein. Viele von uns wollen erfolgreich sein – und wollen es auch wieder nicht. Wir sind gehemmt, wenn es um Erfolg geht. Neben unserem offensichtlichen Wunsch, etwas zu leisten, steht der geheime Wunsch, das Ganze zu sabotieren. Irgendwie trägt Versagen eine verborgene Belohnung in sich.

Hemmungen bringen uns um Erfolge, die anderen in den Schoß fallen. Wir wollen sprechen und geraten irgendwie ins Stottern. Oder es gelingt uns nicht, tanzen zu lernen. Oder einen Wagen zu fahren. Oder wir fürchten uns, unsere Ziele zu hoch zu stecken. Ich bin gut, aber war ich wirklich gut genug, um mich selbständig zu machen? War es richtig, dies Wagnis einzugehen? Irgendwie läuft die Sache nicht besonders gut . . .

Natürlich bedeutet Mangel an Erfolg nicht immer, daß Sie gehemmt sind. Die meisten, die die Tennismeisterschaften nicht gewinnen, könnten die Schuld kaum in dem geheimen Wunsch zu versagen sehen. Es ist schließlich durchaus möglich, sich unrealistische Ziele zu setzen. Die folgenden sechs Merkmale verraten Ihnen, wenn es sich um Hemmungen handelt.

1. Wiederholtes Vermeiden einer an sich wünschenswerten Handlung. Sie wollen mit Robin ausgehen, aber machen in letzter Minute immer wieder einen Rückzieher. Danach hassen Sie sich wegen Ihrer Feigheit.

2. Extreme Befangenheit. Sie beobachten sich immer wie ein Außenstehender. Geben sich für alles Zensuren. War ich diesmal besser oder schlechter? Wie gut sind die anderen in meinem Alter? Was halten Lou, Jane, Christopher (usw.) von mir?

3. Das Gefühl, immer Pech zu haben. Die Umstände sind immer gegen Sie. Sie haben vor, Ihren Gästen Ihre Töpferarbeiten zu zeigen, aber es tritt einfach keine Pause in der Unterhaltung ein. Oder es wird an dem Abend, an dem Sie zur Party gehen wollen, sehr kalt, und Sie haben nichts anzuziehen. Das Schicksal ist immer gegen Sie.

4. Überempfindlichkeit gegenüber der Umgebung. Sie wollen malen, aber erst müssen Sie warten, bis das Zimmer gerichtet ist, Sie die richtige Kleidung gefunden haben und das Licht in Ord-

nung ist. Aber vielleicht ist dies überhaupt nicht die richtige Tageszeit, um damit anzufangen. sie machen hier und dort ein paar kleine Änderungen, aber bekommen niemals viel fertig.

5. Das Gefühl, daß Ihnen Ihr Körper immer im Wege ist. Gerade, als Sie jemand auffordert, vor Publikum zu singen, fühlen sie sich schwindlig oder müssen zur Toilette. Sie sind durchaus bereit, aber Ihr Körper scheint darüber anders zu denken. Plötzlich wird Ihnen übel, oder Sie fühlen sich erschöpft – vielleicht haben Sie sogar das Gefühl, wie gelähmt zu sein.

6. Ein Gefühl der Unwirklichkeit. In dem Augenblick, wo Sie vor Zuhörern sprechen müssen, haben Sie das Gefühl, daß da ein anderer spricht. Das waren doch gar nicht *Sie*, der diesen Witz erzählte. So etwas nennt man *Dissoziation*: Sie sind nicht bereit, sich mit Ihrem eigenen Tun zu assoziieren.

Nachdem Sie mein Buch bis hierher gelesen haben, wissen Sie wahrscheinlich schon, was ich als nächstes sagen werde. *Stehen Sie die Sache durch.* Geben Sie nicht auf, ganz gleich, worum es sich handelt – vor allem dann nicht, wenn Sie überzeugt sind, daß Sie alles verpfuschen. Wenn Sie aufgeben, verstärken Sie dadurch nur Ihr Gefühl der Inkompetenz; wenn Sie dagegen weitermachen, sind Sie auf Erfolg programmiert.

Malen Sie, auch wenn das Licht nicht perfekt ist. Sprechen Sie, auch wenn Sie stottern und jemand Sie herablassend anzusehen scheint. Sie können nicht gegen all die selbstkritischen Gedanken an, die Ihnen manchmal in den Kopf kommen – wenigstens so lange nicht, bis Sie aufhören, sie durch Handeln zu verstärken. Und ob Sie nun handeln oder nicht, liegt ganz bei Ihnen.

Geben Sie Ihren angstvollen Gedanken nicht nach. Zeigen Sie Ihre Töpferarbeiten wie geplant, selbst wenn Sie das Gefühl haben, daß es nicht richtig paßt. Gehen Sie zu der Party. Es ist viel besser, eine mangelhafte Leistung zu zeigen, ja sogar zurückgewiesen zu werden, als gegen die Überzeugung zu handeln, daß auch Sie Erfolg haben können.

Und machen Sie Ihre eigenen Leistungen nicht klein. Gehemmte Menschen neigen dazu zu glauben, daß andere sie auslachen. Oft lachen sie sogar über sich selbst, ehe ein anderer loslachen kann in der Hoffnung, mögliche Gegner zum Schweigen zu bringen. Mit anderen Worten, gehemmte Menschen haben einen Hang, leicht paranoid zu sein.

Geben Sie dieser Paranoia nicht nach (und verstärken Sie sie nicht noch), indem Sie sich klein machen. Dadurch machen Sie sich keine Freunde; viel eher werden Sie sich andere damit entfremden (warum sollte ich von Josh viel halten, wenn er von sich selbst eine so geringe Meinung hat? Schließlich muß er es ja wissen). Das alles verstärkt nur das Gefühl, daß Sie keinerlei Erfolg verdient haben.

Wer Erfolg will, dem hilft es eventuell, die Motive zu entdecken, die ihn davon abhalten, es ernsthaft zu versuchen. Ich habe die folgenden fünf Motive häufig beobachtet und will Ihnen zeigen, wie Sie damit fertig werden können:

1. Die Angst, Neid zu erregen. Ohne es zu wissen, assoziieren Sie Erfolg mit *Gier*. Sie haben Angst, daß man sehen könnte, wie Sie versuchen, Ihre Freunde oder Verwandten zu überflügeln; man könnte Sie als Gernegroß verlachen und versuchen, Sie zu Fall zu bringen. Wieso wagen Sie es, zur Universität zu gehen, wenn Ihre Brüder nicht studiert haben? Viele Menschen mit dieser Angst sind in besonders ehrgeiziger Umgebung aufgewachsen; sie neigen dazu, alle Erwachsenen, sogar gute Freunde, als Rivalen zu sehen.

Wenn Sie dies Gefühl haben, dann haben Sie wahrscheinlich auch den Eindruck, daß andere Sie für den Versuch, Sie zu übertreffen, hassen und daß sie das mit Recht tun. Sie neigen dazu, Ihre Ambitionen und Erfolge für sich zu behalten. Komplimente bereiten Ihnen Unbehagen; es ist so, als hätte derjenige, der Ihnen ein Kompliment macht, Sie bei einem Fehler ertappt. So streiten Sie ab, daß Sie viel erreicht haben: Es war einfach, sagen Sie; es war eben Glück. Wie könnten Sie andere gegen sich aufbringen, wenn alles nur Schicksal war.

Es gibt Männer und Frauen, die Hemmungen haben, sich schöne Kleidung zu kaufen. Sie haben Angst, daß andere sie hassen werden, wenn sie den Versuch machen, gut auszusehen. Wenn eine Frau ein besonders nettes Kleid kauft, tut sie dann so, als wäre es nichts Ausgefallenes (»Ach, das hab ich im Ausverkauf bekommen; es ist keine echte Seide«), oder sie verderben den Effekt durch ungepflegte Haare oder alte Schuhe.

Das Heilmittel? Hören Sie auf, so zu tun, als hätten Sie keinen Ehrgeiz. Lassen Sie die Welt ruhig wissen, was Sie wollen. Danken Sie denen, die Sie für irgend etwas loben, ganz gleich, wie unbehaglich Sie sich dabei fühlen. Sie würden gerne besondere Leistungen aufweisen, viel Geld verdienen, mehr Freunde haben. Geben Sie das zu. Sagen Sie es sogar dem einen oder anderen. Das Gegenteil – seine Ambitionen zu verstecken – erzeugt in Ihnen nur das Gefühl, Sie sollten auch keinen Erfolg haben. Und so sorgen Sie dafür, daß das eintrifft. Leider haben andere vielleicht weniger Erfolg als Sie. Aber wenn Sie sich selbst kleiner machen, helfen Sie ihnen dadurch auch nicht. Wenn Sie Ihre eigenen Ziele verfolgen – immer unter der Voraussetzung, daß Sie den vom Erfolg Benachteiligten nicht die Kehle durchschneiden – werden Sie ihnen damit keinen Schaden zufügen.

Wenn zu Ihren »Symptomen« eine schlechte Haltung, leise Stimme und übertriebene Bescheidenheit gegenüber Ihren Erfolgen gehören, wird es Ihnen helfen, einfach drauflos zu sprechen. Zuerst werden Sie sich ein wenig wie ein Angeber vorkommen. Aber seien Sie ehrlich, und wenn Ihre Befürchtungen eintreffen und einige Ihren Erfolg tatsächlich übelnehmen, sollten Sie dieser Tatsache offen ins Gesicht sehen. Wenn es auch schwer ist, Bitterkeit bei Menschen zu spüren, an denen einem liegt, kann Ihnen das doch nicht so viel Schaden zufügen wie Selbstsabotage.

Geben Sie anderen Gelegenheit, Farbe zu bekennen. Wenn Sie wollen, fragen Sie Menschen, die Ihnen etwas übelnehmen, wieso ihnen Ihre Erfolge ein Dorn im Auge sind. (Dann hören Sie sich ihre Antworten gut an und lesen vielleicht noch einmal Kapitel 13 – Wie man Kritik aufnimmt – durch. Ihre Freunde können Sie warnen, wenn Sie rücksichtslos oder anmaßend werden.) Wenn sie nur neidisch sind, haben Sie vielleicht Lust, ihnen tüchtig die Meinung zu sagen, weil sie Ihnen so wenig wohlwollen. Denken Sie daran – und sagen Sie es auch Ihren Freunden –, daß Sie dadurch kein besserer Freund werden, daß Sie unglücklich und erfolglos sind. (Der Unglückliche sucht zwar die Gesellschaft seinesgleichen, wird dabei aber nur immer unglücklicher.)

Tatsächlich können Sie anderen viel leichter Mut machen, wenn Sie ein paar eigene Erfolge aufzuweisen haben.

2. *Angst vor Versagen.* Ein anderes verbreitetes Motiv für Selbstsabotage ist die Angst, daß der Erfolg an Sie Anforderungen stellen wird, mit denen Sie nicht fertig werden. Valerie sagt, daß sie gerne heiraten möchte, aber wenn sie einen Junggesellen trifft, der sie heiraten könnte, wird sie zu Eis. Hingegen bei verheirateten Männern (und anderen, die auf keinen Fall in Frage kommen) zeigt sie Selbstbewußtsein und Charme. Sie hat Affairen, die unter keinen Umständen zur Ehe führen können. Ihre Freunde sagen, daß sie eigentlich gar nicht heiraten will. Das ist teilweise richtig, aber teilweise auch falsch. Sie fühlt sich gehemmt, weil sie nicht weiß, ob sie eine gute Ehefrau abgeben würde.

Valerie fürchtet sich nicht vor Männern, sie fürchtet sich vor der Ehe. In ihrer Angst hat sie von beidem nichts. Ich schlug ihr vor, sich zunächst das Versprechen zu geben, wenigstens ein Jahr lang nicht an Heirat zu denken, ganz gleich wie gut sich eine Beziehung entwickelt. Dies wird sie von dem Druck befreien; sie kann ihr Leben genießen, ohne sich Gedanken über die Folgen zu machen. Und in dieser Hochstimmung kann sie an das eigentliche Problem herangehen: Sie kann mit Handlungen aufräumen, die ihre Furcht aufrechterhalten, für die Ehe nicht zu taugen.

Die Angst vor dem Versagen ist beinahe Angst vor zuviel Erfolg – Angst, sich zu übernehmen. Wir fürchten uns vor großen Höhen, weil wir nicht glauben, daß wir auf dem Gipfel bleiben können, und der Rückfall in die Tiefe zu schmerzlich und zu erniedrigend sein wird. Planen Sie jeweils nur seinen Erfolg, statt sich angstvoll zu fragen, wohin das alles führen wird. Denken Sie daran, daß Sie jederzeit und an jedem Punkt Schluß machen können – wenn es nötig ist. Aber wenn Sie glauben, daß Sie überhaupt zu etwas fähig sind, und wenn dieser Glaube dazu führt, daß Sie versuchen, etwas zu erreichen, wird schon diese Anstrengung Ihren Glauben verstärken, Ihr Selbstvertrauen wird wachsen; und weil Selbstvertrauen an sich schon etwas Positives ist, werden Ihre Chancen, etwas zu leisten, zunehmen.

Und während Sie sich bemühen und etwas leisten, wird Ihre Furcht vor den großen Höhen schwinden. Betrachten Sie Ihre Angst davor als eine Kindheitsillusion, als die Vorstellung des kleinen Jungen, sein Vater sei ein Riese. Wenn Sie die gleiche Größe erreicht haben, wird sie Ihnen nur natürlich vorkommen.

3. Furcht vor Unabhängigkeit. Sie glauben, daß sich nur dann jemand um Sie kümmern wird, wenn Sie hilflos oder in Not sind. Wenn solche Gründe nicht vorliegen, sind Sie verloren und finden keine Beachtung.

Darin kann etwas Wahres stecken. Einige Menschen finden, daß ihre Eltern nur Mitgefühl zeigen, wenn sie krank sind oder in einer Art Krise stecken. Wenn sie wieder auf den Beinen sind, verschwinden die Eltern. Das ist schmerzlich, aber die Alternative ist noch schmerzlicher. Schließlich geht es weniger darum, wie andere Sie behandeln – das setzt Ihrer Selbstachtung weniger zu –, sondern darum, wie *Sie* sich behandeln. Das Selbsterschaffungsprinzip sagt, daß Sie, wenn Sie von der Voraussetzung ausgehen, Ihre einzige Attraktion sei Ihre Krankheit, Ihre Furcht vor der Leistung verstärken – und Ihr Leben zerstören.

Erfolg kann zwar auch eine gewisse Einsamkeit bedeuten, aber wenn Sie Ihre Stärken und Hoffnungen vor den Menschen, die Ihnen nahestehen, verbergen, dann sind Sie eben mehr allein, als wenn Sie sich hervorwagen. Suchen Sie sich Menschen, die Sie für stark halten, die Sie nicht um der Schwächen willen lieben, durch die Sie sich ihnen überlegen fühlen. Wenn Sie selbstbewußter werden, könnten vielleicht einige Menschen Sie verlassen, aber andere werden um so mehr von Ihnen angezogen. Sie haben die Chance, Teil einer neuen und anderen Gemeinschaft zu werden, die aus Individuen besteht, die sich aus Freundschaft verbinden und nicht zum gegenseitigen Schutz.

4. Angst, Ihre Identität zu verlieren. Es scheint, Sie sind nicht mehr der gleiche Mensch, wenn Sie Erfolg haben. Wenn Sie Tanzen lernen, beim Billard gewinnen oder Gedichte schreiben usw., so wird das irgendwie alles, wofür Sie jetzt stehen, unterminieren.

Sexuelle Stereotypen tragen oft zu diesen Überzeugungen bei. Viele Männer glauben, daß es unmännlich ist, starke Gefühle zu zeigen – außer vielleicht Eifersucht oder Rachedurst. Und viele Frauen lernen, von ihrem Verstand keinen Gebrauch zu machen, damit man sie nicht für kalt, aggressiv oder unweiblich hält. Daraus entsteht Versagen auf vielen Gebieten. Männer sind nicht so liebevoll oder kreativ, wie sie sein könnten; Frauen schrecken oft vor der Wissenschaft oder dem Geschäftsleben zurück oder vor allem, was als männlich gilt.

Um diese Angst zu besiegen, erkennen Sie, daß es keine Fähigkeit gibt, die nicht mit jeder anderen Fähigkeit vereinbar ist. Hervorragende Leistungen auf einem Gebiet bedeuten nicht, daß man in anderen Dingen inkompetent ist. Dies trifft besonders zu, wenn es um Intellekt und Gefühl geht – beides kann sich gegenseitig nur steigern.

5. *Angst, kein Ziel mehr zu haben.* Wenn Sie erfolgreich sind, was bleibt Ihnen dann noch? Welchen Zweck hat Ihr Leben jetzt noch? Viele Menschen bringen sich ständig um Dinge und Erlebnisse, um Geld zu sparen, aber sparen doch nichts. Aber was wäre dann noch ein Anreiz für sie, wenn sie Geld hätten? Andere wenden viel Zeit und Mühe auf, um abzunehmen, aber werden doch nicht schlanker. Wofür sollten sie leben, wenn sie es wirklich schafften? Die Aussicht auf Erfolg wirkt auf solche Leute geradezu furchterregend.

Wenn Sie sich mehrere Ziele setzen, so könnte das Ihre Angst beschwichtigen. Versuchen Sie nicht nur abzunehmen; lernen Sie etwas, was Sie schon immer können wollten. Oder machen Sie sich einen Plan: Sparen Sie Geld für einen bestimmten Zweck, und wenn Sie sich Ihren Wunsch erfüllt haben, fangen Sie an, für etwas anderes zu sparen.

Jedes erfolgreiche Leben verlangt eine endlose Kette von Herausforderungen. Es gilt, immer noch etwas anderes zu vollenden. Immer wenn Sie kein rechtes Ziel verfolgen, machen Sie es sich zum Ziel, sich ein Ziel zu setzen. Wenn Sie nichts haben, wonach Sie streben könnten, dann bemühen Sie sich auch nicht, und wenn Sie sich nicht bemühen, so lehrt unser Prinzip, schwindet das Gefühl, daß das Leben noch Möglichkeiten und Hoffnungen bereithält.

Neben diesen fünf spezifischen Motiven kann Ihnen auch noch die Angst, töricht zu wirken, übel mitspielen. Und da Sie Zweifel haben, ob Sie auch das Richtige tun, sind Sie vielleicht nicht in der Lage, ungerechte Kritik zu ignorieren. Alles kommt darauf an, daß Sie gegen diese Zweifel in der von mir geschilderten Weise vorgehen. Je überzeugter Sie von Ihrem Recht, sich zu ändern, sind, desto weniger können die Reaktionen anderer Leute Sie verletzen.

Sam, einem Mann von fünfunddreißig, der ein ziemlich ungepflegtes Brooklyn-Englisch sprach, wurde eine Beförderung in Aussicht gestellt, wenn er seine Sprechweise verbessern würde. Er entschied sich für den Versuch – verbrachte viele Stunden in seinem Zimmer und übte mit einem Tonbandgerät. Dabei gingen ihm allerlei unangenehme Gedanken durch den Kopf: Verlegenheit, das Gefühl, daß er seine alten Freunde verriet, Verlust seiner Identität. Er hatte das Gefühl, kein Recht auf eine gewählte Ausdrucksweise zu haben; das schickte sich für andere, nicht für ihn. Und er fragte sich, ob er um dieser Sache willen nicht sein Bestes verleugnete – den Typ des liebenswerten Rauhbeins – und falsch und prätentiös wurde.

Einige Freunde machten es ihm tatsächlich noch schwerer. Sie sagten, er würde niemals anders sprechen und sei verrückt, sich darum zu bemühen. Das paßte genau zu seinen Ängsten und dem Gefühl der Fremdheit. Erst als er sich zwang, seine Bemühungen fortzusetzen – und die neue Redeweise ihm zur neuen Gewohnheit wurde –, erkannte er, daß ihn seine Freunde unterschätzt hatten und daß ungepflegtes Sprechen nicht unbedingt zu seiner Persönlichkeit gehörte. Er war immer noch der gleiche, aber jetzt standen ihm neue Möglichkeiten offen.

Und darum geht es in diesem Kapitel – man muß nach Erfolg streben und sich nicht davor fürchten. Wenn er Ihnen erst einmal zur Gewohnheit geworden ist, werden Sie sich selbst nur um so besser gefallen.

21
Großmut-
oder Bestechung?

Stellen Sie sich einmal folgende Szene vor, wie man sie jeden Tag auf den Straßen einer Stadt beobachten kann: Ein schmutzig aussehender Mann in zerrissener Kleidung tritt aus dem Schatten und streckt den Vorübergehenden seine Hand entgegen. »Haben Sie etwas Kleingeld?« fragt er. »Haben Sie 'ne Mark über?«

Drei verschiedene Männer, alle verhältnismäßig erfolgreich, geben dem Mann Geld – aber alle drei auf verschiedene Art. Al sagt »Klar« und holt eine Mark hervor. Er bemerkt, daß der Bettler ja im Grunde gar nicht so schlecht aussieht und denkt sich die Geschichte von einem geborenen Pechvogel aus. Auch erinnert er sich, welche Sorgen er sich selbst seit einiger Zeit um seinen Job macht. Er könnte seine Stelle verlieren und genauso mittellos wie dieser Mann dastehen. Für Al ist die Mark eine Art Rückversicherung, die ihn nicht viel kostet. Wenn er sich jetzt um einen Bettler kümmert, wird ihn das irgendwie beschützen, falls auch ihn einmal sein Glück im Stich läßt. Fast als gäbe es einen Verband der Bettler, der ihn für seine Großmut belohnen wird.

Nick ist zutiefst erschrocken, als er den Bettler kommen sieht. Er ist kurzsichtig und denkt viel zu viel an Überfälle. Deshalb fährt ihm leicht ein Schreck in die Glieder. Erst will er fortlaufen, aber dann bleibt er doch stehen, um den Bettler anzuhören. Mit dem Gedanken, er wird mich umbringen, wenn ich ihm nichts gebe, drückt er dem Bettler eine Mark in die Hand und sieht ihm mit der stummen Bitte, ihn weiterzulassen, in die Augen. Er ist überrascht, daß sich der Bettler bei ihm bedankt und verschwindet; Nick geht langsam weiter und versucht zu verbergen, wie erleichtert er ist, daß er sich seine Sicherheit hat erkaufen können.

Der dritte Geber ist Paul, ein Mann, der gerade einen besonders guten Tag gehabt hat. Er hat anderen immer gern etwas gegeben und reicht dem Bettler ein Zweimarkstück. Ohne dem Bettler auch nur ins Gesicht zu sehen, eilt er weiter, denkt daran, daß er wahrscheinlich bald befördert wird und daß er die Möbel im Büro umstellen will.

Sind diese Männer wirklich großmütig? Nicht alle drei. Al und Nick sind es nicht; sie sind nur darauf aus, sich selbst zu beschützen. Al fürchtet sich, eines Tages selbst einmal arm zu sein. Nick stellt sich vor, daß der Bettler ihn anfallen wird, wenn er nicht zahlt (Nick ist überzeugt, daß an jeder Ecke Gewalttätigkeit lauert). Nur Paul, der nichts für sich selbst will, handelt großzügig. Er erwartet keine Belohnung – weder von dem Bettler, noch vom Himmel. Wenn ihm seine Gabe ein gutes Gefühl vermittelt, so ist das in Ordnung, aber er hat keine Hintergedanken.

Macht das etwas aus? Obwohl Al und Nick vielleicht nicht großzügig sind, so helfen sie doch einem anderen. Worin liegt also der Unterschied?

Der Unterschied liegt darin, daß Al und Nick beide jemanden verletzen, nämlich sich selbst. Sie lösen eine vorhersehbare Wirkung aus; indem sie nämlich ihrer Furcht entsprechend handeln, verschlimmern sie ihre Furcht. Al gibt seiner Angst, daß er sein Geld durch berufliches Versagen verlieren wird, neue Nahrung. Und Nick verstärkt seine Überzeugung, daß an jeder Straßenecke Gefahr lauert.

Natürlich fühlen sich sowohl Nick als auch Al vorübergehend erleichtert, nachdem sie den Bettler verlassen haben. Und ihre Tat trägt in ihren Augen ein hübsches Etikett: Sie ist ein Akt der Wohltätigkeit, der Philanthropie. Wie wir alle, sehen sie sich nämlich lieber in der Rolle des Wohltäters als des Feiglings. Aber sie *sind* Feiglinge und werden es in alle Ewigkeit bleiben. Besonders, wenn sie aus jeder Erneuerung ihrer Furcht eine Tugend zu machen versuchen.

Viele von uns tun das gleiche. Wir treffen aus Angst Routine-Entscheidungen und zahlen auf die verschiedenste Weise für unseren Schutz. Und reden uns dabei ständig ein, wie großzügig wir doch sind. Wie gewissenhaft oder freundlich oder rücksichtsvoll. Auf diese Weise können wir uns ein ganzes Leben lang in der Furcht erhalten.

Zum Beispiel bringen Millionen von Eltern ihren Kindern übertriebene Opfer, weil sie fürchten, daß es anders nicht geht. Sie sagen sich, wenn ich dem kleinen Joey nicht diese teure Eisenbahn kaufe oder Laurie die Europareise bezahle oder stets bereit bin, bei meinen Enkeln den Babysitter zu spielen, so werden meine Kinder glauben, daß ich sie nicht liebe. Oder schlimmer noch, sie werden zu dem Schluß kommen, daß sie mich nicht lieben.

Es gibt Männer und Frauen, die nur darauf aus sind, ihrem Partner jeden Wunsch von den Augen abzulesen, weil sie sicher sind, daß der andere sie sofort verlassen wird, wenn sie es nicht tun. Stephanie zum Beispiel, die jeden Abend, nachdem sie den ganzen Tag gearbeitet hatte, ein Abendessen mit mehreren Gängen kochte und ihrem Mann immer erzählte, daß sie keine Hilfe im Haus brauchte, war sicher, daß man so etwas von einer guten Frau erwarten könne.

Wohltäter aus Angst haben gewöhnlich vielerlei Erklärungen bei der Hand: »Ich helfe gern aus«; »ich möchte mich nützlich machen«; »ich bin so froh, daß es dir gefällt«; »ich komme morgen wieder vorbei, um zu sehen, ob ich noch etwas für dich tun kann«. Aber ihre Wohltätigkeit macht ihnen keine eigentliche Freude; sie sind ständig in Angst, wie ihre Handlungen aufgenommen, ob sie auch gewürdigt werden. Ob sie genug getan haben. Und irgendwie haben sie *nie* genug getan, um diesen Zustand ständiger Anspannung einmal aufgeben zu können.

Manchmal haben anscheinend großzügige Handlungen Symbolcharakter. Eine Mutter jagt durch die ganze Stadt, um das Spielzeug zu kaufen, das ihr Kind in einem Schaufenster bewunderte, weil sie nicht aushalten kann, das Kind weinen zu sehen. Aber ihr wahres Motiv ist ein schlechtes Gewissen. Sie hat eine Liebesaffaire und läßt das Kind zu viel allein. Der Kauf des Spielzeugs ist eine Geste, um ihr Gewissen zu beruhigen (ein Fehlschluß, weil sie dadurch nur die Vorstellung verstärkt, daß sie ihre Sünden wiedergutmachen muß). Es handelt sich nicht um eine großzügige Geste gegenüber ihrem Kind.

Bei manchen Leuten werden nicht nur gelegentliche Großmutsanfälle durch Angst motiviert, sondern die ganze Lebensführung. Und sie sind noch stolz darauf. Jay zum Beispiel hält sich für einen freundlichen, gutmütigen Mann, weil er nie seine Stimme erhebt und immer versucht, Auseinandersetzungen abzubrechen, wenn sie zu hitzig werden.

In Wirklichkeit geht Jays Angst vor Auseinandersetzungen auf seine Kindheit zurück. Wenn sich seine Eltern stritten, wußte er, daß sie bald anfangen würden zu schreien, Sachen zu zerschlagen und die Nachbarn aufzuschrecken. Er fühlte sich zwischen Vater und Mutter hin- und hergerissen und zitterte noch tagelang nach einem solchen Krach.

Wenn Jay jetzt versucht, immer freundlich und ruhig zu bleiben, gestaltet er die Welt seiner Kindheit neu. Dadurch verstärkt er ständig seine krankhafte Angst vor Auseinandersetzungen (die sich mit den Jahren verschlimmert hat, obwohl er immer weniger Anlaß zur Angst hat).

Was wie Freundlichkeit aussieht, braucht mit Freundlichkeit überhaupt nichts zu tun zu haben. Was bei all diesen Beispielen Freundlichkeit von Selbstzerstörung trennt, ist einfach: das Motiv. Eine Handlung, hinter der ein großzügiges Motiv steht, versetzt Sie in eine freudige Stimmung und gibt Ihnen das Gefühl, dem Empfänger besonders nahe zu stehen. Eine Handlung dagegen, die sich auf Furcht gründet, verletzt Ihr Selbstvertrauen und isoliert Sie gerade von den Menschen, denen Sie gut sein wollen.

Hinter der gleichen Handlung können zu verschiedenen Zeiten verschiedene Motive stecken. An einem Tag laden Sie einen Freund zum Abendessen ein, weil Sie gerade Ihr Gehalt bekommen haben und er so aussieht, als könnte er etwas zur Aufmunterung gebrauchen. An einem anderen Tag tun Sie es, weil Sie fürchten, daß Ihre Freunde an Ihnen das Interesse verlieren. Und dann ist da noch der Sex. Manchmal ergreifen Sie die Initiative oder zeigen doch Interesse, weil Sie es *wollen* – zu anderen Zeiten tun Sie es nur, um Ihren Partner zu beschwichtigen.

Oder es kann zunächst ein bestimmtes Motiv hinter einer Angelegenheit stecken, und im weiteren Verlauf ergibt sich dann ein ganz anderes. Guy de Maupassant schrieb eine Geschichte über eine verheiratete Frau, die viele Jahre lang jeden Mittwoch ihren Liebhaber trifft. Zunächst ist sie freudig erregt durch all die Vorbereitungen: Wie sie sich ankleidet, eine Droschke nimmt, das Haus ihres Liebhabers betritt, seine Geschenke versteckt und die ganze Affaire geheimhält. Aber nach einigen Jahren erledigt sie alle diese Vorbereitungen ohne die geringste Freude. Sie liebt den Mann jetzt nicht mehr; sie will nur die Bestätigung, daß sie noch begehrenswert ist. Zu Beginn gab ihr die Affaire das Gefühl, jung zu sein, jetzt verstärkt sie nur noch ihre Angst vor dem Altwerden.

Wenn Sie herausfinden wollen, ob Sie sich selbst schaden, dürfen Sie nicht nur auf Ihre Handlungen sehen; Sie müssen das *Motiv* finden. Wie immer müssen Sie sich einige Fragen stellen, wenn Sie sich, nachdem Sie etwas für einen anderen getan haben, unbehaglich fühlen. Vor allem aber, *bevor* Sie ihm noch mehr Wohltaten erweisen.

Das nächste Mal, wenn Sie ein »gutes Werk« tun, denken Sie über die folgenden drei Fragen nach:

1. Hat Ihnen Ihre Tat Freude bereitet, ganz gleich, ob Ihnen der andere enthusiastisch gedankt hat oder nicht (unterstellen wir, daß er Sie deswegen nicht geradezu angegriffen hat)? Wenn ja, so stand hinter Ihrer Tat der Wunsch, großzügig zu helfen. Aber wenn nicht, handelten Sie in der Hoffnung, etwas als Gegenleistung zu bekommen – wahrscheinlich eine Art Selbstbestätigung. Und das macht Sie nur noch ängstlicher.

2. Fühlen Sie sich dieser Person als Folge Ihrer Tat näher? Die Antwort lautet ja, wenn die Tat dem großmütigen Impuls entsprang, das Leben des anderen zu bereichern. Und sie lautet nein, wenn Ihre guten Taten durch die Angst vor Zurückweisung motiviert waren.

3. Fühlen Sie sich hinterher stärker oder schwächer – wie war das sofort nach Ihrer Tat, und wie verhielt es sich einige Stunden oder einige Tage später? Nick, der Mann, der sich vor dem Bettler

194

fürchtete, war *zunächst* überfroh, daß er sich guten Willen erkauft hatte. Aber später war seine Angst stärker als je zuvor. Wahre Großmut macht Sie hingegen stark; schließlich haben Sie ja von allem genug – Zeit, Geld, Talent, Liebe –, um es mit anderen zu teilen. Selbst Menschen, die sehr viel Unglück erlebt haben, fanden das bestätigt; sie gewannen neue Kraft und Hoffnung durch großmütiges Handeln. Aber Taten, die nur durch Furcht motiviert werden, machen Sie nur noch furchtsamer.

Wenn Sie erst einmal gesehen haben, wie Sie sich nach einer Reihe großmütiger Taten fühlen, wenden Sie die »Methode der Vergrößerung« an. Hören Sie für eine Weile auf, etwas für andere zu tun, sagen wir einmal für drei Wochen oder drei Monate. Helfen Sie sich *selbst* während dieser Zeit – und nicht den anderen. Dann untersuchen Sie die Gedanken, die Ihnen in den Sinn kommen. Wenn Sie aus Furcht gehandelt haben, werden Ihre Gedanken extrem furchtsam sein. Nehmen wir einmal an, daß Sie Gary immer an Sonntagen Ihren Wagen leihen, auch wenn Sie ihn manchmal selbst ganz gut brauchen könnten. Wenn Sie damit aufhören, werden Sie wahrscheinlich das Gefühl haben, ihn draufzusetzen, oder Sie denken (nicht ganz ohne Grund), daß er sich vielleicht gegen Sie wenden könnte. Aber trotzdem ist es wichtig, daß Sie ihm den Wagen verweigern. Ihre Ängste werden sich verschlimmern, wenn Sie ihm die ersten Male eine Absage erteilen, aber dann werden sie nachlassen, und Sie haben sich aus einem Teufelskreis befreit.

Ein anderes Beispiel ist Buddy, der seiner Frau freitags, wenn er von der Arbeit nach Hause kommt, gewöhnlich Blumen mitbringt. Er glaubt, dadurch Liebe und Anhänglichkeit zu zeigen. Aber wenn er damit aufhört, rechnet er damit, daß sie sich gegen ihn wenden, ja vielleicht mit ihm brechen wird. Der erste Freitagabend ohne Blumen ist für ihn eine Qual. Aber zu sehen, daß sie ihn noch immer liebt – ja sogar zu erkennen, wie schlimm es wäre, wenn sie es nicht täte –, ist mehr wert als die anfängliche Angst. Wenn er ihr jetzt Blumen mitbringt, so ist das ein Ausdruck seiner Liebe und nicht eine Manifestation seiner ständigen Angst.

Wenn Sie damit aufhören, anderen einen Gefallen zu erweisen, gewinnen Handlungen, die Sie seit Jahren durchführen, wahrscheinlich ganz neue Perspektiven. Handlungen, die zunächst großzügig – und ganz sicher harmlos – erschienen, können sich als Taktiken entpuppen, die verhindern sollen, daß man die Sympathie eines Freundes verliert (ob nun die Gefahr tatsächlich besteht oder nicht). Madeline hat gerade eine Pechsträhne und bittet Sie immer wieder um kleine Geldsummen, die sie aber nicht zurückzahlt. Zweifellos kann sie das Geld gut gebrauchen; Sie haben sie auch bisher nicht unter Druck setzen wollen, es zurückzugeben. Dennoch wird Ihnen klar, daß Sie nicht ausgeholfen haben, weil Sie es ganz ehrlich wollten, sondern weil Sie glaubten, daß Sie es ihr nicht abschlagen konnten. Das ist das Warnzeichen: das Gefühl, daß Sie eigentlich keine andere Wahl haben.

Haben Sie die Tendenz, Menschen wie Madeline für Opfer der Umstände zu halten? Menschen, die mißverstanden werden und für die man eintreten muß? Zum Beispiel scheinen nur Sie ihre Auffassung zu teilen, daß sie keine Arbeit annehmen sollte, die »unter ihrer Würde« ist. Wenn Sie alle möglichen Entschuldigungen für Madeline – oder für andere, die Sie immer wieder um Hilfe bitten – vorbringen, dann verschließen Sie wahrscheinlich die Augen vor der Tatsache, daß Sie sich immer wieder erpressen lassen.

Oder nehmen Sie Jay, den Friedensstifter. Wenn jemand einen Streit beginnt, so tut er alles, um ihn beizulegen. Er hält das für eine Gefälligkeit, aber es erscheint ihm auch notwendig. Er *muß* den Streit einfach schlichten, oder – oder was? Jay könnte nur einsehen, daß seine Intervention nicht völlig unerläßlich ist, wenn er einmal abwarten würde, was geschieht. Als er es endlich ausprobiert, hat er zunächst schreckliche Angst vor den Folgen. Seine Frau und sein Sohn streiten sich; er rechnet mit tätlichen Auseinandersetzungen, bis hin zum Mord. Obwohl er sich fürchtet, sie allein zu lassen, zwingt er sich, nach oben zu gehen, und sieht, zu seiner Überraschung, daß sie es fertigbringen, sich ohne ihn zu einigen!

Je dringender Ihre Hilfe erscheint, desto wichtiger ist es für Sie, sie für eine bestimmte Zeit zurückzuhalten. Wenn eine echte Notsituation entsteht (sagen wir einmal, Ihre schwangere Nachbarin ist allein zu Hause, und die Wehen setzen ein), können Sie eine Ausnahme machen. Aber seien Sie vorsichtig. Wirkliche Notsituationen stellen sich nur selten ein. Wenn Sie eine Menge Ausnahmen machen, geben Sie der Übung keine Chance.

Aber was sagen Sie Leuten, die damit *rechnen,* daß sie Ihren Wagen leihen können, oder die Sie ständig bitten, für sie einzukaufen? So wenig wie möglich. Vielleicht sollten Sie Ihren Entschluß einfach vorher ankündigen oder aber gar nichts sagen, bis die Situation eintritt.

Ein Freund wird Sie verstehen, wenn Sie ihm erklären, wie dringlich und notwendig das für Sie ist. Was Sie brauchen, ist *eine Zeitspanne, während der Sie niemandem Gefälligkeiten erweisen.* Es ist wichtig für Sie zu wissen, daß Ihr Verhältnis zu anderen nicht von Gefälligkeiten abhängt. Und wenn der andere Sie dann weiterhin egoistisch und unfair nennt, sollten Sie einmal darüber nachdenken, wieviel Verständnis er überhaupt für Sie hat.

Vor allem, geben Sie keine Erklärungen ab, die von Furcht diktiert werden. Erläutern Sie nicht umständlich, warum Sie mit Ihren Gefälligkeiten Schluß gemacht haben. Schon wenn Sie anfangen, sich detaillierte Erklärungen *auszudenken,* ist das ein Zeichen, daß es höchste Zeit für Sie ist, Schluß zu machen.

Das bedeutet nicht, daß Sie Ihrem Freund sein unverschämtes und manipulatives Verhalten an den Kopf werfen müssen, es sei denn, genau das möchten Sie unbedingt tun. Es ist gewöhnlich besser zu sagen, daß Sie versuchen, Ihr Leben in Ordnung zu bringen und daß Sie sich beweisen müssen, daß Sie Ihre Freunde nicht durch Gefälligkeiten bei der Stange halten. Wenn der andere Ihnen wohlwill, muß er das verstehen können.

Wenn ein Freund fürchtet, daß er in eine Notlage kommen könnte, sagen Sie, daß Sie in einer kritischen Situation helfen werden. Aber tun Sie das nur, wenn Sie überzeugt sind, daß es absolut notwendig ist, und passen Sie auf. Menschen, die sich darauf spezialisiert haben, von anderen Gefälligkeiten anzunehmen, sind Experten im Erfinden von Notlagen – und kommen auch überdurchschnittlich oft in solche Situationen.

Dabei könnten Sie auf ein paar unangenehme Wahrheiten stoßen. Wenn Sie mit Gefälligkeiten Schluß machen, können die

Probleme einer Beziehung eventuell schockierend klar aufgedeckt werden. Aber die Probleme *sind da,* Sie erfinden sie nicht, und es ist besser, das zu wissen, als sich weiterhin etwas vorzumachen und sich Freundschaften zu erkaufen.

Der Austausch von Gefälligkeiten sollte bei einer Freundschaft von zweitrangiger Bedeutung sein, da er ohne eine echte Beziehung wertlos ist. Im Idealfall sollte eine Freundschaft ohne Gefälligkeiten auf beiden Seiten überleben können. Und selbst eine nicht ganz perfekte Freundschaft – wenn es überhaupt eine Freundschaft ist – sollte leicht ein paar »gefälligkeitslose« Wochen überstehen.

Daneben kann Großzügigkeit auch viel Freude bereiten. Es gibt Zeiten, wenn wir anderen, die sonst leiden oder sich weniger wohlfühlen würden, helfen *wollen.* Menschen, die immer nur aus Furcht Gefälligkeiten erweisen, bringen sich um diese Freude; sie fühlen sich nur erpreßt, ausgenutzt, verunsichert. Wenn Sie erst einmal gelernt haben, wann Sie *nicht* helfend einspringen sollten, dann können Sie anfangen, aus Ihren Guttaten für sich selbst das Beste zu machen.

22
Wie (und warum) Sie aufhören sollten, sich selbst zu bemitleiden

Einige von uns hätten keine Ahnung, wenn sie sagen sollten, was mit ihrem Leben nicht stimmt. Andere glauben, es zu wissen, wissen es aber in Wirklichkeit doch nicht.

»Ich mußte mit siebzehn die Schule verlassen, um meinen Bruder zu unterstützen«, erklärt Hank. »Ich hatte nie eine Chance.«

»Ich hatte als Kind Kinderlähmung.« Elsa kommt immer schnell auf dieses Thema zu sprechen. »Ich kann nicht so gut laufen wie andere Leute. Man kann nicht erwarten, daß ich eine so gute Stelle bekomme.«

»Ach, wissen Sie«, vertraut Joan einem an, »ich werde alt. Ich kann nichts daran ändern, wenn mein Leben leer ist.«

Zwei dieser Wendungen – »man kann nicht erwarten« und »ich kann nichts daran ändern« – sind mit Sicherheit Alarmzeichen für Selbstmitleid. Es gibt noch andere Anzeichen: Man redet zuviel von seinen Schwierigkeiten, *denkt* ständig über seine Probleme nach, wirbt um das Mitleid der anderen. »Wenn die Leute wüßten, was ich alles durchgemacht habe«, ist ein Spruch, den man allzu häufig hört.

Jeder muß im Laufe seines Lebens Schweres durchmachen – und manche Menschen trifft es besonders hart. Wir alle kennen solche Menschen, die vom Schicksal besonders gebeutelt worden sind: Sie sind krank, haben ihre Liebsten und Nächsten verloren, ihr Haus oder ihren Arbeitsplatz. Sie sind physisch behindert oder geradezu Pechvögel. Man kann ihnen nicht zum Vorwurf machen, daß sie sich selbst ein wenig leid tun.

Oder kann man es doch? Was ist Ihre ehrliche Reaktion gegenüber einem Menschen, der immer sein Schicksal bejammert? Höchstwahrscheinlich dauert es nicht lange, bis sich Ihr Mitgefühl erschöpft hat. Zuletzt haben Sie nur noch den Wunsch, er sollte sich doch endlich zusammenreißen – oder einfach weggehen.

Das ist das eine Problem, das durch Selbstmitleid entsteht. Es geht den anderen auf die Nerven. Eine Zeitlang mögen sie noch freundlich sein, aber früher oder später fühlen sie sich meist irritiert. Verwandte und enge Freunde werden wahrscheinlich zu einem halten, aber man sieht mühelos, daß das nur aus Pflichtgefühl geschieht. Andere hingegen fangen an, den Menschen, der immer nur von seinem schweren Schicksal redet, zu meiden. Es ist zu deprimierend, sich mit ihm zu unterhalten. Und es scheint auch keine richtige Möglichkeit zu geben, ihm zu helfen.

Leute, die es gründlich satt haben, sich Selbstbemitleidungen anzuhören, sind nicht herzlos. Sie respondieren nur auf ein Faktum, das sich nun einmal nicht aus der Welt schaffen läßt. Dieses Faktum ist das zweite große Problem beim Selbstmitleid; Selbstmitleid ist nämlich immer eine Sackgasse. Es veranlaßt Sie dazu, auf der Stelle zu treten und sich zu fragen: »Warum passiert das gerade mir?«, statt darüber nachzudenken, wie man aus der Klemme herauskommt. Selbstmitleid gründet sich auf die Vorstellung, daß man hilflos ist, und verstärkt sie noch ständig. Sie verhalten sich passiv. Alles *geschieht* mit Ihnen, und Sie haben keine Chance, sich selbst zu helfen. Doch das stimmt nie und nützt auch nie. Sie *können* sich helfen. Aber nur, wenn Sie erst einmal aufhören, sich selbst zu bemitleiden.

Um herauszufinden, wie schwerwiegend dieses Problem für Sie ist, sollten Sie folgenden Test ausprobieren. Drei Wochen lang sollten Sie 1. zu niemandem über Ihre Probleme sprechen, 2. niemanden und nichts für Ihre Situation verantwortlich machen und 3. kein Wort darüber verlieren, warum es andere so viel besser haben als Sie. Gleichzeitig sollten Sie sich an allem Möglichen beteiligen, das Ihnen Freude macht und darüber mit anderen sprechen.

Wenn Ihnen das verhältnismäßig leicht gelingt, liegt der Fall bei Ihnen nicht so schlimm. Aber wenn Ihnen das schwerfällt oder es sogar unmöglich ist, den Test drei Wochen lang durchzuführen, müssen Sie wahrscheinlich gegen Entzugserscheinungen ankämpfen. Das ist ein Zeichen, daß Selbstmitleid in Ihrem Leben eine wichtige Rolle spielt.

Wie ist es dazu gekommen? Wie so oft liegen die Anfänge auch hier wahrscheinlich in der Kindheit. Sehen wir uns das Schicksal Elsas an, die mit sieben Jahren Kinderlähmung bekam. Sie war sehr krank und behielt eine nicht übersehbare Gehbehinderung zurück. Alle – ihre Eltern, Lehrer und Schwestern – bedauerten sie. »Was soll nur geschehen«, so hörte sie sie fragen, »wenn das arme Mädchen größer wird.«

Die anderen Kinder in der Schule waren nicht immer so mitfühlend. Elsa konnte nicht rennen, ja nicht einmal sehr schnell gehen, so schloß man sie von den Spielen möglichst aus. Ihre Eltern versuchten einzugreifen, indem sie Elsa teures Spielzeug schenkten; sie hofften, die anderen Kinder würden auch damit spielen wollen. Auch zogen sie Elsas Geburtstagsparties möglichst groß auf.

Ohne es zu bemerken, folgerte sie daraus zweierlei: erstens, daß sie immer auf Liebe und Verständnis in ihrer Familie zählen konnte, wenn sie ihre Behinderung erwähnte, und zweitens, daß andere sie nur lieben würden, wenn sie ihnen leid tat, oder wenn sie ihnen etwas bieten konnte, was sie gerne haben wollten.

Elsas Kinderlähmung war ein Trauma – sie veränderte ihr Leben. Aber das hatte nur geschehen können, weil sie und ihre Eltern es zu einem Trauma gemacht hatten, weil sie glaubten, daß ein Mädchen nicht hinken und trotzdem ein normales Leben führen konnte, verhielten sie sich so, daß sie sich in diesem Glauben ständig bestärkten, bis er schließlich wahr wurde. Ehe sie sich änderte – sie war schon in ihren Dreißigern –, klammerte sie sich an die Vorstellung, daß nur ihre Hilflosigkeit ihr von Nutzen war.

Selbstmitleid kann mit einem wirklichen Unglück beginnen wie im Fall von Elsas Kinderlähmung; es kann aber auch viel geringfügigere Ursachen haben. Jody hat nicht immer die besten Examensnoten; so gibt sie den Plan auf, Rechtsanwältin zu werden. Sie entscheidet sich, lieber als Rechtsgehilfin zu arbeiten.

Ted ist nicht gut im Sport. Er hat das Gefühl, daß sich alle über ihn lustig machen, und so entschließt er sich mitzulachen. Er wird der Klassenclown, und immer wenn er über sich lacht, verstärkt er die Vorstellung, daß mit ihm nichts los ist und er sich nur beliebt machen kann, wenn er seine komische Schau abzieht.

Lances Eltern machen sich viel Sorgen und veranstalten ein großes Theater, wenn er sich einmal nicht wohlfühlt, obwohl er niemals eine ernsthafte Erkrankung hatte. Ihm aber gefallen die Süßigkeiten und das Mitgefühl, und er fängt an, seine Symptome zu übertreiben. Schließlich wird er ein Hypochonder und ein Meister im Selbstmitleid. Für die meisten Unternehmungen fühlt er sich nicht »wohl genug« – und so zieht er seine Befriedigung vor allem aus dem Mitgefühl der anderen.

Und es ist ihm nie genug. Die anderen kümmern sich nie *genug* um ihn. Niemand ist *genug* beeindruckt von all dem, was er durchgemacht hat. Immer wenn er um Mitleid wirbt, verstärkt er sein Verlangen danach – und das Verlangen läßt sich schließlich nicht mehr stillen. Gleichzeitig vergeudet er sein Leben damit, daß er nach nichts anderem außer nach Mitleid strebt.

Alle diese Menschen – Elsa, Jody, Ted und Lance – fühlen, daß sie ein tragisches Mißgeschick erlebt haben, daß ihre Benachteiligung sie von Glück und Erfolg ausschließt. Bei Elsa ist es die Gehbehinderung, bei Jody Dummheit (obwohl sie kein bißchen dumm ist), bei Ted Unsportlichkeit, bei Lance Kränklichkeit. Einige dieser Handikaps sind tatsächlich vorhanden, andere entspringen mehr oder minder der Einbildung. Aber die Wirkung ist in jedem Falle gleich. Ein Handikap ist das, was man daraus macht. Wenn Sie unter einer wirklichen Behinderung leiden – wenn Sie zum Beispiel blind oder beinamputiert sind oder eine schreckliche Krankheit haben –, sind die Chancen, daß Sie sich selbst bemitleiden, am größten, weil Sie von anderen geradezu ermuntert werden. Aber Selbstmitleid ist nicht die einzig mögliche Reaktion – und ist ganz sicher nicht die beste.

Wenn Sie zum Selbstmitleid neigen, werden Sie sich zunächst einmal über Ihr Handikap klar. Sehr wahrscheinlich wissen Sie genau darüber Bescheid und reden viel zu viel davon. Hören Sie auf damit. Warten Sie ab, welche furchtbaren »Wahrheiten« über sich selbst Ihnen in den Sinn kommen während der drei

202

Wochen, in denen Sie nicht um Mitgefühl betteln. Wenn Sie erst einmal wissen, was Sie als Ihre Benachteiligung ansehen, sind Sie in der Lage aufzuhören, Ihr ganzes Leben darauf auszurichten.

Das Gegenmittel ist, so oft wie möglich so zu handeln, als wären Sie nicht benachteiligt. Denn jedesmal, wenn Sie sich anders verhalten, jedesmal, wenn Sie hilflos oder ohne Gefühl Ihres Eigenwerts reagieren, bestärken Sie sich in der Überzeugung, daß irgend etwas mit Ihnen nicht stimmt und Sie sich dessen schämen müssen.

Seien Sie besonders vor den folgenden sechs Gewohnheiten auf der Hut – und meiden Sie sie. Das trifft vor allem zu, wenn Sie das Gefühl haben, daß Sie Ihrer Schwierigkeiten nicht mehr Herr werden können.

1. Lassen Sie sich von niemandem Vorwürfe machen oder ausnutzen. Nehmen wir einmal an, Sie sind arbeitslos und die meiste Zeit zu Hause. Lassen Sie sich nicht von Ihrem Ehepartner oder Ihren Eltern vorwerfen, wie lästig das doch alles ist, und wie froh Sie sein können, daß Sie von ihnen unterstützt werden.

»Okay«, könnten Sie sagen, »aber wenn ich nun krank geworden wäre und wirklich jedermann zur Last fiele. Müßte ich mir ihre Vorwürfe dann auch gefallen lassen?«

Nein. Sie können erwarten, daß sich diese Menschen um Sie kümmern. Bitten Sie sie, Ihnen Umstände, die wahrscheinlich nur vorübergehend sind und an denen Sie nicht die geringste Schuld tragen, nicht vorzuhalten. Wenn sie dazu nicht bereit sind, sollten Sie vielleicht versuchen, anderswo zu leben. Aber lassen Sie sich nicht auf eine Beschwichtigungspolitik um jeden Preis ein. Seien Sie freundlich und kooperationswillig – nicht mehr. Sonst hämmern Sie sich ein – und zwar nachdrücklicher als irgendein anderer es könnte –, daß sich eine Katastrophe ereignet hat, die Sie um Ihren Wert als Mensch gebracht hat. Und das ist einfach nicht wahr.

2. Stecken Sie Ihre Ziele nicht zurück. Vielleicht haben Sie das schon getan. Sie sind zu dem Schluß gekommen, daß Sie nie die Hoffnung haben konnten, viel zu erreichen, weil Sie auf einem Ohr taub sind oder aus einer armen Familie kommen. So haben

Sie niemals einen ehrlichen Versuch gemacht – und sich dadurch in der Vorstellung bestärkt, unfähig zu sein. Fangen Sie an, diesen Prozeß umzukehren. Das nächste Mal, wenn Sie Lust haben, etwas zu unternehmen – ob Sie nun etwas lernen oder sich eine gute Stelle suchen wollen –, zwingen Sie sich, Ihr Bestes zu geben. Vielleicht ist das der erste Schritt vom Selbstmitleid zur Selbstachtung.

3. Entschuldigen Sie sich nicht für Ihr Handikap. Bess hatte sich das Hüftgelenk gebrochen und mußte monatelang zu Bett liegen. Gegenüber ihrem Mann, ihren Kindern und Besuchern wiederholte sie immer wieder, wie leid es ihr täte. Sie entschuldigte sich für die Arztkosten, die Unordnung im Haus und den Umstand, daß sie nicht für Weihnachten backen konnte. Das alles verstärkte ihre Überzeugung, daß der Unfall ihr ganzes Leben zerstören würde – und daß sie irgend etwas falsch gemacht hatte. Merke: Ich sage nicht, daß Sie niemals Dankbarkeit zeigen sollten. Aber seien Sie vorsichtig, machen Sie es kurz. Endlose Dankesbezeugungen schaden nur Ihnen und Ihrem Verhältnis zu anderen.

4. Machen Sie sich nicht zum Haushaltssklaven. Geben Sie sich nicht jederzeit zum Kochen, Nähen, Saubermachen oder Babysitting her. Wer das von Ihnen verlangt, geht von der Vorstellung aus, daß mit Ihnen nichts los ist und daß Sie dankbar sein können, nicht auf die Straße gejagt zu werden. Und diese Vorstellung verstärken Sie, wenn Sie ihr durch Ihr Handeln entsprechen.

5. Werfen Sie sich nicht Ihre vermeintlichen Schwächen vor. Ich kannte einmal einen Mann, der 1,50 Meter groß war und ständig von sich als dem »kleinen Charlie« redete. Er war skeptisch, als ich ihm sagte, meiner Meinung nach schade ihm diese Angewohnheit – und das daraus resultierende Selbstmitleid – viel mehr als seine Körpergröße. Nach ein paar Monaten der Umstellung und des Umdenkens – vor allem vermied er die Bezeichnung »kleiner Charlie« – verlor er den Kummer über seine Körpergröße und wurde auch besser mit sich selber fertig.

6. Nehmen Sie wegen Ihres Handikaps nicht unnötige Benachteiligungen hin. Ehe es Kontaktlinsen gab, sahen viele Frauen die Welt wie durch einen Schleier, weil sie sich weigerten, eine Brille zu tragen. Das hatte zur Folge, daß sie a) die Nachteile ihrer schlechten Sehkraft verstärkten und b) ihr Selbstwertgefühl beeinträchtigten – was genauso schlimm war. Dadurch gaben sie dem Mythos Nahrung, daß sie kein Mann lieben könne, wenn man sie – oh, Schreck – mit einer Brille sehen würde.

Setzen Sie sich einmal hin, und machen Bilanz, worum Sie Ihr Handikap alles bringt. Machen Sie sich klar, was Benachteiligungen sind – und was nicht. Alle vernünftigen Ziele sollten Sie nach Kräften verfolgen, aber hängen Sie Ihr Herz nicht an Unmögliches. Wenn Sie stottern, sollten Sie sich nicht einreden, nur als Rundfunksprecher glücklich werden zu können. Die Weigerung, sich mit den Tatsachen auseinanderzusetzen, macht alles nur schlimmer als es in Wirklichkeit ist. Und die eine Sache, die Sie nicht tun können, wird dadurch viel wichtiger als alles, was Sie können.

Wenn Sie sich viel Mühe geben, ein Handikap auszugleichen, kann etwas Interessantes passieren. Vielleicht sagen Sie sich: »Wenn ich nur diese eine Benachteiligung nicht hätte, dann wäre alles großartig.« Sie nehmen alle Energie zusammen, um gegen diese Benachteiligung anzugehen. Und was geschieht? Sie schaffen es, ein physisches Handikap zu beseitigen – und können sich weniger leiden als zuvor.

So erging es Irving. Als Teenager sah er irgendwie unterernährt aus, und das quälte ihn. Er kam zu dem Schluß, daß Gewichtskontrolle alle seine Probleme lösen würde, und verbrachte viele Stunden über Ernährungsplänen. Schließlich kräftigte sich sein Körper. Sein »Handikap« existierte nicht mehr, aber – wie vorherzusehen – war er jetzt noch stärker besessen von Vorstellungen über gutes Aussehen und physische Kraft. Er hatte furchtbare Angst, alt, krank oder irgendwie verletzt zu werden. So hatte ihn seine alte Angst, die alte Vorstellung von seiner Unzulänglichkeit, mehr denn je im Griff.

Ich sage nicht, daß Sie sich nicht um Besserung bemühen sollten. Wenn Sie lernen, ohne Stottern zu sprechen oder jünger auszusehen, großartig! Aber sehen Sie das nicht an als Rettung vor einem Schicksal, das unerträglicher als der Tod wäre. Und erwarten Sie nicht, daß alle Ihre Probleme dadurch gelöst werden. Das Gegenmittel lautet, daß Sie sich auch um andere Ziele bemühen sollten. Investieren Sie nicht allen Eifer in eine Sache.

Versuchen Sie, das Gefühl zu haben, daß *jetzt*, in dieser Minute, alles mit Ihnen in Ordnung ist. Nehmen wir einmal an, Sie hätten immer dieses Gefühl. Wir würden Sie dann handeln? Und so sollten Sie auch handeln. Versuchen Sie nicht, Ihre Schwächen zu kompensieren – unternehmen Sie nur Positives, das Ihnen Freude, Kraft und Erfolg bringt. Glauben Sie nicht, daß es etwas gibt, was Sie nicht können, es sei denn, es verbietet sich geradezu wegen eines bestimmten Handikaps. Halten Sie nach Dingen Ausschau, die Sie tun können – und gut tun können. Und dann tun Sie sie. Wenn Sie sich durch Ihr Handeln in der Vorstellung bestärken, daß Sie Fähigkeiten und Ihren eigenen Wert haben, dann werden Sie allmählich an sich glauben.

23
Freude im Alter

Nun ein paar Worte zum Thema Altwerden.

Wir alle werden natürlich älter. Ein Zweiundzwanzigjähriger schrieb kürzlich einen Artikel in dem er behauptete, daß er Depressionen habe, weil er nicht mehr ein strahlend junger Teenager sei. Und ein Zweiundachtzigjähriger wird natürlich finden, daß er manches nicht mehr so gut wie früher erledigen kann.

Rose war vierundsiebzig und deprimiert. Sie hatte das Gefühl, keine Zukunft zu haben und im Leben anderer Menschen keine Rolle mehr zu spielen. Sie glaubte, zu niemandem mehr zu passen: Einerseits »konnte sie alte Leute nicht ausstehen«; andererseits war sie sicher, daß junge Leute *sie* nicht ausstehen konnten.

Wir fanden heraus, daß ihr fünf fundamentale Dinge zu schaffen machten – und daß es jedermann, der fühlt, wie er älter wird, so ergehen kann. Das waren (1) Verlust der physischen Anziehungskraft und Stärke; (2) Vorurteile anderer gegenüber alten Leuten; (3) mangelnde Bereitschaft zu akzeptieren, daß man von anderen verstärkt abhängig ist; (4) Verlust bestimmter Freunde und Menschen, die einem nahestehen; (5) das Näherrücken des Todes. Mit all diesen Problemen, so argumentierte Rose, konnte sie unmöglich fertig werden.

Aber auf meine Bitte hin versuchten wir, die Sache doch positiv anzugehen. Zu Anfang schlug ich Rose vor, sich die folgenden zehn Fragen zu stellen:

1. Auf welche Weise diskriminieren Sie andere alte Menschen? Bezeichnen Sie zum Beispiel Ihren Mann wegwerfend als »armen alten Mann«, oder sprechen Sie anders zu älteren als zu

jüngeren Menschen? Sagen Sie, daß andere in Ihrem Alter, die versuchen, ihr Leben zu genießen, sich lächerlich machen?

2. Haben Sie bestimmte Methoden, sich die Freundschaft jüngerer Menschen zu erkaufen? Machen Sie ihnen freigiebig Geschenke und bieten Ihre Dienste an, ohne Gegenleistungen zu erwarten?

3. Welche Zugeständnisse machen Sie jungen Leuten – und nicht sich selbst? Kommen Sie zum Beispiel immer pünktlich, aber »verstehen, daß junge Leute Besseres vorhaben«?

4. Glauben Sie, daß Sie zu alt sind, um bestimmte Dinge zu verstehen (Politik, Jeansmode, neue Filme)? Und benutzen Sie das als Entschuldigung, nicht mehr zu beachten, was um Sie herum vorgeht?

5. Verbergen Sie Ihre persönlichen Probleme, weil Sie meinen, kein Recht zu haben, junge Leute damit zu behelligen?

6. Versuchen Sie, sich als Experte in Lebensfragen zu etablieren, und erteilen Sie jungen Menschen ständig Ratschläge?

7. Beschäftigen Sie sich mit der Vergangenheit, und betteln Sie um Mitgefühl, weil Ihr Leben vorbei ist?

8. Kritisieren Sie die moderne Welt und nennen sie unmoralisch oder dem Verfall geweiht? Behaupten Sie, daß Sie keinen Platz darin haben?

9. Mischen Sie sich in die Privatangelegenheiten junger Leute ein, und versuchen Sie, ihr Leben zu leben, statt über Ihr eigenes zu reden und nachzudenken?

10. Verlangen Sie, daß junge Leute zuhören, wenn Sie lange Reden halten – und werden Sie ärgerlich, wenn sie Sie unterbrechen? Hören Sie wirklich zu, was sie Ihnen zu sagen haben?

Ein älterer Mensch kann Leute seiner Generation diskriminieren (und so seine Meinung von sich selbst vergiften) oder auch um Nachsicht betteln, weil er zu alt ist, um zur Verantwortung gezogen zu werden. *Und so kann sich ein älterer Mensch in der Vorstellung bestärken, daß mit alten Leuten nichts los ist.*

Unter anderem wurde Rose klar, daß sie sich für ihren Mann schämte, der einen Stock benutzte, um sich fortzubewegen. Sie neigte dazu, auf ihm herumzuhacken, besonders wenn jüngere Leute anwesend waren. »Kannst du dich nicht beeilen? Wir lassen die Kinder warten.«

Ihr wurde auch klar, daß sie ihren Kindern viele Gefälligkeiten erwies – selbst sich aber weigerte, von ihnen irgendwelche Gegenleistungen oder auch nur Dank entgegenzunehmen. »Bedankt euch nicht bei mir«, sagte sie immer, »ich bin eure Mutter.«

Schließlich sah sie, daß sie sich selbst genauso herabsetzte wie ihren Mann. »Ihr müßt mich entschuldigen. Ich bin nur eine alte Frau.« Gleichzeitig schaffte sie es gewöhnlich, um Mitgefühl zu betteln: »Viele meiner Freunde sind schon tot. Ich habe nicht mehr viel Zeit.«

Als sie erst einmal erkannt hatte, von welchen Mustern ihr Leben geprägt war, konnte Rose es kaum abwarten, sie zu ändern. Sie liebte ihren Mann und wollte ihn eigentlich gar nicht in Verlegenheit bringen. Sie hatte sich nur so daran gewöhnt, sich des Altwerdens zu schämen, daß sie sich *für* ihn schämte. Als sie erst einmal aufhörte, ihn herabzusetzen, fiel es ihr auch leichter, sich selbst nicht so klein zu machen – und zu glauben, daß ihr Alter keine Schande war.

Ich schlug ihr vor, ihre Gefälligkeiten zu reduzieren – und Pläne für ihr eigenes Leben zu schmieden. Seit Jahren war sie nicht mehr am Wochenende ausgegangen. Sie wollte verfügbar sein, »falls die Kinder mich brauchen«. Mit am schwersten fiel es ihr, einen ganzen Monat lang alle Wochenenden fest zu verplanen – und sich auch an ihre Verabredungen zu halten. Nachdem sie sich so viele Jahre geweigert hatte, etwas für sich selbst zu tun, war es Zeit, einen Anfang zu machen.

Zum Beispiel machte Rose einen Gartenkurs mit; Gärtnern war ein altes Hobby von ihr. Das brachte sie auf andere Gedanken und weg von der Vorstellung, »von nun an geht's bergab«. Statt dessen sah sie, daß sie noch immer Neues beginnen und Neues hinzulernen konnte.

An diesem Punkt sahen wir uns noch einmal die fünf unlösbaren Probleme des Alters an. Sie bereiteten immer noch Schwierigkeiten, aber Rose hatte jetzt gewisse Vorstellungen, wie sie sich erfolgreich mit ihnen auseinandersetzen konnte. Zum Beispiel sprachen wir über das Problem, daß man Aussehen und gute Gesundheit mit den Jahren verliert. Bei Rose war das schlimmer, als nötig gewesen wäre. Kurz nachdem sie vierzig geworden war, hatte sie aufgehört, auf ihr Äußeres zu achten. »Welchen Sinn sollte das haben?« meinte sie.

Jetzt mit vierundsiebzig kam Rose zu der Auffassung, daß es doch einen Sinn hatte. Nicht daß sie versuchen wollte, wieder wie vierzig auszusehen. Das hätte genau die umgekehrte Wirkung gehabt, und sie würde sich noch mehr schämen, älter zu werden. Genauso wie der Kauf eines Toupets wahrscheinlich für einen Mann der schlechteste Weg ist, sich an seine Glatze zu gewöhnen. Aber Rose entschloß sich, ein paar neue Kleider zu kaufen, zum Friseur zu gehen und ab und zu einen langen Spaziergang zu machen, um sich fit zu halten. Auch versuchte sie, sich von ihren Unternehmungen nicht durch körperliche Schwächen abhalten zu lassen. So kaufte sie zum Beispiel ein Vergrößerungsglas, um Rezepte lesen zu können, statt einfach das Kochen aufzugeben.

Was das Vorurteil gegenüber alten Leuten anging, so half ihr eine Entscheidung weiter, die sie bereits für sich getroffen hatte – nämlich dabei nicht mitzumachen. Sie war sich zwar darüber klar, daß einige immer gegen die Alten eingestellt sein würden (häufig weil sie sich selbst vor dem Alter fürchteten), aber sie glaubte nicht mehr, daß jedermann alte Leute haßte und – noch wichtiger – daß solcher Haß gerechtfertig war.

Auch kam sie zu dem Schluß, daß es gar nicht so schlimm war, ein wenig von ihren Freunden und Kindern abhängig zu sein. Sie hatte während der letzten fünfundvierzig Jahre eine Menge für sie getan, und sie wollten ihr dafür ganz ehrlich ebenfalls Gutes erweisen. Nur sie machte ihnen das so schwer wie möglich. Manchmal verhielt sie sich, als wäre ein Angebot, sie irgendwohin zu fahren oder eine Besorgung zu erledigen, eine Beleidigung statt eine Gefälligkeit. Und immer war das ein Anlaß zum Selbstmitleid: »Ich bin so alt; ich falle allen zur Last.«

Es war nicht leicht für sie, aber Rose schaffte es, sich dazu zu zwingen, Gefälligkeiten zu akzeptieren – und sie dankbar zu akzeptieren. Als sie es konnte, verlor die Vorstellung ihre Schrecken für sie, und sie fand es eigentlich ganz angenehm zu wissen, daß es Menschen gab, die sie so gern hatten, daß sie etwas für sie tun wollten.

Roses Eltern waren tot und auch ihre Brüder, einige Cousins und Freunde. Eine ihrer Schwestern lag im Sterben. Diese Menschen verkörperten für sie ihre Jugend und die gute alte Zeit; sie hatte Grund, ihr Ableben zu betrauern.

Aber das war kein Grund, daraus ein Trauma zu machen und sich zu weigern, das Leben noch zu genießen. Nachdem ihr Lieblingsbruder gestorben war, hatte sich ihrer ein Gefühl ständiger dumpfer Trauer bemächtigt. Sie hörte auf auszugehen und noch Zukunftspläne zu machen. Doch schließlich sah sie ein, daß diese Reaktion nicht unvermeidlich, richtig und das einzig mögliche Zeichen ihrer Anteilnahme war – sondern eine Entscheidung und eine Überreaktion. Als sie wieder anfing, sich um die Welt zu kümmern, hatte sie zuerst das unbestimmte Gefühl, ihren Bruder zu betrügen. Aber ihr wurde auch klar, daß ihm ihre Veränderung nicht recht gewesen wäre. Er war ein Siebziger gewesen, als er starb – und irgendwie viel jünger, als sie es jetzt war. Vielleicht machte es Sinn, ihm ähnlicher zu werden, statt dem Leben nur halb anzugehören.

Als sie sich mit dem Tod ihres Bruders auseinandersetzte, begann Rose erstmals, an ihren eigenen Tod zu denken und offen darüber zu sprechen. Dadurch wurde nicht alle Angst und aller Kummer wie von Zauberhand beseitigt, aber das Entsetzen bei dem bloßen Gedanken an den Tod nahm tatsächlich ab. Das ist wahrscheinlich die wichtigste Lektion, die uns das Selbsterschaffungsprinzip lehren kann: *Wenn wir uns weigern, einer Sache ins Gesicht zu sehen – ganz gleich was es ist –, so machen wir sie dadurch nur noch viel, viel schlimmer.* Wenn man zugibt, daß man sterben wird – sich nicht weigert, darüber nachzudenken, oder so tut, als ob Kinder Unsterblichkeit gewährleisten –, so kann man dadurch Mut fassen und den Impuls fühlen, von nun an das Beste aus seinem Leben zu machen.

Es dauerte einige Zeit, bis Rose all dies erkannt hatte, aber sie schaffte es. Obwohl sie erst mit vierundsiebzig begann – und zunächst glaubte, für alles Neue zu alt zu sein –, brachte sie es fertig, ihr ganzes Leben zu ändern. Es ist leichter, wenn man schon in der Jugend beginnt. Aber es ist niemals zu spät, dem Leben noch etwas Neues abzugewinnen.

24
Was man gegen Schüchternheit tun kann

Stellen Sie sich vor, auf einer Cocktail Party zu sein, wo Sie nur ein paar Leute kennen. Sie haben sich mit diesen Leuten unterhalten, die jetzt weitergegangen sind, um sich Getränke zu holen oder mit anderen Freunden zu sprechen. Sie sehen eine Gruppe, mit der Sie sich gerne unterhalten würden. Was tun Sie jetzt? Hinübergehen, lächeln und sich vorstellen? Sich neben die Gruppe stellen und hoffen, daß man Sie bemerkt? Nach den Leuten suchen, die Sie schon kennen? Oder sich einen wichtigen Grund ausdenken, warum Sie die Party verlassen sollten?

Wenn es Ihnen schwerfällt, sich Unbekannten vorzustellen – selbst auf einer Party, die ja den Sinn hat, daß Sie neue Bekanntschaften machen –, sind Sie wahrscheinlich schüchtern. Wie Millionen Menschen fürchten Sie sich ein bißchen vor Fremden, ja vielleicht sogar vor Leuten, die Sie kennen. Vielleicht sind Parties ein Schreckgespenst für Sie. Oder Sie fürchten Situationen, wo etwas Wichtiges für Sie auf dem Spiel steht: ein Einstellungsgespräch oder ein Treffen mit den zukünftigen Schwiegereltern. Oder vielleicht sind Sie fast ständig durch Schüchternheit gehemmt. Sie arbeiten seit einigen Monaten in einer bestimmten Stelle, und jetzt werden Sie einige Leute auch gern außerhalb des Büros treffen. Aber Sie sind zu schüchtern, um so etwas vorzuschlagen. Oder Sie wissen nicht, wie Sie sich einem Mann oder einer Frau nähern sollen, wenn Sie sie attraktiv finden. Oder Sie fürchten sich davor, Ihren Arzt aufzusuchen oder sich die Haare schneiden zu lassen, weil Sie nicht recht wissen, wie Sie sich mit anderen Leuten unterhalten können.

Schüchternheit kann extreme Formen annehmen. In einem

Außenbezirk von London leitet eine Frau namens Alice Neville einen Klub, der »Die offene Tür« heißt. Die Klubmitglieder treffen sich nur selten, obwohl viele nahe beieinander wohnen. Die Mitglieder bleiben zu Hause und lesen die Rundschreiben. Wenn sie Glück haben, sind sie in der Lage, miteinander zu telefonieren. Wenn sie sehr viel Glück haben, können sie Mrs. Neville einen Besuch machen. Glück? Ja, denn alle diese Menschen fürchten sich vor der Außenwelt.

Vor einigen Jahren schrieb Mrs. Neville einen Zeitschriftenartikel, in dem sie ihren eigenen Kampf mit der sogenannten Agoraphobie – der Angst vor offenen Plätzen – schilderte. Ihre Symptome? Sie fürchtete sich, nach draußen zu gehen, mit Fremden zu sprechen und selbst davor, mit Leuten zusammenzukommen, die die immer wieder notwendigen Routinearbeiten erledigen müssen. Sie stellte fest, wie sie sich immer mehr zurückzog, zu Hause blieb, nicht ausging und nicht mehr mit anderen zusammentraf. Das ging so, bis sie eines Tages erkannte, was da mit ihr vorging – und sie sich entschloß, dagegen anzugehen. Nach verzweifelten Bemühungen gelang es ihr, die Angst zu besiegen.

Mrs. Neville hatte schon vorher Artikel verfaßt, und sie war daran gewöhnt, daß sie daraufhin Leserbriefe bekam. Diesmal schrieben ihr Tausende, die alle feststellten: »Ich habe das gleiche Problem.« Einige litten unter milderen Formen der Platzangst. Sie gingen Veranstaltungen aus dem Wege, und es fiel ihnen schwer, sich mit Leuten zu unterhalten, die nicht zu ihren alten und vertrauten Freunden gehörten. Andere blieben fast immer zu Hause. Für sie erledigten entweder die Ehepartner oder die Kinder die Einkäufe. Sie gingen nur nach Einbruch der Dunkelheit aus oder kurbelten beim Autofahren die Scheiben nie mehr runter. Einige fürchteten sich, die Tür zu öffnen oder den Telefonhörer hochzunehmen, wenn das Telefon läutete.

Die meisten dieser Menschen, so stellte Mrs. Neville fest, litten auch unter einer anderen Angst – der Angst, aus irgendeinem Grunde an einem bestimmten Ort sein zu müssen. Sie wollten in der Lage sein, eine Gesellschaft jederzeit verlassen zu können, aber sie fürchteten sich fast genauso davor, allein zu bleiben. Was kann da helfen? Mrs. Neville hat herausgefunden, daß die

Psychoanalyse selten weiterhilft. Es führt zu nichts, wenn man nach den Wurzeln sucht. Viele Patienten benutzen die Analyse als Entschuldigung, sich von der Welt abzuschließen: »Ich kann nicht ausgehen und Leute kennenlernen, ehe ich nicht diese Probleme verarbeitet habe.« Und am Schluß sind sie dann nur noch furchtsamer und abhängiger.

Hier hilft nur, mit der Verstärkung der Angst aufzuhören, indem man aufhört, der Angst entsprechend zu handeln. Gehen Sie einfach zu der Party, zu der Sie eingeladen sind, oder bitten Sie den Hauswirt, die Wohnung streichen zu lassen, oder machen Sie Vorstellungstermine, wenn Sie einen besseren Job haben wollen.

Das tat Mrs. Neville, selbst als ihre Angst so stark war, daß es ihr unmöglich vorkam. Und nun kann sie anderen raten: »Sie müssen versuchen, den Radius Ihrer Unternehmungen zu erweitern, indem Sie sich dazu zwingen.«

Unser Prinzip zeigt uns, wie Schüchternheit entsteht – und warum man sie nur besiegen kann, wenn man sich dazu zwingt. *Schüchternheit ist eine Gewohnheit, die auf verschiedene Weise zustandekommt, aber immer auf dieselbe Weise verstärkt wird, nämlich durch entsprechendes Handeln.*

Manchmal beginnt alles mit einer Erkrankung. Amanda war erst vor kurzem in eine andere Stadt gezogen und bekam dann eine komplizierte Lungenentzündung. Als sie wieder völlig in Ordnung war, hatte sich der Gedanke in ihr festgesetzt: »Ich bin jetzt seit einem halben Jahr hier und habe noch nirgendwo Anschluß gefunden, also wird wohl auch nichts mehr draus werden.« Und dann sorgte sie dafür, daß diese Prophezeiung in Erfüllung ging. Es ging ihr jetzt ausgezeichnet, aber sie hatte sich daran gewöhnt, die Abende ruhig zu Hause zu verbringen. Es würde viel zu anstrengend sein auszugehen, spät in der Nacht zurückzukommen und zu versuchen, neue Bekannte zu finden. Warum sollte sie sich überhaupt darum bemühen? So lehnte sie die meisten Einladungen ab. Sie redete sich ein, es würde zu heiß, zu kalt oder zu ermüdend sein. Und immer, wenn sie sich so verhielt, wurde sie überzeugter, daß es eine Strafe war, Bekanntschaften zu schließen. Es war hoffnungslos. Sie würde nicht wissen, wie sie sich verhalten sollte. Alle würden sie für langweilig halten. Oder ungeschickt. Oder dumm. Niemand würde sie mögen.

Amanda verwandelte ihre Krankheit in ein Trauma, aus dem ihre Schüchternheit entstand. Andere werden durch ihre Eltern zu Schüchternheit verleitet. Morris zum Beispiel hatte sehr schüchterne Eltern, die ihn leidenschaftlich liebten und ihn den Unterschied lehrten zwischen der Familie, der man vertrauen konnte und allen anderen, die kein Vertrauen verdienten. Er imitierte die Schüchternheit seiner Eltern, als er noch klein war und behielt das dann auch bei, als er älter wurde. Und das Ergebnis war, daß er genauso wie die Eltern empfand.

Ninas Eltern waren überhaupt nicht schüchtern, aber brachten ihr Kind dazu, schüchtern zu werden. Sie war das einzige Mädchen in einer großen Familie; ständig wurde ihr gesagt, daß Mädchen ruhig, höflich und ordentlich zu sein hätten. Mädchen dürften sich nicht in den Vordergrund spielen. Je mehr aber Nina tat, was ihr die Eltern predigten, je schüchterner sie sich verhielt, desto mehr erzog sie sich dazu, schüchtern und gehemmt zu *sein*.

Beckys Eltern machten die Tochter auf eine ganz andere Art schüchtern. Sie waren laut, aggressiv, aufdringlich. Einmal durchbrachen sie eine Absperrung und stießen Becky vor Rita Hayworth, um sich ein Autogramm zu verschaffen. Becky, die den Filmstar bewunderte, war zu Tode gekränkt. Sie sagte sich: »Ich will mich auf keinen Fall so lächerlich machen wie die.« Sie gab sich alle Mühe, genau das Gegenteil von dem zu tun, was ihre Eltern für richtig hielten.

Amanda, Morris, Nina und Becky haben alle ihre Schüchternheit selbst erschaffen – und sie haben sie ständig aufs neue erschaffen, weil sie stets ihrer Schüchternheit entsprechend handelten. Wie bei allen Gewohnheiten, kam ihnen das natürlich und folgerichtig vor. Aber sie mußten dieses Gefühl ignorieren und die Gewohnheit durchbrechen – indem sie sich zwangen, die Dinge zu tun, vor denen sie sich fürchteten.

Das ist der einzige Weg, der aus der Schüchternheit herausführt. Man muß menschliche Kontakte suchen und sich dazu zwingen, das Beste aus ihnen zu machen. Es ist falsch, nach Entschuldigungen zu suchen, um die Party wieder verlassen zu können, ruhig dazusitzen und auf die Uhr zu starren oder einen anderen zwecks moralischer Unterstützung mitzubringen. Man muß das Problem, wie man Leute kennenlernt, einfach anpacken.

Und das ist gar nicht so schwer. Ihnen ist bereits viel durch Schüchternheit entgangen, und Sie haben sich immer wieder in der Idee bestärkt, daß andere Leute furchterregend sind und daß sie in einer furchterregenden Welt leben. Denken Sie darüber nach. Was macht Ihnen solche Angst? Nur Handeln kann Ihnen die Furcht nehmen, aber es fällt Ihnen vielleicht leichter, einen Anfang zu machen, wenn Sie über folgende Punkte ein wenig nachdenken.

1. Denken Sie zunächst darüber nach, was Sie mit allen Menschen gemeinsam haben. Menschliche Schwäche, Anfälligkeit für Krankheiten, das Verlangen nach Freundschaft und Achtung, sogar die Angst vor dem Tod. Keiner ist davon ausgenommen. Ganz gleich, wie hoch und mächtig ein Mensch dazustehen scheint, er ist genauso verwundbar wie Sie. Wer etwas nachgedacht und den Mut aufgebracht hat, in sich hineinzusehen, dem ist das nicht verborgen geblieben. Er weiß, daß er aus dem gleichen Stoff gemacht ist wie alle anderen auch. Und Sie sollten das auch wissen.

2. Machen Sie eine Bestandsaufnahme all Ihrer Stärken und Interessen. Versuchen Sie, Leute kennenzulernen – wenigstens hin und wieder –, die an ähnlichen Dingen wie Sie Interesse und Freude haben. Achten Sie darauf, wie Sie sich in solchen Fällen verhalten. Es kann sein, daß Ihre eigene Küche der einzige Platz ist, wo Sie sich in Gesellschaft anderer wohlfühlen. Oder Sie sind ein guter Tischtennis-Spieler, der nur beim Ping-Pong seine Schüchternheit verliert. Wie dem auch sei, beobachten Sie genau, wie Sie sich hier verhalten. Was ist anders als sonst? Mögen Sie sich selbst in dieser Situation besser leiden? Vielleicht können Sie Ihren eigenen Stil imitieren, wenn Sie Menschen in anderen Situationen begegnen.

3. Hüten Sie sich vor elitärem Verhalten, ganz gleich, in welcher Form. Wenn Sie glauben, daß einige Leute unter Ihrem Niveau sind – jemand am Arbeitsplatz, Ihr Schwager, ein schlechter Tischtennisspieler –, geraten Sie in Gefahr, sich vor der

Begegnung mit anderen zu fürchten. Schließlich könnten diese Menschen ja auf Sie in gleicher Weise herabsehen. Durch Snobismus verstärken Sie die Auffassung, daß nur erfolgreiche Menschen ein Recht auf persönliches Vertrauen haben. Statt dessen sollten Sie sich zu der Vorstellung erziehen, daß jeder – Sie eingeschlossen – das Recht hat, mit Achtung behandelt zu werden.

Das Gegenteil von elitärem Verhalten ist die Vorstellung, ein Bürger dieser Welt zu sein wie jeder andere. So etwas, wie aus »guter« oder »schlechter« Familie stammen, gibt es nicht. Geld, Wohngegend, Beruf, Macht – nichts gibt Ihnen das Recht, auf andere herabzusehen. *Und gibt es auch keinem anderen.* Niemand ist berechtigt, über Sie zu lachen oder sich so zu verhalten, als wären Sie nicht gut genug für ihn.

4. Reden Sie sich nicht ein, daß jetzt nicht der richtige Zeitpunkt und der richtige Ort für Ihr persönliches Hervortreten ist. Wenn Sie schüchtern sind, fühlen Sie sich immer wie ein Eindringling. Der rechte Zeitpunkt scheint Ihnen nie gekommen. Bei einem geselligen Beisammensein kann Ihnen vielleicht die Vorstellung helfen, daß Sie immer mit den anderen zusammenbleiben werden. Tun Sie so, als würden Sie *niemals* mehr jemand anders treffen; diese Gruppe ist Ihre Welt. Sie brauchen einen Freund darin. Und andere brauchen das auch.

5. Denken Sie über die Menschen nach, vor denen Sie sich am meisten fürchten. Was sind das für Menschen? Gehören Sie einer bestimmten Kategorie an – sind sie auf eine ganz besondere Art jung, attraktiv, reich oder erfolgreich? Warum jagen gerade diese Menschen Ihnen Angst ein?

Vielleicht finden Sie heraus, daß Sie gar kein echtes Interesse an ihnen haben; Sie bewundern nur ihre Jugend, ihr Aussehen, ihre glanzvolle Lebensführung. Sie würden gerne von sich behaupten können, mit einer Berühmtheit gesprochen zu haben. In solchen Fällen sind Sie vielleicht schüchtern, weil Sie sich dieser Hintergedanken durchaus bewußt sind. Wenn der andere die Wahrheit wüßte, würde er Ihnen zu Recht aus dem Weg gehen.

Die Art Schüchternheit, die wir überwinden wollen, hält Sie von den Leuten fern, die Sie wirklich interessieren. Und Sie wissen, wie man diese Schüchternheit überwindet. Laufen Sie nicht mehr fort – gehen Sie dorthin, wo Sie mit anderen zusammentreffen, bleiben Sie, und unterhalten Sie sich mit ihnen. Schließen Sie sich Gruppen so oft wie möglich an, und halten Sie sich dabei an folgende Ratschläge:

1. *Sitzen Sie möglichst in der Mitte des Raumes.* Schüchterne Menschen setzen sich oft in eine Ecke, damit sie übersehen werden. Das funktioniert; keiner sieht sie. Das »beweist« wiederum, daß keiner ein wirkliches Interesse an ihnen hat – und so weiter. Das ist ein Teufelskreis. Durchbrechen Sie ihn. Geben Sie anderen die Chance, Sie zu bemerken und Interesse an Ihnen zu gewinnen.

2. *Sprechen Sie laut und deutlich.* Menschen, die insgeheim wünschen unterzutauchen und in der Gruppe nicht mitmachen wollen, neigen dazu, mit undeutlicher Stimme zu sprechen. Heben Sie Ihre Stimme, und Sie bestärken sich in der Vorstellung, daß Sie ein Recht haben zu sprechen.

3. *Sehen Sie die Menschen an, wenn sie mit Ihnen sprechen.* Menschen, die schüchtern sind, vergessen oft, daß sie anderen dies schuldig sind. Es ist nicht notwendig, die Leute anzustarren. Aber es ist für sie wichtig zu wissen, daß Sie zuhören. Und wenn Sie sie ansehen, werden Sie eher glauben können, daß Ihre Reaktion ernst genommen wird.

4. *Wiederholen Sie sich, wenn Sie keine Antwort bekommen.* Reden Sie sich nicht ein, daß die anderen ja doch an dem, was Sie sagen, nicht interessiert sind.

5. *Bringen Sie Ihre Rede zu Ende, selbst wenn Sie unterbrochen werden.* Uns allen fällt man einmal ins Wort, und schüchterne Menschen fordern solche Unterbrechungen manchmal geradezu heraus, weil sie sich so verhalten, als erwarteten sie, das Wort abgeschnitten zu bekommen. Aber Unterbrechungen können auch bedeuten, daß andere sich über das, was Sie sagen, erregen. Benutzen Sie eine Unterbrechung nicht als Vorwand, sich von der Gruppe zurückzuziehen.

Ist das wirklich so einfach – die Menschen ansehen und einfach drauflosreden? Ja. Ohne es zu bemerken, sehen schüchterne Menschen andere fast niemals an und sprechen viel zu leise. Und durch dieses Verhalten bleiben sie auch schüchtern.

Zuerst werden Sie sich beklommen vorkommen, wie immer, wenn Sie ein Verhaltensmuster durchbrechen wollen. Sie sehen sich noch immer auf die alte Art – es kommt Ihnen albern vor, Ihre Stimme zu erheben oder ein Thema wieder aufzunehmen, das Sie angeschnitten haben. Dabei könnten Sie das Gefühl haben, plötzlich Ihren Eltern zu gleichen, deren Aufdringlichkeit Sie in solche Verlegenheit brachte. Mit Hilfe der »Vergrößerung« können Sie Ihre Ängste gut beobachten. Aber das wichtigste ist, trotz dieser Ängste weiterzumachen. Ändern Sie Ihr Verhalten, und Sie werden sich in einem anderen Licht sehen.

Sie können sich allmählich weitervorarbeiten, wenn Sie wollen. Natürlich würde es für Ihre Schüchternheit Wunder wirken, wenn Sie sich aufraffen könnten, eine kleine Rede zu halten. Aber im Augenblick ist es Ihnen fast unmöglich, ohne die Begleitung eines vertrauten Freundes auf die Straße zu gehen. Machen Sie also einen Anfang, indem Sie lauter sprechen und diesen Ihren Freund direkt ansehen. Gewöhnen Sie sich gegenüber einigen Menschen Verhaltensformen an, die Sie dann später auf andere übertragen können. Werden Sie von Tag zu Tag ein wenig stärker. Auch wenn Sie nur mit einem Menschen zusammen im Zimmer sind, können Sie Ihr Gefühl von Freiheit und Selbstvertrauen verstärken. Gehen Sie zu Parties, wenn Sie können, und konzentrieren Sie sich zunächst auf Menschen, die aufgeschlossen wirken. Nähern Sie sich ihnen zuerst, und dringen Sie allmählich auch zu Leuten vor, die Sie überhaupt nicht kennen.

Wenn Sie mit Sicherheit wissen, daß Sie eine bestimmte Bemerkung machen wollen und *auch die Chance haben,* sie anzubringen, proben Sie sie vorher durch. Aber memorieren Sie nicht zufällige Bemerkungen über Themen, die nicht mit Sicherheit zur Sprache kommen werden. Denn sonst warten Sie die ganze Zeit gespannt auf den richtigen Moment, um Ihre Trumpfkarte auszuspielen. Wenn der richtige Moment aber nicht kommt, bringen Sie a) die Bemerkung an, auch wenn sie gar nicht paßt, oder sagen b) überhaupt nichts, weil Ihr Warten auf das Stichwort es Ihnen unmöglich gemacht hat, ungezwungen zu reagieren. Es fallen Bemerkungen, auf die Sie spontan eingehen könnten, aber Sie sind zu sehr mit dem Warten auf das Stichwort beschäftigt, als daß Sie noch frei reagieren könnten.

Denken Sie daran: Es kommt nicht darauf an, den Mut zum Sprechen zu finden, sondern darauf zu sprechen, um den Mut zu finden. Es bedarf keines besonderen Muts, den ersten Schritt zu machen. Sie brauchen nur den Mut, der sich zwangsläufig aus dem Glauben an das Prinzip der Selbsterschaffung ergibt. Schon mancher Sportler hat zu seinem Trainer gesagt: »Das kann ich nicht«, und der Trainer hat geantwortet: »Du kannst das. Glaub mir. Versuch es.« Und er versucht und schafft es. Nicht nur, weil er an sich selbst glaubt, sondern weil er an den Trainer glaubt. Aber danach glaubt er an sich selbst.

In unserem Fall übernimmt das Selbsterschaffungsprinzip die Rolle des Trainers. Es sagt: »Du kannst das. Versuch es.« Wenn Sie dem Prinzip vertrauen, werden Sie bald sich selbst vertrauen.

25
Kreativität:
Wie man sie aktiviert
und erhält

Dies Kapitel wendet sich an Menschen, die kreativ sind – aber Schwierigkeiten haben, ihre Kreativität in die Tat umzusetzen. Wer ein Talent hat, und das Bedürfnis, es zu nutzen, dem wird unser Prinzip helfen, dies Talent besser zu entwickeln. Es sagt Ihnen, welche Handlungen Sie meiden und welche Sie ausführen sollten, wenn Sie sich die Offenheit, die Sensibilität, den Mut und die Hingabe erhalten wollen, die für kreatives Schaffen unerläßlich sind. Das Prinzip kann Ihnen helfen, den richtigen Kurs nicht aus den Augen zu verlieren. Hier einige Richtlinien.

1. Tun Sie wenigstens hin und wieder etwas, was niemand außer Ihnen zu sehen bekommt. Wenn Sie sich erst einmal klar gemacht haben, daß keiner jemals Ihre Arbeit beurteilen wird, werden Sie sich freier fühlen, auch etwas zu wagen und originell zu sein. Es gibt Menschen, denen es sogar schwerfällt, sich ehrlich in ihrem Tagebuch zu äußern, weil sie denken: »Wenn nun jemand hineinguckt?« oder »Was passiert, wenn ich eines Tages berühmt bin, und es wird veröffentlicht?« Sorgen Sie dafür, daß Ihnen dies nicht geschieht: Achten Sie darauf, daß bestimmte Sachen Ihre Privatangelegenheit bleiben, und bitten Sie Ihre Familie und Ihre Freunde, das zu respektieren.

2. Hüten Sie sich vor Handlungen, durch die Ansehen oder Erfolg zu wichtig für Sie wird. Ich kenne einen Autor, der hohe Vorschüsse für seine Bücher bekommt, aber er gibt das Geld immer schnell aus und hat dann das Gefühl, daß er das Manuskript »verpfändet« hat. Denn es ist ja nicht mehr seins.

Sie brauchen eine Sache gar nicht einmal berufsmäßig zu betreiben und können doch die gleiche Art Druck für sich erzeugen. Vielleicht erzählen Sie jedermann von dem phantastischen Projekt, an dem Sie gerade arbeiten – es wird alles übertreffen, das sie je zu sehen bekommen haben. So fangen Ihre Freunde an zu fragen, wie Sie mit der Sache vorankommen und wann sie es endlich sehen können und – schließlich – warum es so lange dauert. So haben Sie das Gefühl, wie der oben erwähnte Autor, daß Sie dem Publikum diese Arbeit schuldig sind.

Sagen Sie sich, daß Sie die Arbeit für sich tun, und versuchen Sie nicht, sie anderen um jeden Preis zu »verkaufen«. Erinnern Sie sich an unser Prinzip: Je mehr Sie sich mit anderer Leute Meinung auseinandersetzen, desto wichtiger werden diese Meinungen für Sie. Wenn Sie das ins Extrem treiben – zum Beispiel Sie benutzen einen Augenblickserfolg als Künstler, um sich über die Mißerfolge eines ganzen Lebens hinwegzusetzen –, dann erzeugen Sie einen solchen Druck, daß Sie überhaupt nicht mehr arbeiten können. Aber je weniger Beifall Sie von anderen erwarten, desto freier und selbstbewußter werden Sie sich fühlen.

3. Machen Sie realistische Pläne, und halten Sie sich auch daran. Wenn Sie sechs Tage der Woche für Ihr Vorhaben ansetzen und noch nicht mal an zweien gearbeitet haben, werden Sie wahrscheinlich Ihren Terminplan nicht einhalten können. Das ist gefährlich. Immer wenn es Ihnen nicht gelingt, Ihren Plan einzuhalten, verstärken Sie das Gefühl, der Arbeit nicht gewachsen zu sein. Das trifft ganz besonders dann zu, wenn die Arbeit nicht allzu gut vorangeht, das heißt, wenn Sie am meisten in Gefahr stehen, eine schwierige Terminplanung über den Haufen zu werfen.

Unterwerfen Sie sich einer vernünftigen Disziplin, einer Arbeitsplanung, mit der Sie leben können. Vielleicht mißfällt Ihnen die Idee, sich an bestimmte Zeiten zu binden; Sie würden lieber dann arbeiten, wenn Sie sich inspiriert fühlen. Aber was würde geschehen, wenn Sie sich festgefahren haben – und eine Woche vergeht ohne Inspiration? Das könnte dazu führen, daß Sie den Glauben an Ihre Arbeitsfähigkeit verlieren.

Wenigstens zu Anfang können Sie sich dadurch helfen, daß

Sie einige Stunden festsetzen, die allein Ihrer Spezialarbeit gehören. Wenn Sie sich an einen Plan halten, wird es Ihnen gelingen, mehr Arbeit zu erledigen – falls Sie wirklich arbeiten wollen.

Wenn der Plan, den Sie sich vorgenommen haben, nicht zu anstrengend ist, und Sie ertappen sich trotzdem dabei, daß er Ihnen Schwierigkeiten macht und Sie nach Entschuldigungen suchen, ihn nicht einzuhalten – so können Sie etwas über Ihre Motive lernen. Arbeitspläne zwingen Sie, sich ganz hart die Frage zu stellen: *Will ich das wirklich tun – selbst dann, wenn die Sache nicht richtig vorangeht?* Wenn die Antwort nein lautet, auch gut. Warum sollten Sie sich wie ein Missetäter fühlen, wenn Sie kein Künstler sind und es eigentlich auch gar nicht sein wollen? Aber wenn die Antwort ja lautet, wenn Sie eine Sache wirklich tun wollen, dann werden Sie merken, daß der Plan Ihnen hilft, eine kreative Durststrecke zu überwinden.

4. Bringen Sie auch Opfer für Ihre Arbeit. Wenn Sie erst einmal eine bestimmte Zeit für Ihr Vorhaben angesetzt haben, verschwenden Sie diese Zeit nicht am Telefon, oder stellen Sie sich nicht in die Küche, um ein raffiniertes Menü zu bereiten, oder sehen Sie sich nicht einen Fernsehfilm an.

Eine Möchtegern-Komponistin merkte, daß sie sich ständig um die Zeit fürs Komponieren brachte, indem sie Essen mit Freunden arrangierte. Während ihr nie in den Kopf gekommen wäre, eine Verabredung mit einem Freund zu brechen, um die Zeit mit jemand anderem zu verbringen, dachte sie doch nie daran, eine Verabredung mit sich selbst auf die gleiche Weise zu honorieren. Unser Prinzip rät Ihnen dagegen, Ihrer Arbeit dadurch Wert zu verleihen, daß Sie etwas in die Voraussetzungen der Arbeit investieren.

5. Geben Sie nicht auf, auch nicht nach verletzender Kritik. Verwandeln Sie nicht einen Mißerfolg in ein Trauma. Wenn Sie bei Ihrer Arbeit bleiben, dann erneuern Sie den Glauben an sich selbst und an die Wichtigkeit der Kreativität in Ihrem Leben. Selbst schlechte Arbeit ist fast immer besser als keine Arbeit.

»Man muß immer das Ziel im Auge haben«, sagte Stendhal. Wenn Sie das nicht tun – und zwar *ständig* –, werden Sie nicht nur den Glauben an sich selbst verlieren, sondern vielleicht auch vergessen, daß es ein Ziel gibt. Sie hören auf zu schreiben – und fragen sich, warum Sie überhaupt Dichter werden wollten, und wie Ihnen die Idee kommen konnte, eine Chance zu haben.

Es gibt noch eine zweite Art von Drückebergerei, vor der man auf der Hut sein sollte. Immer wenn Sie mit einem Gedicht nicht richtig vorankommen, wenden Sie sich schnell anderen kreativen Arbeiten zu – vielleicht Fotografie oder Modellbau. (Schließlich können Sie sich ja einreden, daß das konstruktiv ist . . .) Es ist gut und schön, zwei Projekte zu verfolgen, aber wenn Sie mit dem einen Schwierigkeiten haben, so benutzen Sie das möglichst nicht als Entschuldigung, sich dem anderen zuzuwenden. Sonst verlieren Sie das Vertrauen – und die Fähigkeit – zu beidem.

6. Führen Sie, wenn irgend möglich, ein Projekt zu Ende, auch wenn Sie mit dem Ergebnis nicht recht zufrieden sind. Wenn Sie etwas zu Ende führen, bestärken Sie sich in der Vorstellung, daß Sie Ihre Arbeit ernst nehmen und daß Sie ein Mensch sind, der etwas zustandebringt. Wenn Sie das nicht tun, könnten Sie sich leicht als Drückeberger betrachten. Und es ist schwieriger, etwas anzufangen, wenn man nicht sicher ist, daß man es je fertig bekommen wird.

Das ist wichtig. Eine kreative Anstrengung kann ein paar Stunden, aber auch Jahre dauern. In beiden Fällen könnten Sie an einen Punkt kommen, wo Sie vor der Wahl stehen, entweder die Arbeit zu beenden oder sie aufzugeben. Es hilft, wenn Sie von Anfang an wissen, daß Sie vorhaben, die Sache auch zu Ende zu bringen – wozu würden Sie sonst daran arbeiten?

Wenn Sie die Sache berufsmäßig betreiben oder etwas in dieser Richtung vorhaben, geht es nicht nur darum, das Projekt zu beenden: Sie müssen dafür sorgen, daß es auch gesehen und kritisiert wird. Schicken Sie Ihren Roman nicht nur an einen Verleger, und geben Sie nicht auf, wenn er zurückgewiesen wird. Senden Sie ihn vielmehr an viele, um sicherzustellen, daß er eine Chance erhält. Sie haben hart daran gearbeitet und Opfer dafür gebracht. Wenn Sie jetzt aufgeben, dann unterminieren Sie die Hingabe an Ihre Arbeit.

7. Wenn Sie Ihre eigene Arbeit kritisieren, denken Sie daran, daß Ihre Stimmungen wechseln. Und Ihre Stimmungen werden durch die Kritik beeinflußt, die Sie schon vorgenommen haben. Wenn Sie ein Kunstwerk tagelang wildwütig korrigiert haben, dann werden Sie überzeugt sein, daß es absolut nichts taugt. Je mehr Sie seine Mängel zu übertünchen suchen, desto blamabler kommen Ihnen diese Mängel vor.

Stellen Sie Ihre Stimmung mit folgendem Schnelltest auf die Probe. Wenn alles, was Sie im letzten Monat getan haben, Ihnen einfach grauenhaft vorkommt, haben Sie sich wahrscheinlich Selbstverunglimpfung zur Gewohnheit gemacht. Hören Sie damit auf. Prüfen Sie die Arbeit anderer Künstler. Oft, wenn Sie sich zur Regel gemacht haben, Ihre eigene Arbeit in Grund und Boden zu verdammen, werden Sie merken, daß Sie sogar die Arbeiten Ihrer Lieblingsschriftsteller ablehnen. Und das ist ein Zeichen, daß Ihr Urteilsvermögen Schaden genommen hat.

Kritik birgt immer eine gewisse Gefahr in sich; sie tendiert dazu, Sie ganz und gar kritisch zu stimmen. Sie kann Sie lehren, kleinmütig zu werden und Ihre Kreativität beeinträchtigen. Versuchen Sie, nicht mitten in einer kreativen Arbeit abzubrechen und das Ganze zu revidieren; warten Sie, bis Sie fertig sind oder wenigstens bis ein größerer Teil abgeschlossen ist, und dann behandeln Sie Ihre Kritik als ein eigenes Projekt. Jede Aktivität – Schaffen, Revidieren – erfordert eine ganz spezielle Einstellung; während Sie schaffen, werden Sie kreativer; während Sie kritisieren, werden Sie kritischer. Wenn Sie beides getrennt halten, können Sie sich davor bewahren, sich in einer blindwütig kritischen Haltung zu bestärken, während Ihr eigentliches Anliegen im Augenblick die kreative Arbeit ist. Wenn Sie Ihre Arbeit revidieren, betrachten Sie das als einen Liebesdienst gegenüber Ihrer Arbeit. Sie verbessern sie, feilen daran, verstärken ihre positiven Seiten. Beseitigen Sie ihre Fehler mit Gefühl. Sie machen sich diese Mühe, weil es sich um Ihre Arbeit verlohnt – nicht weil sie nichts taugt.

Selbst wenn Sie die Arbeit ablehnen, hören Sie nicht so schnell damit auf, daß Sie nichts daraus lernen. Wenn sie Ihnen absolut zuwider ist, denken Sie über die Gründe nach. Wieso entspricht sie nicht Ihren Erwartungen? Wenn Sie nur vergessen – die Vergangenheit annullieren – wollen, dann geben Sie sich das Gefühl, unfähig zu sein. Schließlich ist das, was Sie einmal getan haben, nicht der Maßstab für das, was Sie tun können.

8. *Wenn Sie etwas, was Ihnen Freude gemacht hat, beenden, geben Sie damit nicht an.* Sie wollen es wahrscheinlich gern anderen zeigen, besonders wenn Sie es für schön halten. Gut – zeigen Sie es unter allen Umständen. Aber beschränken Sie sich auf das Herzeigen. Wenn Sie versuchen, es in den Himmel zu heben, so ist das eine von Furcht diktierte Handlung, die Ihre Angst nur noch verstärken kann. Und es macht auch keinen Sinn: Ihr Kunstwerk ist kein logisches Argument, das auf Ihre Verteidigung angewiesen ist. Lassen Sie es allein für sich wirken; es wird dafür sorgen, daß auch Sie auffallen.

9. *Kultivieren Sie die Eigenschaften, die Sie für Ihre Arbeit brauchen.* Eine kreative Grundeinstellung geht über Malen, Schreiben oder Bauen hinaus – sie zeigt sich in Ihrer ganzen Haltung gegenüber dem Leben. Um diese Haltung zu fördern,

○ erlauben Sie Ihren Gefühlen und Handlungen, Sie selbst zu überraschen. Versuchen Sie, Ihre Gefühle nicht zu kritisieren.
○ Kultivieren Sie einen Sinn für das Absurde in der Welt. Versuchen Sie, das Ungewöhnliche zu würdigen, statt Menschen und Ideen als seltsam abzutun.
○ Lernen Sie zu spielen; tun Sie Dinge um ihrer selbst willen. Bei Ihrer kreativen Arbeit sind Sie auf diese Fähigkeit angewiesen, und wahrscheinlich wird sie Ihnen nicht zur Verfügung stehen, wenn Sie sie nicht auch auf anderen Gebieten kultivieren.
○ Noch einmal, machen Sie sich unabhängig vom Urteil anderer Leute. Bitten Sie andere nicht um Stellungnahme zu dem, was Sie tun. Untersuchen Sie nicht, wie gut andere Menschen Ihres Alters auf Ihrem bestimmten Arbeitsgebiet sind. Machen Sie keine Marktuntersuchungen. Verzichten Sie auf Vergleiche – sehen Sie Ihr Leben dann als erfolgreich an, wenn Sie Ihr Bestes geben.

Selbst wenn Sie diesen Richtlinien folgen, gibt es bei der kreativen Arbeit Probleme. Immer wieder quälen Sie sich mit Fragen herum wie: Mache ich Fortschritte, funktioniert das auch, wie soll es bloß weitergehen? Wenn Sie diese Ängste nicht kennten, würde das wahrscheinlich bedeuten, daß Ihre Arbeit zu routiniert – und nicht wirklich kreativ ist.

Jeder Künstler muß diese Angst durchstehen, aber gewöhnlich kommt sie wie ein Schock. Warum? Weil wir nicht damit rechnen, und weil sie wie eine böse Vorahnung wirkt. Gerade wenn unser Vorhaben gut läuft, sehen wir plötzlich den ganzen Berg Arbeit und die überall lauernden Gefahren vor uns. Man hat das Gefühl, am Rand eines Abgrunds zu stehen; man kann tief fallen, wenn man nicht achtgibt.

So liegt die Versuchung nahe, vorsichtig zu sein. Man denkt, vielleicht sollte ich doch nicht die neue Technik ausprobieren, sondern bei der alten bleiben, die immer funktioniert hat. Was geschieht, wenn Sie dieser Versuchung nachgeben? Zunächst einmal leidet Ihre Arbeit. Sie können nicht zu neuen Ufern vorstoßen, wenn Sie sich auf bekanntes Territorium zurückziehen. Aber noch wichtiger, Sie verstärken Ihre Angst, Risiken einzugehen – eine Angst, die Ihre Kreativität vernichten kann.

Rechnen Sie mit diesem Problem; es ist ein gutes Zeichen, ein Zeichen kreativer Energie. Und rechnen Sie mit den Versuchungen in seinem Gefolge: dem Impuls, alles hinzuwerfen, sich zurückzuziehen, lieber etwas Sicheres statt etwas Neues zu unternehmen. *In diesem Fall sollten Sie nicht nachgeben;* handeln Sie nicht im Sinne dieser Versuchungen. Wenn Sie ihnen widerstehen, werden sie vorübergehen, die Angst wird verschwinden, und Ihre Arbeit und Ihr Selbstvertrauen werden gewinnen.

Kreative Arbeit schafft nicht nur Probleme, sondern auch Einsamkeit. Wenn Sie Ihre Freunde zu sehr um Hilfe und Ermutigung angehen, könnten Sie ihren Reaktionen zu viel Beachtung schenken. Aber wenn Sie es nicht tun, könnten Sie das Gefühl haben, ganz allein zu sein ...

Versuchen Sie, sich bei Ihrer Arbeit ein perfektes Publikum vorzustellen – einen imaginären Kreis von Interessenten. Nehmen wir an, Sie machen einen Wandbehang, den Sie gern einem Freund in einer anderen Stadt zeigen würden. Und auch einem

Lehrer, den Sie vor langer Zeit hatten, und weiter einigen Freunden, die ihn mit Sicherheit sehen werden. Vielleicht stellen Sie sich auch vor, Ihr Lieblingskünstler geht vorüber und bewundert ihn. Stellen Sie sich dieses ideale, interessierte Publikum vor, und machen Sie die Arbeit für diese Menschen. Sie schulden diesem Kreis eine gute, ehrliche Arbeit – das Beste, was Sie geben können – und das ist alles, was man von Ihnen verlangt.

Machen Sie schließlich von Ihren Erfolgen den richtigen Gebrauch. Wenn Sie einen guten Tag gehabt haben, versuchen Sie festzuhalten, wieso Sie anders gefühlt und gehandelt haben als gewöhnlich. Vielleicht haben Sie ein Problem gleich am Anfang angepackt, statt sich allmählich dahin vorzuarbeiten. Oder vielleicht haben Sie die Sache nicht, wie Sie schon wollten, im Schnellverfahren erledigt, oder Sie haben das Wochenende nicht am Strand zugebracht, statt zu arbeiten. Versuchen Sie herauszufinden, welche Handlung Sie bei anderer Gelegenheit wiederholen können, um sich in einer positiven Haltung zu bestärken.

Achten Sie aber gleichzeitig darauf, den Erfolg nicht so über alles zu stellen, daß Sie in sich die Angst erwecken, ihn niemals erreichen zu können. Vielleicht malen Sie schon seit Monaten bestimmte Bilder und verwerfen und übermalen Sie immer wieder. Aber plötzlich gelingt Ihnen das Bild, das Ihnen vorschwebte; es ist einfach großartig. Sie hängen es im Wohnzimmer auf, machen Schnappschüsse, zeigen die Photos überall herum. Manchmal erzählen Sie den Leuten sogar, daß dies das einzige Bild ist, das Sie je gemalt haben.

Natürlich sollten Sie sich an Ihren Leistungen freuen. Aber hüten Sie sich davor, sie überzubetonen oder Ihre Mißerfolge zu verbergen. Wenn Sie jeden einzelnen Erfolg als ein Wunder feiern, könnten Sie zu der Überzeugung kommen, daß es tatsächlich ein Wunder war – und Wunder geschehen nicht allzu oft.

Erinnern Sie sich statt dessen an alles, was Ihnen zu diesem Erfolg verholfen hat, und versuchen Sie, in gleicher Weise fortzufahren. Gestatten Sie dem Erfolg nicht, das eigentliche Geheimnis des Erfolges zu unterminieren – die Arbeitsgewohnheiten, die Sie entwickelt haben.

26
»Das Gepräge
der Natur«

Was kann man von der Psychologie erwarten? Sie sollte die
Menschen befähigen, sich selbst zu verstehen und zu helfen. Die
moderne Psychologie ist jetzt hundert Jahre alt und hat diesen
Erwartungen nicht entsprochen. Wenn überhaupt, sind nur wenige Erkenntnisse von ihr ausgegangen, und sie hat kein wirksa-
mes Therapiesystem entwickeln können. Die Einsichten der
klassischen Analyse waren nicht nur falsch, sondern viele waren
geradezu schädlich: Die Vergangenheit hält Sie in ihrem Bann;
Ihre Seele ist eingefroren; Ihr augenblickliches Handeln ist irrelevant.

Fritz Perls schrieb dazu: »Eine Therapie, die sich an der Vergangenheit orientiert, ist wertlos, weil das *Warum* der Neurose
eines Patienten in Wirklichkeit nur sehr wenig erklärt. Warum
ruft eine bestimmte Situation in Herrn A. eine Neurose hervor,
während sie Herrn B. unberührt läßt?«

Die Antwort darauf gibt unser Selbsterschaffungsprinzip.
Perls schrieb auch über einen Patienten, der von einer strengen,
unverheirateten Tante erzogen worden war. Würde man sagen,
daß die Tante ihn sabotiert hat, so schreibt Perls, »so würde man
damit dem Patienten nur gestatten, alle Schwierigkeiten auf
seine Tante zu projizieren. Er bekäme einen Sündenbock, aber
keine Antwort.«

Mit anderen Worten, ihm würde nicht gesagt, was er tun soll.
Er erhält keinen Plan. Die bloße Einsicht in seine Kindheitsbe-
ziehung bewirkt keine Änderung der Person. Dazu ist nur eine
Veränderung von Verhaltensmustern fähig.

Wir reagieren nicht so sehr auf Beziehungen aus der Vergan-

229

genheit, sondern auf Handlungen in der Gegenwart. Alle persönlichen Gefühle und Überzeugungen können auf Handlungen in der Gegenwart zurückgeführt werden, die sie stützen.

Sie können zum Beispiel umfassend Bescheid wissen über einen Muskel: seine Struktur, seine Entwicklungsgeschichte, seinen chemischen Aufbau. Aber zum reaktionsfähigen Muskel wird er erst dadurch, daß er betätigt wird.

Die menschliche Psyche wird nicht herabgesetzt, wenn so vieles an ihr aus einem einzigen Prinzip erklärt wird, genauso wie Newtons einfache Formel, die an die Stelle einer verwirrenden, komplizierten (und dazu falschen) astronomischen Mystik trat, nicht das Sonnensystem herabsetzte. Wenn die Sache so funktioniert, dann funktioniert sie eben so. Und bedenken Sie die Vorteile dieses Prinzips. Wir sagten, es solle die Aufgabe der Psychologie sein, uns zu lehren, das Leben zu verstehen und zu beherrschen. Ihre »Wahrheiten« sollten zweierlei Gestalt annehmen: 1. sollte sie, allgemein betrachtet, ein Prinzip oder Prinzipien angeben, nach denen sich alle psychischen Vorgänge klassifizieren lassen, und 2. sollte sie, in ihrem speziellen Teil, einen Katalog von Geboten und Verboten enthalten.

Das Selbsterschaffungsprinzip entspricht dieser Forderung. Das Prinzip erklärt streng gesetzmäßig, wie man zu seinen persönlichen Gefühlen und Überzeugungen kommt. Und es zeigt auf – wie in diesem Buch ausgeführt –, welche schädlichen Entscheidungen gewöhnlich von Menschen in einer bestimmten Problemlage getroffen werden. Und es macht ebenfalls Aussagen über die positiven Entscheidungen im Leben.

Weil das Prinzip besagt, daß jede Entscheidung die dahinterstehende Motivation verstärkt, lehrt es uns, daß das Geheimnis, unser eigenes Leben zu beherrschen, in folgendem liegt: Wir sollten nur solche Ideen und Gefühle in Handlungen umsetzen, mit denen wir zu leben wünschen. Wer mit Angst, Streß, Gier oder auch totaler innerer Leere zu leben wünscht, hat die Formel, die er braucht. Und das gleiche gilt für diejenigen, die sich für Liebe, Glaube, Vertrauen und Freude entschieden haben. Weil sie ein Prinzip liefert und im einzelnen anwendbar ist, ist die Selbsterschaffung von einzigartigem Wert. Die psychologische Populärliteratur der letzten Jahre hat zu einigen Fragen ausgezeichnete Ratschläge erteilen können. Aber weil ihr das erklärende Prinzip fehlt, hat sie auch eine Reihe von Mängeln.

Erstens wird oft Rat angeboten, der nicht befolgt werden kann, weil er keine Anleitung zum Handeln enthält. Es ist sinnlos, Menschen zu überreden, bestimmte Stimmungen oder Überzeugungen anzunehmen: »Entspannen Sie sich; sagen Sie sich, daß Sie ein Recht haben zu . . .; fürchten Sie nicht . . .; sagen Sie sich, daß Sie so gut sind wie . . .« Man kann sich ein ganzes Leben lang fromme Sprüche vorsagen, aber wenn man sich in ein Knäuel von Aktivitäten verwickelt hat, die alle auf Selbstzweifeln beruhen, dann werden sich zuletzt die Selbstzweifel durchsetzen, und Sie sagen sich »Warum sollte ich auf mich hören? Andere tun es ja auch nicht.«

Zweitens ist der Rat nicht selten grundfalsch. Ich zitierte schon den falschen Tip, daß man »seine Wände mit Büchern dekorieren sollte«, um attraktiv zu wirken. Dieser Rat ist falsch, weil er auf der Vorstellung basiert, daß Ihr wahres Selbst nicht gut genug ist; Sie müssen sich erst eine attraktive Verpackung zulegen – aber was dann gekauft wird, ist die Verpackung und nicht der Inhalt. Ein anderes Buch emfiehlt, daß Sie, wenn Sie zu jemandem Vertrauen fassen wollen, sich eine falsche Achillesferse zulegen und dann abwarten sollten, ob der andere diese Blöße attackiert. Da hier vom Zeifel an einem anderen Menschen ausgegangen wird, wird der Zweifel verstärkt, ganz gleich, wie der andere reagiert. Denn der Zweifel an den Menschen im allgemeinen wird erhärtet. Die Vorstellung von der abgrundtiefen Schlechtigkeit dieser Welt verstärkt sich. Mißtrauen und die Notwendigkeit, sich abzuschirmen, genau zu prüfen und andere auf sichere Distanz zu halten – alle diese Vorstellungen melden sich nur lauter zu Wort, obwohl genau das Gegenteil bezweckt war.

Einer der größten Vorteile des Selbsterschaffungsprinzips ist seine Fähigkeit, komplizierte Maskeraden zu durchschauen und zu der dahinterliegenden eigentlichen Geschehenskette Glaube-Handlung-Glaube vorzustoßen. Ein Psychoanalytiker der alten Schule erzählte einmal von einer Patientin, die sich mit der Angst vor einer sexuellen Indiskretion abquälte. Sie stellte sich vor, sie würde in die Stadt fahren und sofort versuchen, den

Tankstellenwärter, den Lebensmittelhändler und den Verkehrs-
polizisten zu verführen. Der Analytiker war überrascht, als ich
sagte: »Sie fährt also selten in die Stadt und wenn, dann nur in
einem formlosen Kleid, das sie vom Hals bis zu den Fußknöcheln
verhüllt; sie trägt kein Make-up, fährt mit hochgekurbelten
Fenstern, hält sich genau an einen Plan, nach dem sie so wenig
wie möglich anhält, eilig die Einkäufe erledigt und dann schnell
zurückfährt.« Die Beschreibung, die der Analytiker als zutreffend bestätigte, ergab sich direkt aus der Frage, die wir gemäß
dem Selbsterschaffungsprinzip stellen können: »Nimmt man die
Furcht als gegeben an, welche *Schutzmaßnahmen* wurden dann
ergriffen?«

Das Selbsterschaffungsprinzip ist reich an scheinbaren Para-
doxien wie dieser: Selbstschutz schafft keine Erleichterung für
die Angst, sondern *verstärkt* sie. Aber wenn das Prinzip den
»gesunden Menschenverstand« als ganz gewöhnlichen Irrtum
entlarvt, hat es wahrscheinlich eine besonders positive und besonders weitgehende Wirkung.

Drittens haben Bücher, die sonst gute Ratschläge geben, aber
kein erklärendes Prinzip anführen, den Mangel, daß sie nicht genau auf das besondere Problem des einzelnen eingehen. Es bleibt
Ihnen überlassen zu erraten, was Sie tun sollten. Wenn jedoch
das Selbsterschaffungsprinzip richtig verstanden wird, zeigt es in
jeder Lebenssituation den entsprechenden Ausweg.

Schließlich zeigt Selbsterschaffung auf, wie Handlungen Sie
beeinflussen und damit auch, welche Entscheidungen Sie treffen
sollten. Die Erkenntnisse der Selbsterschaffung stellen vielleicht
das dar, was die Psychologie ursprünglich zu finden hoffte, und
ich glaube, die Psychologie der Zukunft muß von diesem Prinzip
ausgehen.

Und nicht nur die Psychologie. Ein anderer Vorteil des Prinzips besteht darin, daß es auch auf anderen Gebieten anwendbar
ist. Die bedeutende Anthropologin Ruth Benedict sagte einmal:
»Die Gesellschaft ist eine Persönlichkeit im großen.« Gesellschaften, Stämme, Nationen, sie alle schärfen ihre Glaubensvor-
stellungen durch ihre Taten ein. Das Selbsterschaffungsprinzip
ist an *keine Kultur gebunden*. Es gilt, gleichgültig wie weit eine
Person oder eine Gesellschaft von Wien entfernt ist. Der Begriff

232

des Traumas ist auf Gesellschaften wie auf Einzelpersonen anwendbar und gilt uneingeschränkt auf der ganzen Welt: Wirtschaftskrisen, Hungersnot, Krieg – selbst neue Reichtümer (zum Beispiel durch Öl), Begegnung mit neuen Kulturen, Herrschaft einer neuen Führerpersönlichkeit – alle diese Ereignisse sind Traumata, wenn sie zu einer Unterbrechung des früheren Lebensstils der Nation führen. Aber wenn der neue Führer, so viel Anziehungskraft er auch haben mag, keinen neuen Handlungsstil hervorbringt, bleibt die Persönlichkeit des Staates unberührt. Mit Hilfe des Prinzips können wir genau erkennen, warum eine beliebige Gesellschaft in Vergangenheit oder Gegenwart sich gegenüber anderen Staaten als abgeschlossen, argwöhnisch, geizig, offen, liberal, kreativ oder kriegerisch erweist.

Geschichte ist das Studium der Selbsterschaffung von Völkern in der Vergangenheit. Das Prinzip ist wie eine neue Linse, durch die man die Geschichte – und auch die Lebensgeschichte einzelner Menschen – betrachten kann. Wir können Fragen stellen wie: Was *tat* da Vinci, daß sein Interesse an der Vollendung eines Meisterwerks immer wieder erlosch? Nehmen wir einmal an, er hätte wie Michelangelo darum gekämpft, andere von seinen Werken fernzuhalten, ehe sie nicht vollendet waren. Wer erkennen will, was bestimmte Menschen glauben und warum sie das tun, muß ihre Handlungen betrachten. Nur so konzentriert er sich genau auf das Wesentliche, denn es sind immer die *Handlungen,* die den Glauben schaffen. Nehmen wir einmal an, ein Stamm ist bekannt für seinen Geiz, obwohl er im Überfluß lebt. Wenn wir seine Geschichte betrachten, entdecken wir eine Zeit der Hungersnöte und Entbehrungen. Das liegt zwar lange zurück, aber gerade zu der Zeit nahm der Stamm bestimmte Rituale und Verhaltensweisen gegenüber Handelsgütern an, die bis heute überdauern. Eindruck und Stimmung jener vergangenen Zeit sind in diesem Stamm immer noch lebendig, nicht wegen einer abstrakten Stammesüberlieferung oder Philosophie, sondern wegen seines Verhaltens in der Gegenwart. Zu sagen, daß diese Menschen geizig sind, weil ihr Denken geizig ist, würde den Sachverhalt nur wenig erhellen. Sie haben schließlich ihre eigenen Handlungen unter Kontrolle, und ich behaupte, daß die von Geiz bestimmte Denkweise verschwinden wird, wenn sie sich bei ihren zukünftigen Handlungen nicht mehr von Motiven des Geizes leiten lassen. Man sage nicht, daß sie ihre Handlungen erst ändern können, wenn sie ihre Motive, das heißt ihr Denken geändert haben, denn es ist eine Tatsache, daß niemand – keine Person, kein Stamm, keine Nation – ständig gleichbleibende Motivationen und Impulse hat: Selbst der geizigste Mensch wird gelegentlich auch einmal einen menschenfreundlichen Gedanken fassen. Die Strategie der Selbsterschaffung besteht darin, in dem ständig fließenden heterogenen Strom der Gedanken, Gefühle, Impulse und Neigungen eine Auswahl zu treffen und nur diejenigen *herauszufischen, die man verstärken und nach denen man handeln will.*

Immer wenn Sie auf einen Fisch aus diesem Strom einwirken, machen Sie ihn ein wenig größer. Und obgleich zu Beginn die Fischart, nach der Sie angelten – zum Beispiel Vertrauen –, klein wie eine Elritze war, wird, falls Sie entsprechend handeln und den Guppies des Selbstzweifels keine Beachtung schenken, schließlich der ganze Fluß mit Fischen Ihrer Vorstellung bevölkert sein.

Der Nutzen der Selbsterschaffung als Therapie läßt sich folgendermaßen umreißen: Sie können Ihre Handlungen bestimmmen; Sie können Ihre Emotionen aber nicht bestimmen.

Aus dem Selbsterschaffungsprinzip ergeben sich endlose Folgerungen. Einige der Einsichten, die wir zum Teil schon früher erwähnt haben, wollen wir hier betrachten:

○ Eine »Einsicht« ist die Wahrnehmung der Wirkung, die eine bestimmte Handlung auf Sie selbst hat, indem Sie das wahre Motiv für die Handlung erkennen und feststellen, daß Sie dieses Motiv verstärken.

○ Eine Haltung wird Ihnen niemals *beigebracht,* weder von den Eltern, noch von anderen Menschen. Sie werden ihr zwar *ausgesetzt,* aber sie dringt nur durch Ihre eigenen Handlungen in Ihr Inneres vor, so daß Sie sich ihrer bewußt werden. Ganz gleich, was Ihnen andere einzuhämmern versuchen, Sie glauben diese Dinge nur, wenn Sie entsprechend handeln.

○ Es ist wichtig, daß Sie Ihr persönliches Engagement auf möglichst viele Dinge richten. Wenn Sie eine einzige Sache, Aufgabe oder Person total in Anspruch nimmt, so daß alles andere ausgeschlossen wird, sind Sie in Gefahr. Ein neuer Liebhaber oder Ehepartner sollte Sie nicht dazu verleiten, alle anderen Freunde oder Interessen aufzugeben. Das gleiche gilt für eine neue Arbeit oder ein Hobby. Wenn Sie vor einem langwierigen, wichtigen Vorhaben stehen, hilft es Ihnen zu wissen, was Sie als *nächstes* in Angriff nehmen könnten – nicht um Sie von Ihrem augenblicklichen Vorhaben abzulenken, sondern um sicherzustellen, daß Sie im Schwung bleiben. Sie können sich eine wohlverdiente Pause gönnen, aber wenn Sie nicht wieder in Bewegung geraten, kann der Abschluß des ersten Projektes zu einem Trauma werden: zu einer Unterbrechung, ja selbst zur Beendigung eines Lebensstils. Dies trifft besonders dann zu, wenn das große Projekt sich als Mißerfolg herausstellt. Anthony Trollope pflegte einen eben fertiggestellten Roman ein halbes Jahr in eine Schublade zu legen, ehe er das Manuskript ablieferte, denn er wollte schon mitten in seiner nächsten Arbeit stecken, wenn die erste veröffentlicht wurde. Auf diese Weise wurde die Wirkung einer eventuell negativen Aufnahme bedeutend abgeschwächt. Ich empfehle nicht, die Früchte einer Arbeit ängstlich zu verbergen, aber Sie sollten sich vor dem Gefühl hüten, daß Ihr Schicksal mit dem Erfolg eines einzigen Versuchs steht oder fällt. Das bedeutet nicht, daß Sie sich nicht im großen engagieren sollten; wesentlich aber ist, daß Sie Ihr Engagement nicht nur auf eine Sache richten.

○ Eltern lieben ihre Kinder in dem Maße, wie sie etwas für sie tun. Aber daraus folgt auch, daß Kinder ihre Eltern in dem Maße lieben, in dem wiederum *sie* etwas für die Eltern tun. Entbinden Sie Ihre Kinder daher nicht von allen Pflichten, und erlassen Sie ihnen nicht das Bezeigen von Höflichkeit.

○ Wenn Sie aber versuchen, Ihre Kinder durch Strafen zu motivieren, so verstärken Sie nur ihre Furcht und den Wunsch, Kummer aus dem Wege zu gehen. Sorgen Sie immer dafür, daß Kinder – wie alle anderen auch – durch ein positives Motiv zum Handeln veranlaßt werden. Wenn Sie zum Beispiel Tanzunterricht bekommen sollen, so lassen Sie sie zunächst gute Ballettaufführungen sehen, so daß in ihnen die Motivation geweckt wird, *das auch können zu wollen,* und die Vorstellung, daß sie bestraft werden, wenn sie nicht üben, gar nicht erst entsteht.

○ Daraus folgt weiter, daß das Inaussichtstellen von Belohnungen gefährlich ist. »Ich gebe dir fünf Mark, wenn du Klavier übst« oder ». . . wenn du mich zum Bahnhof fährst«. Hier wird nur der Wunsch nach Belohnung verstärkt und nicht die Freude am Klavierspiel oder die Zuneigung zu Ihnen.

○ Das bedeutet, daß der Behaviorismus, die von B. F. Skinner popularisierte Psychologie, ein Fiasko ist. Der Philosoph John Searle hat das folgendermaßen ausgedrückt: »Der Behaviorismus ist nicht fähig, das menschliche Verhalten zu analysieren und zu erklären, weil er *Intentionen* nicht anerkennt, die (für menschliches Handeln) wesentlich sind.« Die Selbsterschaffung besagt, daß Sie sich nicht durch Belohnung oder Strafe neu erschaffen, sondern durch Ihr Streben. Es ist die freie Entscheidung für ein Motiv und seine Durchführung, die zu Veränderung oder Verstärkung führen. Und was verstärkt eine Handlung? Ein Gefühl, eine Überzeugung. Aber der Behaviorist will sich mit solchen Dingen nicht abgeben, weil er nicht Ihre Gefühle beobachten kann, sondern nur Ihr Verhalten. Aber es ist nun einmal eine Tatsache, daß Sie an Ihren Gefühlen interessiert sind. Der Behaviorismus irrt, wenn er annimmt, daß der kritische Moment auf die Handlung *folgt.* Er ist der Motivation gegenüber blind. Es gelingt ihm nicht, sich mit der »funktionalen Autonomie« der Gewohnheiten auseinanderzusetzen, und in gewissem Sinne sind es die *Gewohnheiten,* die das Wesen der Selbsterschaffung ausmachen.

○ Die Selbsterschaffung gibt uns eine völlig neue Einsicht und ein völlig neues Verständnis unserer Handlungen im allgemeinen. Der Nutzen liegt auf der Hand, aber es geht auch eine Faszination davon aus. Handlungen wie Selbstschutz, falsche Vorspiegelungen, Schenken, Wettbewerb – ganz gleich was – können jetzt mit Hilfe des dahintersteckenden Motivs verstanden und bewertet werden. Für unsere Zwecke ist keine Handlung an sich gut oder schlecht, schädlich oder nützlich. So etwas kann man nur von den Motiven sagen. (Damit meine ich nicht, daß Ihre Handlungen *anderen* nicht schaden können. Und Sie sollten gegenüber solchen schädlichen Auswirkungen nicht gleichgültig sein. Ich gehöre nicht zu der Schule, die propagiert, daß eine Handlung nur an der Freude, die sie dem Handelnden vermittelt, gemessen werden sollte. Und doch glaube ich, daß ein überzeugendes Argument gegen Rücksichtslosigkeit darin liegt, daß sie sich letztlich gegen Sie selbst richtet.) Nehmen Sie einmal die gerade erwähnten vier Handlungen. Man kann sich Situationen vorstellen, in denen *Selbstschutz* gut ist, nicht nur weil Sie dadurch Ihr Leben retten, sondern weil auch Ihre Selbstachtung verstärkt wird. Auch *falsche Vorspiegelungen* können einmal gut sein, wenn sie nämlich nur das Motiv haben, einen anderen zu beruhigen, nicht aber für Sie selbst Beifall zu gewinnen. Selbst *Schenken* kann schlecht sein, wenn es von Angst motiviert ist. *Wettbewerb* kann durchaus positiv erscheinen, wenn er auf Selbstbewußtsein basiert und auf der Überzeugung, daß Sie gesund und tüchtig sind. Wenn wir das Selbsterschaffungsprinzip verstehen, so sehen wir, welchen Preis wir für alles, was wir uns kaufen, zahlen. Wenn wir *dies* tun, um *jenes* zu erwerben oder zu erreichen, wird der Preis eine Steigerung dieses motivierenden Gefühls oder dieser Überzeugung sein. Psychisch sind wir alle unabhängige, erwachsene Menschen; niemand kann unsere eigenen Rechnungen begleichen.

Das bringt uns wieder zurück zu dem Hauptanliegen dieses Buches: Sie sind verantwortlich für Ihr eigenes Leben.

Jedes persönliche Gefühl, jede Überzeugung, jede Haltung gegenüber sich selbst und gegenüber anderen, gegenüber Drohungen und Verheißungen dieser Welt – das alles entsteht durch Sie selbst.

Ich will damit nicht sagen, daß es keine ungerechten Benachteiligungen schon von Geburt an gibt – Armut, Krankheit, Vorurteile –, aber ich bin der Überzeugung, daß Ihre Haltung gegenüber diesen Voraussetzungen ausschließlich von Ihnen selbst geschaffen wird.

Ich meine auch nicht, daß Zorn nie angebracht, Angst nie gerechtfertigt und Entsetzen stets irrational ist. Dieses Buch beabsichtigt, Ihnen zu helfen, das ungerechtfertigte und unnötige Leid aus Ihrem Leben zu verbannen und alle Freude, Liebe und Befriedigung zu schaffen, die Sie bekommen können. All dies ist möglich, aber es ist nicht garantiert. Nur Sie können machen, daß es wahr wird.

Sie sind verantwortlich für Ihr eigenes Leben. In jedem Augenblick machen Sie es zu dem, was es ist. Ich sehe das nicht als eine Hiobsbotschaft, sondern als eine Verheißung. Nichts in Ihrer Persönlichkeit ist eingefroren – weder Scham, Schuld, Angst, noch Zuversicht in allen ihren Formen. Alles ist Wandlungen unterworfen, ganz gleich wie alt Sie sind, ganz gleich worunter Sie leiden. Wie jedes andere menschliche Wesen haben Sie die Macht über Ihre Selbsteinschätzung, über Ihre Wertungen und über Ihre Lebensauffassungen. Ganz allmählich können Sie jede einzelne Ihrer Haltungen ändern, wenn Sie wissen, welche Entscheidungen es zu treffen gilt.

Zugegeben, das bedeutet, daß der Kriminelle für seine Kriminalität verantwortlich ist, der Verzweifelte für seine Verzweiflung, der Geizige, der Lasterhafte und der Egoist für ihre häßlichen Charaktere. Ich bin davon überzeugt. Wenn man Therapeut ist, so bedeutet das nicht, daß man glaubt, es gäbe nichts am Menschen, das Verachtung verdient. Aber es bedeutet – wenn man als Therapeut vom Selbsterschaffungsprinzip ausgeht –, daß man an Veränderung, Heilung, Hoffnung glaubt.

Es gibt immer einen Ansatzpunkt. *Immer.* In den unzähligen Strömen der Gefühle, Ideen und Impulse, die Ihr Bewußtsein umschließen, wird am Ende immer der Hoffnungsschimmer aufblitzen, den Sie suchen – und sei er auch noch so schwach. Sie müssen danach greifen und, indem Sie ihn Ihrer Pflege würdigen, ihn vergrößern und vervielfältigen. Sie können das tun, und *nur Sie* können das tun.

In der ganzen Literatur läßt sich die Stimme unseres Prinzips vernehmen. Zum Abschluß, gleichsam als letzte Verklärung des Prinzips, wende ich mich an Hamlet, den herausragenden Psychologen, und zitiere seine Worte:

238

Seid zur Nacht enthaltsam,
Und das wird eine Art von Leichtigkeit
Der folgenden Enthaltung leihen; die nächste
wird dann noch leichter sein: Denn die Übung kann
fast das Gepräge der Natur verändern.